張在軍——著

聶紺弩和他的朋友們

紺弩和他的朋友（代序）

文／彭燕郊

紺弩是個很重友情的人，有不少朋友。

鍾敬文、胡風是他的終生好友。鍾敬文，他的文學生活的第一個夥伴，胡風，他的生死與共的文學戰友。

認識紺弩以來，所見到的他的交友之道，憑印象歸結起來有這幾點，他是前輩，是我的老師，有些事情我可能不知道，不懂，理解不準確。

他擇友，最重要的一條是興趣相近。他一生癡迷於文學，癡迷到成癖，夠得上「癡絕」，是個「有癖」的人，「無癖則無情」，無癖之人不可交。不是「可」與「不可」的事，而是不是同好，就談不上相知，更談不上相交。

有志於文學事業的人不少，喜歡弄弄文學的人不少，他結交的範圍卻很小，並非因為自視甚高，因為孤高什麼的而落落寡合，他是愛交友，對朋友非常熱情的，但是有個前提，就是要讓他傾慕，讓他佩服。他的標準是「我寫不出」的就無保留的佩服，傾情結交。胡風的論文，蕭軍、蕭紅的小說，曹白的散文在他屬於「我寫不出」，於是自然成為好友，朋友寫的好文章他津津樂道，比自己寫出來的還要叫他高興。一九四二年在桂林時，文協桂林分會經費困難，大家想了個辦法，每人自選一篇作品，請他編一本《二十九人自選集》，稿費捐給文協分會，正巧胡繩寫了一篇批判馮友蘭的《新事論》的評論，紺弩讀了讚口不絕。馮友蘭當時有蔣介石的「文房四寶」之一之稱，煊赫一時，胡繩的評論一時找不到地方發表。雖然他不是文協會員，紺弩還是把這篇文章編進《自選集》，並非只因為是老朋友，而是因為讀到老朋友的文章而高興得情不自禁，一定要讓更多人讀到它。

思想上，他是堅定的革命者。但他不喜歡「唯我獨左」，把馬列掛在嘴上的衛道君子。各種各樣的人他見得多了，這種人往往「色厲內荏」，馬列是用來裝門面的。在軍隊裡時，有人寫情書，開頭第一句就是「列寧說」，傳為笑話，他卻並不覺得好笑，只覺得氣憤。有個青年詩人寫評論，強調作者沒有那種生活經驗就不可能寫那種題材，意思是提倡深入生活，但強調過頭了。他寫文章批評，恰巧這位青年詩人用的筆名是「高崗」，抗戰初期，誰能知道有一個後來當上國家副主席的高崗，但軍隊的領導人是知道的，以為他是在攻擊大人物，和他爭論了大半天。他就是這樣與愛用「正確」的一套訓人的人遠遠隔開距離。

有些人就喜歡用「正確」來為自己謀好處，同樣有些人善於用自己的那一分「本領」、才能學問之類的為自己謀好處，「汲汲於富貴，戚戚於成名」，在權力者面前，就難免奴顏婢膝。在軍隊裡時，有個知名度相當高的作家，和他也算是老相識了，他也相當欣賞他的才能，但就是看不慣他對首長的那副畢恭畢敬的樣子，終於沒能成為朋友，雖然也還是以一個戰士敬重他。

他最討厭那種自私而且自私到損人利己程度的人。有個名氣很大，確實也寫過不少好詩的詩人，也算是老熟人了，給他的總的印象是：「我喜歡他的詩，不喜歡他的人。」他並沒有數落這位詩人所以讓他不喜歡的事。後來我有機會認識這位詩人，交往中發現他真很自私，斤斤計較，常背後講別人壞話，「愛惜羽毛」，自我保護意識很強，這些，在他的詩裡倒是看不到的，也許那不一定是他的主要一面吧。

有一位也很有名氣，寫過一些引起廣泛注意的作品的小說家，也是老熟人，紺弩很不喜歡他。在桂林，我和他一度同住在一棟小樓上，一天晚上，紺弩到我這裡來聊天，忽然下起大雨，回不去了，我在中間小廳上給他搞了個地鋪，「就在這裡過一夜算了」。住對面房的那位小說家這時也被雨阻還沒回來，紺弩想了一下，說：「還是回去，我不能跟他同睡在一個屋頂下。」原來，這位小說家和也是老朋友的另一位小說家的伴侶，也是小說家的一位女作家曾經有過一段讓人議論紛紛的共同生活，整個過程紺弩十分清楚。人們都認為這位小說家在這件事情上私德有虧，不過我知道紺弩不全是從「挖老朋友牆腳」這個角度看的。男女間事，在他看來，關鍵在於有沒有愛情，問題是如果出於愛情以外的什麼目的，那就是失德，而這位小說家和這位女作家的結合，到她病終前已經很難維護下去，人們同情她而責難他，也是情理中事。紺弩絕不道學，也是在桂林和他一起辦那個很有影響的雜文刊物的一位青年作家，有婦之夫，忽然和一位曾是某評論家的伴侶，出版過一本小說集的女作家熱戀起來，如火如荼，鬧得沸沸揚揚，紺弩就認為別人多事，「他們果真愛了，關你什麼事！」

說這些，並不就是說紺弩在人際關係上很潔癖。人嘛，總是要和人打交道的。朋友也就有各種不同類型，講學問的寫文章是宋雲彬；舊體詩是陳邇冬，小說是蕭軍、蕭紅。搞事業的，辦報的是張稚琴、歐陽敏訥、羅孚、曾敏之，辦刊物的是秦似，出版界的是朱希、戲劇界的是冼群、戴浩，美術界的是余所亞、丁聰、黃苗子、黃永玉等等，他的朋友很多。不用說，政治上的朋友對他更重要，吳奚如是他的入黨介紹人，他曾一度失去組織聯繫，是邵荃麟幫助他恢復關係的，千方百計營救他出獄的朱靜芳，要講朋友義氣，該數她第一，紺弩尊重她，不會忘記她，我們誰都不應該忘記她。

我注意到他在交友上有個特點，有時和他有很深友誼的人，對他不怎麼友好，他不計較，對這位朋友還是一往情深，我說的是胡風。胡風對他的小說、新詩要求特別苛刻，小說〈姐姐〉，胡風就不喜歡，好久不給發表，後來還是黎烈文、王西彥給發表了。長詩〈收穫的季節〉，胡風也不喜歡，說「不知為什麼寫得那麼多」。我喜歡這首詩，覺得比個別胡風喜歡的年輕人寫的近於空洞叫喊的好，但是紺弩從不計較這些。《七月》停刊，胡風怪他壞事，有個時期甚至不和他講話，形同陌路。他編《藝文志》，胡風不支持，終於辦不下去，他不計較，老朋友自然知道各自的老脾氣。胡風是有這個缺點，奚如說他「沒有容人之德」，招致後來栽在一個倒很相信的人手裡。但是缺點歸缺點，胡風畢竟是個頂天立地的男子漢，至死堅持自己的文學理想。深知胡風的紺弩，絕不會因為朋友間有一點不愉快的事就要「洩憤」，他是絕不會有這種極端不近人情的「憤」的。晚年，胡風在難中時，更顯出紺弩和他之間友情之美、之崇高。胡風被發配去四川，他甚至想去四川探望，那時候，一般人對胡風，都唯恐避之不及呢。他們的酬唱詩，說是千古絕唱，也不算過分。

但是他在這方面，也有個不算小的缺點。不知我這比喻恰當不：像個容易受男人甜言蜜語騙上手的女人。有些人就有這種本領，從自己需要出發，認定獵物，然後精心設計一套獵取方案，針對目標的弱點，一步一步地靠近，一鋤頭一鋤頭不動聲色挖陷阱，在陷阱上一層一層地加偽裝，最後讓獵物舒舒服服地掉下去。也許我這比喻有點刻薄，我的本意卻實在不想刻薄，我只是為紺弩的不設防而最後落到被人誤解為「馬大哈」，「是非不分」，甚至讓人懷疑他和胡風是不是真朋友感到他受委屈，感到他蒙冤，感到難過。

文藝圈裡，報館、出版社熟人、同事很多，他不孤芳自賞，也不八面玲瓏，朝夕相處，對人和氣，但不熱絡，不套近乎。他的有些朋友幾乎近於「神交」，好朋友卻不露形跡，有時他會突然問：「那個某某人現在在哪裡？」某某在他是個好朋友，多年不見，彼此都懶得寫信，他很少寫信，不得不寫也往往寫得很短。晚年他的朋友多起來了，北大荒難友，報社出版社同事之外，添加了不少詩友。他寫舊體詩，神差鬼使，搞出了一場舊體詩革命，有那麼多知音同好，那麼多愛談他的詩仰慕他的人加入到都不是為別的而只為愛他敬他的同道隊伍裡，說不上親密卻比親密更可貴。

當然他不是沒有親密朋友，鍾敬文、胡風、蕭軍、蕭紅、吳奚如、徐平羽都是。我知道較多的也是他喜歡提到的，還有伍禾、陳邇冬，從他們兩人可以看到紺弩的擇友之道。這兩個人，依我看都是湖海之士，淡泊名利，簡直有點飄然物外，然而執著人生理想、社會理想，鍾愛文學藝術，不知生計，甘於清貧，然而自有一種旁人不及的瀟灑、風趣，一種癡迷，一種知識分子最可貴的「癖」。抗日戰爭時期在桂林，伍禾寫詩，生活的清苦更顯得他的日子過得那麼自得其樂。對他，紺弩那篇〈我和伍禾〉開頭兩句話：「伍禾是詩人，不，伍禾是首人詩」，已經寫盡。紺弩最愛提到他的兩件事，一是他曾經把一本什麼書上的目錄排列成一首新詩寄給某雜誌，主編先生居然大為激賞，鄭重其事地刊登出來。一是他認為刪節本的《金瓶梅》比沒有刪節的更「淫」。紺弩說他和伍禾是「酒肉朋友」，「一塊兒坐茶館」，「一塊兒上館子，很長一段時間幾乎天天上館子」，「這之外就是上澡堂」。在桂林，廣東茶館很大眾化，不花什麼錢，上館子也可以不花什麼錢，有如現在的吃盒飯，絕非大吃大喝。至於澡堂，我一輩子沒上過，桂林有澡堂，有，在什麼地方，我都不知道。被迫離開報社後，他們常在一起聊天，有時可以整天整夜聊，對於紺弩，這是非常重要的，他有那麼多積鬱心頭的話需要傾訴，需要有善於聽他的傾訴，而且迅速作出共鳴的知心朋友。那時不作興寫舊體詩，但紺弩愛寫字，他寫給伍禾的我記得的就有，「青青子衿，悠悠我心，但為君故，沉吟至今」，「我醉欲眠君且去，明朝有意抱琴來」之類的。作於一九九六年春的〈聞伍禾入院求醫〉：「漢江日夜東流水，你我乾坤無盡情。端午前當能出院，欲披明月武昌行。」現在我們能讀到的還有〈贈伍禾〉二首，〈追念伍禾〉三首，和〈秋夜北海懷冰（董冰如）奚（吳奚如）禾（伍禾）曙（郭曙南）〉，皆情見乎辭，足見二人友誼之篤。邇冬，我常戲呼他為「桂林名士」，其實我很想稱他為「隱士」，他太愛他為自己構築的那個精神樂園了。他一直在個什麼機關裡當個小公務員，不求仕進，以他的資歷名望，加上他的朋友裡有陳銘樞這樣的大人物，謀個一官半職或到大學裡搞個教職是很容易的。他寫新詩，也寫舊詩，卻不是做出來的，而是有真情，有靈氣。湘桂大撤退，逃難時他先到獨山，夫人馬兜鈴後到，他有一首七絕：「君來無復首飛蓬，膏沐成妝為我容。藕孔避兵西子老，五湖無棹載陶公。」逃難到重慶時，我把這首詩寫給紺弩看，他看了說：「這樣的詩我寫不出。」後來他們在人民文學出版社共事，對邇冬人品詩才有更深瞭解，誠心向他求教。一九八一年他在〈散宜生自序〉中寫道：「我有兩個值得一提的老師，陳邇冬和鍾靜聞（敬文）。邇冬樂於獎掖後進。詩格寬，隱惡揚善，盡說好不說壞。假如八句詩，沒有一句他會說不好的，只好從他未稱讚或未太稱讚的地方去領悟它如何不好。」對邇冬他是很尊敬很尊敬的。對邇冬的詩，他的讚賞可以說無以復加：「尊作三句讀之嚇倒，疑為七絕而非七律，將毫無關係之三事聯為一詩，一絕也，一用雙簧喝破古今，二絕也，前半為政治事，後半為精神事，若即若離，天衣無縫，三絕也。如此數去，雙手所不能盡，何止七絕……但上下幾千年，縱橫幾萬里，人口幾十億，今日鄰里乃由此人此詩，一口道盡，此真藝文絕境……人生幾何，能作幾詩，若此詩者，能得幾首，想作者心中得意也？謹函馳賀，餘不多言。」平生不輕易許人而作此高評，真是人生難得是知音，一談到邇冬，他就興奮，就要背「千山縮腳讓延河」，就佩服，「逢茲百煉千錘句，愧我南腔北調人」。常聽人說「詩友」，他們才真正是詩友，更難得是，邇冬一家都成了他的詩友，「詩夫詩妻詩兒詩女詩翁詩婿，一團活火，燃之以詩」。紺弩全集中贈答詩，贈胡風之外，最耐讀的是贈邇冬的。

（本文經彭燕郊先生之女張丹丹老師同意作為代序，特此致謝！——作者）

目次

斯民卅載沐恩來——聶紺弩與周恩來

誰說聶紺弩是「二十世紀最大的自由主義者」？周恩來。又是誰稱聶紺弩為「妹夫」？也是周恩來。

聶紺弩曾經對陳銘樞開玩笑說：「我現在有三周管著，一周是總理，二周是我的支部書記周某（按，指周揚），三周是周穎。」

由此可見，聶紺弩與周恩來的關係非同一般。事實上，他們早在黃埔軍校時期就結識了。

麻將桌上初相識

一九二四年六月，聶紺弩從仰光回到廣州，到處找「飯碗」。不久，聽從在國民黨中央黨部祕書處任職的同鄉鮑慧僧（佛田）的建議，考取了黃埔軍校第二期。同年十一月，周恩來就任黃埔軍校政治部主任。

那時，聶紺弩每到週末上廣州城，總是去鮑慧僧那兒玩，不時打打麻將，以作消遣。為了提升興致，偶爾也賭點小錢，玩玩而已。有一回，有個

青年時期的周恩來

濃眉大眼的陌生人同他們一起打麻將，打到半路要吃飯了，收牌算帳，紺弩居然贏了一點兒小錢。這是難得的一次「勝利」。

晚上回到黃埔長洲島。第二天早上，突然緊急集合，說是要聽什麼報告，必須全體出席，誰也不許請假。學員排著隊到會場一看，上至校長蔣介石、教務長何應欽，下至教職員工全都來了。大會開始，紺弩抬頭向講臺上望去，咦，做報告的人好面熟啊！不就是那個和他一起打麻將的青年嗎？看他那聲音洪亮，說理透徹，鎮得全場鴉雀無聲的氣勢，肯定不是平常人。紺弩不好意思打聽，怕人家笑「連這個人都不知道」。到教員用餐的小飯廳去看看吧，興許能找到他的姓氏，因為那裡每個人都有固定的座位，座位上都貼有姓名條。紺弩找了個機會，悄悄上小飯廳溜了一圈。只見正中間一席座位上寫著「校長」，未署名諱。第二位寫著「政治部主任周恩來」。啊！原來他就是大名鼎鼎的周恩來、黃埔軍校第三任政治部主任。這就是紺弩認識周恩來的開始。

聶紺弩也許還沒有想到，在他以後的生活中，每到關鍵時刻，他都有幸得到了周恩來的指點和幫助，甚至成為周恩來的「妹夫」。

一九二五年一月十八日，在周恩來領導下，軍校政治部組織成立業餘文藝團體「血花劇社」。聶紺弩是「血花劇社的一個『角』」，逢節假日要「演戲給『弟兄』們看看」。（〈東南西北的年關〉）「血花」取自廖仲愷的「烈士之血，主義之花」兩句題詞。其意義在於動員廣大革命者為實現孫中山的新三民主義，不惜流血犧牲，用鮮血澆灌出主義之花。血花劇社隸屬於黃埔軍校政治部，社長由校長蔣介石擔任。蔣介石時常親臨觀看演出，屢次邀請劇社成員到他家中會餐。不過劇社的實際領導是政治部主任周恩來。

是年初，孫中山北上後，盤踞在東江流域的軍閥陳炯明，自稱「救粵軍總司令」，準備進犯廣州。廣州政府決定東征討伐陳炯明，由粵、桂、滇、湘、鄂、豫各軍組成東征聯軍，分左、中、右三路作戰。黃埔軍校兩個教導團和第二期學生編成的校軍隨許崇智率領的粵軍參加右翼作戰。周恩來以軍校政治部主任身分負責校軍的政治工作，同校長蔣介石等率軍出發。聶紺弩則與二期全體同學「作為校長蔣介石（東征主將）的衛隊」，參與第一次東征。

二月二十七日，東征軍隊攻克海豐。東征前夕，周恩來曾指示共產黨員李勞工、林務農在廣州召集海陸豐籍人力車工人數十人經過武裝訓練，組成先遣軍，為東征軍隊嚮導。東征軍隊克海豐後，周恩來任命李勞工為後方辦事處主任；留吳振民為政治部特派員，駐海豐辦理一切黨務及宣傳工作，恢復被解散兩年多的海豐農會，協助農會訓練和武裝自衛軍。聶紺弩也被留在海豐，作為彭湃領導的海豐農民運動講習所教官兼政治部科員，主講〈新三民主義〉，並教授軍事操典等課程。在海豐，聶紺弩開始接觸文學，結交文學青年，給當地報紙投稿。直到半年後重回廣州，報考莫斯科中山大學，成了留蘇學生。

一九二七年七月，聶紺弩從蘇聯回國後分配至國民黨中央黨務學校（中央政治大學前身）任訓育員。在這裡，他認識了女學員周穎，兩人很快墜入愛河，後來結為夫妻。

這個周穎有何來頭呢？周穎，原名之芹。河北南宮人。一九一九年，她跟隨姐姐之廉上天津女師附小讀書。時值「五四」運動爆發，周之廉係學生代表。九月十六日，天津學生愛國運動的核心組織「覺悟社」正式成立，第一批社員共有男女二十人。男成員包括周恩來、趙光宸、薛撼嶽、諶小岑、諶志篤等十人，女成員包括郭隆真、張若名、鄧穎超、周之廉、李峙山等十人。覺悟社後來又陸續吸收了周之芹、郭蔚廷、陶尚釗、胡嘉謨等幾名社友。一九二五年，「五卅」運動爆發，之芹成為天津學生會的代表。她看見達仁女校任教的鄧穎超慷慨激昂地演講，撼動著每個人的心，於是決定為自己改名「周穎」。周恩來鄧穎超夫婦稱周穎為「阿妹」，聶紺弩於是就成了「妹夫」。

婚後，周穎先去日本留學，接著聶紺弩脫離國民黨，棄職逃往日本，並在胡風介紹下加入東京「左聯」。一九三三年六月，聶紺弩、周穎和胡風等人被日本當局驅逐回國。一九三五年春，聶紺弩在同鄉吳奚如（時在中央特科工作）的介紹下，加入了中國共產黨。

調解了家庭矛盾

一九三八年初，聶紺弩到臨汾民族革命大學任教未果，卻碰到丁玲率領的西北戰地服務團（簡稱「西戰團」），於是加入進去一同去了西安。三月，周恩來從延安經西安去武漢，在七賢莊八路軍辦事處接見「西戰團」主要成員丁玲和聶紺弩、蕭紅等人，並合影留念。聶紺弩原本和周恩來熟悉，這次在西安相見，周恩來建議他去延安看看。於是，聶紺弩就隨同丁玲到延安去了一趟，見了毛澤東，隨後回到武漢。

在漢期間，聶紺弩由吳奚如（時任周恩來政治祕書）介紹在《新華日報》編了十天的《團結》副刊，因不是純文藝性質，後請辭並要求到前線去。不久，聶紺弩受周恩來指派去皖南新四軍軍部從事文化工作。

在武漢淪陷前夕，聶紺弩輾轉抵達了皖南新四軍軍部。一到軍部就得到葉挺、項英支持，籌備成立推廣拉丁化新文字工作領導小組，計畫培訓連隊文化教員，教授戰士新文字；後來大家覺得學習新文字用處不大，遂停止。同時，在教導隊任教，後參加戰地服務團創作組。據彭柏山夫人朱微明說：「紺弩是一九三八年春天（按，應為秋天）從延安調到新四軍的，在軍政治部宣教部當幹事，分管文藝，兼任軍教導隊的政治教員，給隊員們講授〈論持久戰〉和〈論統一戰線〉兩門課。紺弩是個有學問的同志，鬥爭經驗豐富，他的課講得生動極了，隊員們都很歡迎。紺弩還負責編輯大型不定期綜合性雜誌《抗敵》的文藝欄。此外，他進行創作，寫了小說〈山芋〉和長詩〈收穫的季節〉，工作十分積極。」然而，副軍長項英「他不能很好地團結、使用知識分子，他要求知識分子、文藝工作者和部隊的幹部、戰士一樣，絲毫不照顧他們的工作和生活的特點」；而聶紺弩「習慣在夜間工作，常在豆油燈下備課、看書、編稿、創作，第二天起遲了，不能按時出早操……這使項英副軍長不高興，煩言嘖嘖，說他『吊兒郎當，有文化人的臭習氣……』有時，還在會上不點名的批評他，弄得紺弩心緒煩亂，萌發離開皖南的打算。柏山同情他，勸慰他，卻改變不了他的處境」。

一九三九年初春，受中共中央委派，新任中共南方局書記的周恩來，借回鄉省親之名，從重慶繞道桂林，抵達皖南新四軍軍部視察工作，逗留了約二十天時間。聶紺弩所在新四軍戰地服務團為周恩來精心準備的話劇〈耶誕節之夜〉，因礙於國共關係未能上演。據菡子〈梨味〉記載：

一九三九年春天，周恩來同志要來皖南了，那時白丁同志常來我們創作組聊天。我從他那裡感染著他對自己崇拜人物的虔誠。他和接替他工作的謝雲暉同志領我們創作組聶紺弩、辛勞、林琳和我，立刻按劇情分配了角色，準備自編自演一幕〈耶誕節之夜〉，寫「西安事變」中的一個細節，特別為周恩來同志演出。我們認真地編排著，相互間有著神聖的默契，每個人不容自己出一點兒差錯。對我是重讀了「西安事變」這一課，作為編導的白丁始終保持著昂奮的情緒，卻沒有透露他原是一個參與者。後來因統戰關係沒有演成……

在新四軍軍部，周恩來碰到聶紺弩，笑問：「怎麼還沒把愛人接來呢？」「我早就要去接，我們主任不准假，他怕我去了不回來……」（周健強《聶紺弩傳》）

周恩來離開皖南不久，有一天，項英副軍長忽然找聶紺弩談話，並把一份電報遞給他。電報是周恩來從重慶拍來的，大意是：聶紺弩若用得著，你們就留下，用不著，他又確實想離開，就讓他到重慶來工作。聶紺弩看了後說：「我是黨員，理應服從黨的調配，黨要我在那兒我就在那兒……若是要問我自己的意見，我想去重慶。」原來是胡風在重慶找過周恩來，提出請聶紺弩負責編《七月》大眾版，得到認可。據胡風回憶：

在武漢時，聶紺弩就表示願意幫編《七月》，後來他到金華後還來過信，說想在那裡編《七月》南方版，因而想到既然他在新四軍裡不合適，還不如讓他回重慶來做這個工作。當時，我向周副主席提出，周同意了，

我還向來重慶的葉挺軍長提過，葉也表示可以。（《回憶錄》）

然而，聶紺弩離開皖南後，卻在金華逗留了數月，又去桂林編副刊。一九四一年四月，聶紺弩受當局壓迫，離開桂林去重慶。據他回憶：

一九四一年，新四軍軍部被國民黨襲擊之後，桂林空氣緊張，文化工作者紛紛離去。我也想離開到重慶去，那時我在力報編附刊。曾養甫過桂林，到編輯部參觀，編輯部的人和他相見（邵荃麟同志是否見過，不記得，葛琴同志在座），說過幾句話。他就走了。事後，力報老闆張稚琴對我講，曾想請我去當私人祕書，問我幹不幹。我想利用他的交通關係到重慶（因為自己找關係，一則很少機會，二則要錢，三則路上說不定會出問題），就答應幹。曾離桂時就叫我等一個名劉炎的押來的柴油車去重慶。過了幾天，那車子來了。我坐那車到了重慶。到後，把這事對周總理說，說我坐曾的車子來的，曾要我給他當私人祕書，我不想去，周總理說可以去。曾這個人是宋子文系統，有些歐美資產階級思想，和蔣系的人還有些不同，對人也好，能信任人，同時也很草包，比康澤容易搞。他快要去當滇緬路督辦，正好去跑一趟。我們對黨有沒有什麼作用。總理說沒有。我就決定不去。我去見曾，恰巧那天報上刊載蘇日協定成功的消息。他對我說，你看蘇聯和日本訂立協定了，還說蘇聯不是帝國主義。我看了一下報，也不懂這協定的真實意義，但蘇聯不是帝國主義這事我還可說幾句，我就講帝國主義的意義應該是什麼，蘇聯是什麼，當然不同，這協定恐怕還有什麼意義我們沒有瞭解。他說我是共產黨的意見。我正好借這事下臺，就說，既然稍有不同都是共產黨的意見，看來任那邊的事很難辦的，那就不去了吧。他道歉說他說話太快。沒說幾句我就走了。後來他到滇緬路去時，曾派車到文協來接我，我躲開了。文協還傳為笑談，認為我不負責或吊而郎當之類。我後來又和周總理說這方面的經過，周總理笑了笑，說他當然不懂什麼是帝國主義。也沒有說我不去對不對。（《聶紺弩自敘》）

這次聶紺弩去重慶，還有一個私事就是看望妻子和女兒，同時接受周恩來調解家務事。原來，周穎帶著女兒從湖北千里迢迢趕到重慶尋夫，得到的資訊卻是丈夫在桂林和新中國劇社女演員石聯星熱戀的緋聞。周穎告狀到周恩來夫婦那裡，視周穎為小阿妹的周恩來把聶紺弩這個「妹夫」狠狠地訓了一頓。後來聶紺弩還跑到同鄉董鋤平那裡，笑著說：「我的家庭糾紛，周公和鄧大姐幫助解決了。」（高朗〈良師益友散宜生〉）

這次聶紺弩去重慶待了四、五個月之後，因工作需要又回桂林。直到一九四三年秋，第二次到重慶與妻女團聚。聶紺弩在重慶教書辦報寫雜文，以至軍政當局一幫人，「看見『紺弩』兩個字就冒火，就頭痛」。一九四五年下半年，聶紺弩主編《真報》副刊《橋》。由於該刊堅持反對蔣介石打內戰的辦報方針，受到周恩來的肯定。可是，紺弩在該報上發表了一首新詩〈命令你們停戰〉，卻受到周恩來的批評。當時，聶紺弩與絕大多數知識分子一樣，不希望國共內戰，同樣認為抗戰勝利後中國需要一個安定的環境。所以，他在〈命令你們停戰〉這首詩中將國共各打五十大板。他以「主人」自命，「命令」雙方停戰，表現出文人一廂情願的幼稚病，接近「中間派」如民盟的立場。他作為共產黨員因此受到黨內嚴厲批評和處分。《駱賓基評傳》中有相關記述：

> （一九四五年）十二月，一個寒冷的日子，駱賓基和聶紺弩去重慶《新華日報》社，在那裡碰巧遇見了周恩來。周恩來親切地問起他們的工作、生活，並同他們談起文藝界的狀況，還拿出一首引起了爭議的詩徵詢他們的看法，那是一首呼喚和平的詩篇，胡風對此作品曾提出公開批評，駱賓基認為不應該給予批評。周恩來當即叫人將那首詩逐句地念給大家聽，喬冠華和周恩來的祕書徐冰也坐了過來。駱賓基越聽越覺得不對勁了，這時，周恩來轉向他和藹地問道：「你的意見怎麼樣，唔？」
>
> 駱賓基歉然一笑，老實承認自己先頭並沒有將全詩看完。周恩來用那雙炯炯有神的眼睛掃視大家，然後嚴肅而懇切地說：「和平是值得珍惜的，但總要有個正義吧？戰爭，不能泛泛地加以反對，有正義的和非正

義的戰爭，不能一概而論，對不對？」

駱賓基接受了這一看法，他趁機提出了早就想提出的恢復黨組織關係的願望。聽他說完失去組織關係的過程，周恩來微笑了，看了看他又看了看一旁的聶紺弩，「你們這些文化人都這樣！有的人，到重慶很久了，可組織關係還留在延安呢！」

上文涉及到了聶紺弩的兩個問題，一是詩作立場問題，二是黨組織關係問題。聶紺弩由於長期在皖南—金華—桂林—重慶—香港間奔走，他把黨內同志間的私人關係，認作單線聯繫的黨組織關係，以至黨組織關係都不知道落在哪裡了。他在一九五五年寫的一份交代材料說：「（一九五一年五月）我到北京來也不是事先經過組織同意的。進了文學出版社之後，組織關係許久調不來，後來才明白，誰也不知我的關係在什麼地方。」（〈歷史材料重寫〉）最終還是周恩來出面證明才接上黨組織關係。

身陷囹圄的求助

一九五八年初，聶紺弩與周穎均被定為「右派分子」。七月，聶被遣送到北大荒勞動改造。直至一九六〇年冬天才返回北京。聶紺弩之所以能夠回京，有著不同說法，但都與周恩來有關。

其一，《聶紺弩全集》第十卷附錄〈聶紺弩生平年表〉中說：「全國政協開常務會時，張執一向周恩來反映了周穎瞭解的北大荒『右派』勞改的情況，促成流放北大荒的『右派分子』得以全部回京。」

其二，劉保昌《聶紺弩傳》則在此基礎上補充了有關周恩來的態度，說張執一發言時，「剛好周恩來總理在座，他問，哪些人身體不好年紀太大？張執一就舉聶紺弩為例。總理一聽也覺得十分意外，他還不知道聶紺弩作為

『右派分子』被『發配』到北大荒的事情。」

其三，寓真在《聶紺弩刑事檔案》中引聶紺弩自己對朋友說的話是：「我是怎樣回來的呢？是張執一先提出的，他與老夏（夏衍）商量過後，在一次國務院的會議上提出來說，有一些人在北大荒勞動，年紀太大不適應，可以回來，比如聶紺弩。他故意在總理面前這樣說，他想只要總理不置可否，他就有辦法立刻讓我回來。誰知道總理說了一句『聶某人自由散漫慣了，應當讓他多吃些苦有好處』，這一說，事情就擱起來了。過一個時期，和我很熟的一個局長向張執一提起我的事，他去找老夏商量。老夏說，要他回來容易，馬上能辦，可是回來之後工作不好擺，回『人民文學出版社』不好，放在『文聯』也不好，大家都是熟人，眼瞪瞪地看著他，對他不好。張執一說，只要他回來，工作方面我來安排。這樣我才回來，張把我安排在政協，並且替我打算，叫我寫個研究計畫，在家做研究工作。由他拿我的計畫給齊燕銘、夏衍看，他們同意，也批了。」

聶紺弩從北大荒回來後，掛著全國政協文史資料委員會文史專員的名義，潛心研究中國古代小說，或者吟詩練字。不料一九六七年一月二十五日，在家中以「現行反革命」罪被捕。因無正式法律手續，家人很長時間無法知其關押地點。直到六年之後的一九七三年，周穎才得到紺弩的確切行蹤。她想到了周恩來總理，遂於是年五月二十日試探著寫了一封信：

> 總理：您好！
>
> 我是周穎。為了我愛人聶紺弩的問題，我幾次寫信麻煩您了，現在又來麻煩您實出於無法可想，只有再次懇求您幫助和指示。
>
> 昨天收到聶紺弩自山西稷山縣看守所寄來一信，知道他確已由北京半步橋看守所移押外地。由他信中，知道他這幾年學習很努力，收穫很大，還要我寄些馬列的書和毛主席著作，也提到他的身體不大好，我當然也更加希望能看看他。為了探望問題，我曾寫信給有關部門請求幫助，可是至今沒有一點消息，一直沒有獲

得探望老聶的許可。為此我很焦慮不安，以致病倒，這封信就是在我病中寫給您的。現在我既已知道聶在稷山，希望即日就能前去探望的心情，您是會理解的。

我聽說中央有精神，可以請求探望在押的親屬。我也知道許多在押人的家屬，確實得到探望的許可，有些人還不止一次探望了他們的親屬。總理，我知道您很忙，但我的心您是會理解的，萬般無奈，只好請求您幫助我早日前往山西探望老聶。

至盼！至感！

此致敬禮，問候鄧大姐好！

周穎上

周恩來是否親自閱過此信，不得而知。但在此前，周穎已經給總理寫過幾次信，都被國務院轉給全國政協，全國政協再轉北京市公安局，公安局又轉法院。法院即使回覆，無非是說正在審理之類的套話，周穎的願望只能是落空。

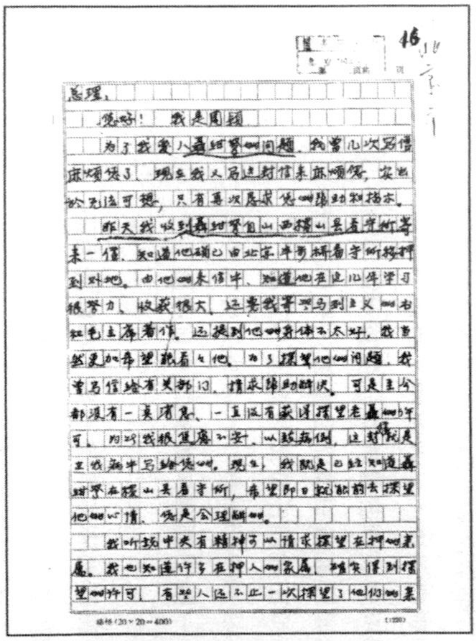
16

总理：

您好！我是周颖

为了我爱人聂绀弩的问题，我曾几次写信麻烦您了。现在我又写这封信来麻烦您，实出于无法可想，只有再次恳求您的帮助和指示。

昨天我收到聂绀弩自山西稷山县看守所寄来一信，知道他确已由北京半步桥看守所移押到那地。由他的来信中，知道他在这几年学习很努力，收获很大，还要我寄些马列主义的书和毛主席著作。还提到他的身体不太好，我当然更加希望能看看他。为了探望他的问题，我曾写信给有关部门，请求帮助解决。可是至今都没有一点消息，一直没有获得探望老聂的许可。为此我很焦虑不安，以致病倒，这封信就是在我病中写给您的。现在，我既已经知道聂绀弩在稷山县看守所，希望即日就能前去探望他的心情，您是会理解的。

我听说中央有精神可以请求探望在押的亲属。我也知道许多在押人的家属，确实得到探望的许可，有些人还不止一次探望了他们的亲

稿纸（20×20=400）

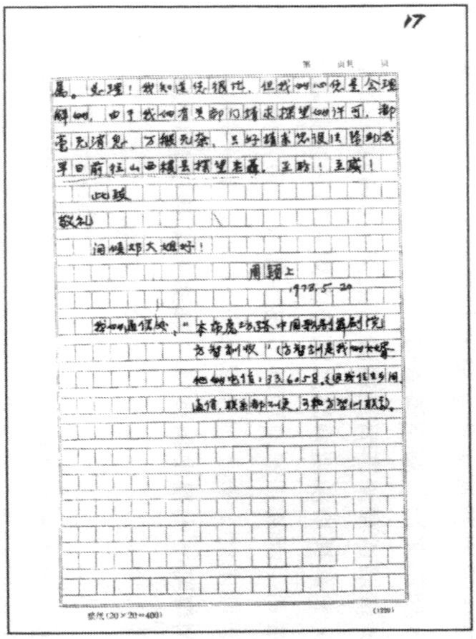
17

属。总理！我知道您很忙，但我的心您是会理解的，由于我向有关部门请求探望的许可，都毫无消息，万般无奈，只好请求您帮助我早日前往山西稷县探望老聂。至盼！至感！

此致

敬礼

问候邓大姐好！

周颖上

1973.5.20

我的通信处："本市虎坊路中国戏剧[illegible]院 方智训收"（方智训是我的女婿 他的电话：336058。[illegible]通信，联系都不便，可和方智训联系）。

稿纸（20×20=400）

聶紺弩夫人周穎致周恩來申訴信

一九七四年冬，駱賓基受周穎的囑託，請求茅盾見到周恩來總理時，能提出紺弩的問題來，以解其囚禁之苦。茅盾對駱賓基說：「讓我向周恩來總理講幾句話，也是願意的。可是，總理正在住醫院，能不能在最近見到還是問題；就是有機會見到了，是不是能說上幾句話，能提出這個問題，也得看機宜。」（〈痛念茅盾先生〉）他特別談到總理的病情、處境，說得非常懇切。茅盾說的是實情。金沖及曾經撰文指出，「文化大革命是他（按，指周恩來）一生中最困難的時期。這以前，在長達半個多世紀的歲月裡，他幾乎一直處於鬥爭漩渦的中心，不知經歷過多少狂風惡浪，但像『文化大革命』那樣特殊而艱難的局面，他也從來沒有遇到過。這中間許多棘手的兩難處境，也許是後人根本難以想像的。」（〈「文革」時期周恩來的兩難處境〉）所以對於聶紺弩的問題，周恩來也許心有餘而力不足。

一九七六年一月八日，周恩來在北京逝世。獄中的聶紺弩獲悉後，作七律〈哭周總理〉：

祖國山川傷瘦瘠，化吾身骨作肥灰。
風流人物誰無死？痛徹乾坤此一悲！
總理今朝登假去，斯民卅載沐恩來。
於無聲處響驚雷，天下嗚呼慟哭誰？

在聶紺弩的全部舊體詩中，以「哭」字為題的，此詩是唯一的一首。以聶紺弩的性格和氣質，而能道出一個「哭」，字可見其對周恩來愛戴和景仰之深。

一個甲子的友情——聶紺弩與鍾敬文

中國民俗學奠基人鍾敬文，是聶紺弩相交時間最久的文友，也是人生的第一位文友。鍾敬文曾與人談過，說他在「文壇上首先認識的是聶紺弩」。聶鍾二人相知甚深，友情竟達六十餘年。

海豐鍾家的一夜

一九二五年春，聶紺弩以黃埔軍校第二期學生的資格，和全體同學作為校長蔣介石（東征主將）的衛隊，參加了討伐陳炯明的第一次東征。隨著敵軍望風而逃，部隊很容易地挺進到了海豐。當時，彭湃辦了個農民運動講習所，缺少師資力量，聶紺弩便應邀留下來任講習所教官兼政治部科員。不久又兼任海豐縣第一高小校長。

且說海豐縣還有一個第三高等小學，校長馬醒，本地人；又有個四開《陸安日報》，編輯李國珍。過了些時日，李國珍叫聶紺弩給副刊寫稿子，聶便寫點詩文發表。有一天，三高校長馬醒來訪，談到聶紺弩在報上發表的詩文，表示喜愛。「又談到離城卅里有個公平鎮，鎮上有個人名鍾敬文，曾在北京的報刊上發表文章，還和魯迅、周作人通過信。也喜愛我的詩，寫信給他說要請我到公平去玩，（到現在我還未弄清究竟是老馬的托詞，還是敬文真有此表示？）問去不去。我正想搞文學，想在報刊上發表文章，想認識文人（文學家）現有一個已在名報刊上發表文章，和大名鼎鼎的周氏弟兄通過信而又和我年紀差不多的青年文學家近在咫尺，口裡沒說，心裡羨慕得不得了。

請我到他家去，求之不得，哪肯不去！於是立刻約定日期，叫老馬通知他，我也同時向學校打了招呼，會同老馬一路到公平去。」

說去便去，三十里路很快就走完了。於是，聶紺弩「就看見了到現在相識已近六十年的老文友，也是我所認識的第一個文學家鍾敬文」，「鍾敬文年紀很輕，我那時是二十一、二十二歲，他似乎比我還小一點，文謅謅的，至少我看如此；高身材，但不比我同老馬高；眉清目秀，顏色也較我們白；最難得的是他的話比老馬的好懂得多，似乎到外地跑過的。他穿著短衣西裝褲，赤腳拖著木屐，本地知識青年的通常打扮。」（〈鍾敬文．《三朵花》．《傾蓋》及其他〉）

那麼，在鍾敬文的記憶中，第一次見聶紺弩又是一個什麼印象呢？鍾敬文在〈悼念紺弩同志〉中說：

> 有一天，我陸師的老同學同時也是曾經和我合出過新詩集的親密文友馬醒（筆名雲心），帶了一位陌生的客人到公平來看望我。那位客人，身軀相當高，穿著軍裝，說的是「外江話」。經過雲心的介紹，我才知道他姓聶名畸（後來改為聶紺弩）。他也是個文藝愛好者，並且在我們的縣報（《陸安日刊》）上發表過新詩和散文。
>
> 他為什麼要雲心帶他到離縣城三十里的小市鎮裡來看我呢？據我的回憶，他當時（或者稍後）對我說的理由，是在《語絲》上看到我的文章，因而想跟我見見面和談談。但是，據他前幾年發表的回憶文，卻說是由於雲心的介紹，也許兩者都有關係吧。不管怎樣，他這次突然見訪的主要媒介是文藝，更準確一點說，是新文藝。而支持我們以後數十年友誼的，大半也是文藝和學術。
>
> 由於上述的緣故，他當時的來訪，無疑給予我以意外的高興。這不僅由於我正熱愛著文藝，並且也由於個人生活環境的局限，正渴求著精神世界的開拓，很希望能多呼吸一點外面清新的空氣，或者結交一些同心的朋友。

聶紺弩和馬醒在鍾敬文家住了一夜，幾個文學青年交談了許多遐思和夢想。第二天早晨，就在依戀的情緒中分手了。回縣城不久，聶紺弩便接到一本小詩集，書名《三朵花》，是敬文、馬醒和林海秋三人同著的。自此以後，鍾敬文給聶紺弩寫信尊其為「老大」（聶比鍾只大兩個月），而自謙為「三弟」（馬醒為老二），而聶紺弩則稱鍾敬文為「鍾三」。

後來東征勝利了，聶紺弩離開海豐回到廣州，繼而考取莫斯科中山大學。鍾敬文收到聶紺弩書信，謂將出國留學，遂作〈到莫斯科去啊〉寄贈。詩曰：

> 到莫斯科去啊，到莫斯科去啊！／那兒狂溢著革命的浪潮，／那兒怒放著自由的花朵，／雖非天堂，也遠勝這妖魔洞府。
>
> 朋友，你是一個流浪的詩人，／大地的黑暗，久使你的歌聲暗啞；／從今得到了那兒的樂園，／定教你的歌聲變了新調。
>
> 朋友，我也想跟你一路同行，／去到那兒自由的樂園；／可是，幸運之鳥不傍我而飛，／只落得獨在這荒涼的海濱夢想。
>
> 呵哦，神州革命之火勢將燃燒，／一切的條件已經準備完好，／只急等那引導火線的健兒，／朋友，你將充當那健兒歸來引導！

是年底，聶紺弩登上赴蘇的旅程。次年，鍾敬文從海豐來到廣州，和友人為《國民新聞》報編文藝副刊。鍾敬文去信向遠在莫斯科的好朋友索稿。很快，聶紺弩就寄來了一些新詩〈撒旦的頌歌〉、〈列寧機器〉，稍後還有散文〈龍津溪畔〉之類。並評價鍾敬文的文章說：「你的〈舊事一零〉我讀過了，……除了〈舊事一零〉以外，我還看了你其他的一些短篇。你的文章，沖淡平靜，是個溫雅學人之言，頗與周豈明作風近似。」（山曼《驛路萬里鍾

敬文》）

一九二六年十月，鍾敬文、劉謙初等人在廣州嶺南大學發起成立革命文學團體「傾蓋社」，創辦《傾蓋週刊》，鍾敬文任總編，主要任務是選拔會員作品送往廣州市黨部國民黨左派主辦的報紙《國民新聞》副刊「國花」刊出。不久，《傾蓋週刊》第一期發表聶紺弩〈我是幸福的〉，第二期發表〈夜話〉，第三期發表〈莫斯哥之晨〉。遺憾的是，這幾篇文章《聶紺弩全集》均未收入。筆者曾在廣東中山圖書館、中山大學圖書館等地多方尋覓而不得。

南京重逢桂林見

一九二八年九月，鍾敬文自廣州到杭州一所學校教書。翌年初，也就是快要過年之前的隆冬時節，他抽空從上海北站坐上開赴南京的火車。本來說五點鐘左右到站，因故一再推遲，直到天已濃黑，寒雨如絲的當兒，才在下關車站下車。「半緣在此間人地都生疏得很，半緣急於和別來三年的好友見面，所以在到站之後」，他便決定先去找聶紺弩。兩人見了面，紺弩說他自己這兩、三年比以前老得多。敬文呢，紺弩說比起三年前他所見到時，卻反來得年輕些。兩人在旅館秉燭夜談，談各自的戀愛史，當然免不了談到文藝：

他（按，指聶紺弩）又說到自己對於文藝的態度。他說他自從在汕尾時忽然有感，開始做了那篇〈醒後〉以後，對於文藝女神，大起了狂醉的狀態。去國兩年中，不知寫了多少詩篇；直到將返國時，還做著歸來怎樣去從事文藝的美夢，可是，回國以後，卻把這個志向打破了！一年多以來，不但沒有執筆寫過這類東西，連閱讀的興趣都低減得多了。因為隱忍不住及客觀的需求，時而寫了些「黨八股」；為了讀者的誇獎的緣故，倒覺得頗有從事下去的興味。自己的心的源泉，是隨著年光的進益而日呈枯竭了；而身外的環象又深切地要求著一種提醒與抨擊的文字。所以就改易了舊業，而不覺它是如何值得留戀與可惜了。

我勸他不要因為從事於政論之故，便決意把文藝的寫作拋荒了。文藝不光是閒人的消遣品；如果能站在某種理想上去創作，藝術的手腕又足以輔之，那末，豈必一定單刀直入的政論才是有力的武器呢？以他那曾經顯示過的怒湧的詩思和豪橫的筆陣，去重新傳寫那些刻願意表達的事物、情志，誰能說這不是深有效力與意味的事！人不可不利用其所長，否則，在人群的進化上是一樁可嘆惜的暴殄的罪過！他說很願意採納我的話，在最近一年內，擬寫出一兩部能夠深重地表呈出這時代氣息的作品。我祝福他做一個中國新世紀二十年代的寫真者的屠格涅夫。（〈金陵記遊〉）

第二天早上，聶紺弩陪同鍾敬文坐車向雞鳴山去了。上雞鳴寺，登豁蒙樓和臺城，又驅車去玄武湖。兩人在湖邊又談起了過去詩作。不料，紺弩說下午機關有事務，所以要趕快回去。敬文說無論如何，秦淮河是要去看一下的。紺弩口裡雖然說不值得一顧，但還是在夫子廟前停車，看了有些惋惜的秦淮河。中午，兩人竟在秦淮河船的飯店中吃了一頓飯。之後，紺弩回機關，敬文回旅館。

晚飯之後，大概九點多鐘，兩人便乘著滬寧車，到蘇州去了。鍾敬文說「這一次的金陵遊程，在我雖然是偶然地偷空去的，可是心裡卻並不是沒有相當的目的與興致。除會晤久別的好友的動機外，自然還有種種的想念，如撫摸故跡、欣賞名勝、觀察新都的建設事業和民氣，都是心裡所耿耿地意識著的。在時間上，我以為至少當有三、四天的勾留；這樣的，雖然不必定能達到預定目標的整個，但相當的滿足總可能的吧」，卻沒想到，聶紺弩「急於赴蘇轉滬，不管我此來的目的和興趣，硬把一個新到的遊客，挽著同走上他自家所感到急切的征途。於是，我便只好抱著未盡的遊興折回來了」。（〈金陵記遊〉）又據聶紺弩回憶：「回南京不久……敬文也到南京找我。不是找事而是找我玩。那時他已在杭州師範學院或高師之類任教職。我請了假同他遊了蘇州、上海、杭州等處。細說起來話長，也無必要。只說他常說他『有難言之隱痛，無不破之西裝』。不知是什麼『隱痛』，我未問，他也未說，直到現在。當時想大概是戀愛、結婚之類，那時我也未婚。他從他的學校引我逛西湖時中途曾在一戶人家歇腳，那人家收拾得很乾淨，只有一個青年女子，很客氣地招呼了我們一回。出來後，我問是誰，他回答得很含糊，我也沒有追問。不知過了多久或多少年，我才明白那人家就是他的家，那女青年就是他的愛人，現在師大的陳秋帆老師。」（〈鍾敬文．《三朵花》．《傾蓋》及其他〉）

到了一九三一年底，聶紺弩離開南京，轉赴東京，投奔在早稻田大學留學的夫人周穎，直至一九三三年回到上海。鍾敬文與陳秋帆兩人一起，則於一九三四年四月也從上海到日本早稻田大學，開啟了三年的留學生活。

一九四一年八月，鍾敬文帶領中山大學學生到桂林進行文化考察活動，而聶紺弩此時在桂林和秦似等人編《野草》雜誌。鍾說了一句，《野草》的「耳朵太多」（意即聶紺弩在上面以「耳耶」等筆名發了很多文章）。九月二十日，文協桂林分會舉行茶會，歡迎聶紺弩、鍾敬文、何家槐等作家來桂。九月二六日，《文化雜誌》社邀請聶紺弩、鍾敬文、彭燕郊、宋雲彬等舉行文藝座談會，討論文學創作上的語言運用問題。

一九四七年七月底，鍾敬文遭中山大學解聘後，化裝離開廣州，去往香港達德學院任教。第二年初，聶紺弩也來到香港，兩人又在一起了。

一九四九年初夏，鍾敬文、聶紺弩和許多在港文藝界人士一起，北上晉京參加全國文學藝術界第一次代表大會。

紅心大幹管他媽

中華人民共和國成立之後，聶紺弩和鍾敬文等老朋友在京頻頻相聚。宋雲彬《北京日記》有載：「一九五一年六月二日：聶紺弩、鍾敬文來，飲酒暢談，甚快。」一九五四年十月二十四日，聶紺弩和鍾敬文一起參加中國作家協會古典文學部召開的《紅樓夢》研究討論會。十月三十一日至十二月八日，中國文聯主席團、中國作協主席團擴大會議在青年劇院樓上青年宮舉行（俗稱「青年宮會議」），歷時一個多月，聶紺弩和鍾敬文雙雙與會。

從一九五五年開始，接二連三的政治運動，讓聶紺弩交上華蓋運，直至一九五八年下放到北大荒去「開拓新天地」。一九六〇年冬回京後，住半壁街郵電部宿舍，平時無所事事，開始認真學詩和做詩。鍾敬文、陳邇冬等老友常為家中座上客，一同談詩唱和。鍾敬文說：「那些時期，我也因為回應號召，想充當『志士仁人』，勇於進呈忠言，結果成了『三反分子』。在接受各種批判和勞動改造之後，雖然不能說是完全靠邊站，但因有『異心』不堪信任，就只好接受一些非專業的打雜工作了。正在這樣的時候，北京有些舊友新朋，不時在作些舊體詩。我那久冷的詩爐也就被煽起火焰來了。而紺弩這位老朋友，又正在熱戀著舊詩，因此，我就常常到了半壁街，主要當然是談詩，互示彼此的新作。」（〈悼念紺弩同志〉）

一九六一年七月，鍾敬文摘去「右派」帽子。聶紺弩作〈柬鍾三〉以賀：

> 聞君七月有新詩，何以至今我不知。
> 一笑故人還故我，同傷多夢已多時。
> 從來肝膽恩都少，如此風波怨便癡。
> 五載堂堂空過了，以為不可執期期。

舒蕪讀詩筆記云：「此所謂『有新詩』，指『摘帽』後有新作的詩感念其事。」

摘掉「右派」帽，鍾敬文又開始學術研究，撰寫了《晚清時期民間文藝學史試探》等至今為人稱道的學術論文，聶紺弩聞之，又作〈讀鍾三民間文學理論史近著〉云：

千錘萬斧劈山開，片語單言也費才。
往論今朝從筆削，先生未死已書埋。
雄奇文有悲風響，老懶人惟愧汗揩。
中夜誰知吾意敬，起當窗月一詩裁。

此詩是鍾敬文最欣賞的一首，「因為它不但有『雄奇文有悲風響』等警句。就詩的結構說，也是比較完整的。」「當時我在他的寓所裡看過後，非常感慨。其中『片語隻言』的『隻』字音律不當，吟詠起來聲音不諧美。就當面坦率地給他提出了。後來，他果然在新出版的詩集裡改為『片語單言』。這種雅量，是和他勇敢追求真理的思想分不開的。」

一九六三年除夕，聶紺弩生日。鍾敬文作〈祝紺弩六十誕辰〉：

往事迢遙四十春，少年肝膽劇相親。
而今文苑論交誼，首數戎裝怪異人。

並注：「紺弩當時的舉止談吐，頗多與當地青年所習慣的不同，因此我們背後叫他『怪人』。」

兩個月後（三月二十日），輪到鍾敬文六十壽辰。聶紺弩辛辛苦苦湊做了一首七古賀詩，登門奉獻。鍾氏看過了，一句話未說，一個字未提，一直到紺弩告辭出門，直到二十年後，也未對這首詩再說什麼。這種諱莫如深，叫人很為納悶，「這位嚴師和老弟是冷峻到這樣程度的」。

一九六五年二月，「四清」運動開始。鍾敬文要參加農村社會主義教育運動，聶紺弩作〈鍾三往四清〉以贈：

不是山西便河北，四清當去半年多。
三千師弟人誰老，百八朝昏別奈何。
出問題時有毛選，得歡欣處且秧歌。
投身階級鬥爭裡，見汝詩材大馬馱。

「四清」歸來，聶又作〈鍾三四清歸〉相迎：

陌上霏微六出花，先生歸緩四清誇。
忙中腹爛詩千首，戰後人俘鬼一車。
青眼高歌望吾子，紅心大幹管他媽。
民間文學將何說，斬將封神又子牙。

據馮英子回憶，此詩第六句原是「紅心大幹老專家」，因此羅孚贊曰：「改『老專家』為此，點鐵成金也！」又說：「一句『紅心大幹管他媽』也已經可以千古，比『滿城風雨近重陽』更可以千古，至少在我們這個時代的人眼裡……」

鍾敬文返京後找紺弩談話，勸其燒詩。對老朋友的勸導，聶不以為然，甚至和一個朋友說：「老鍾這傢伙膽子非常之小，他極力勸我燒詩，說了很多，最後甚至於說，如果不燒，簡直是無所逃於天地之間似的。」那朋友說：「你呀，不燒也無所逃於天地之間！」聶說：「可不是嘛！」五月八日，聶紺弩與他人一起晚餐後閒聊，說：「鍾敬文好久沒有來了，他怕我做詩牽累到他，這傢伙膽小，如果不是他一回來就勸我不要寫詩，我的詩也不燒了，這叫庸人自擾。」一九六六年三月十四日，聶紺弩與人談話時又說：「鍾敬文這個人很怕事，連同我們往來都怕，勸我不要做詩，連我拿詩給他看他都怕，其實怕有什麼用呢？你什麼都不動，不寫，好了吧，可是人家都會給你算舊帳，把你的舊作品拿出來批，還不是一樣倒楣！」

暴風雨來臨的前夜，大家除了寫詩唱和，就是聚餐喝酒。一九六六年三月四日，有朋友到訪聶家。聶說：「昨天打電話你不出來，我一個人到莫斯科餐廳吃晚飯，吃完了碰到黃藥眠，他同我談起，要找十個大家都認識的人，第一次由他請客，在廣東酒家吃一頓作為聚餐的開始，以後便每月一次，各人出錢。意思是年紀老了，又沒有什麼事可做，所以找點兒吃的，大家聚聚的意思。他問我有什麼熟人，我提出一個鍾敬文，一個你，一個陳邇冬，你有沒有興趣參加？」友人說：「可以呀，大家出錢，一個月不過兩塊錢的事。」五月十九日，宋雲彬日記記載：「下午四點後，鍾敬文、黃藥眠、聶紺弩先後來，請他們吃了頓豐盛的晚餐，聊閑天，直到八點，他們才同雲裳、阿莊一道出去，分別回家。」一九六六年春的又一天，聶紺弩約鍾敬文到虎坊橋湖北餐廳吃飯。鍾拿出他寫的一首〈參觀收租院泥塑展覽〉詞讓提意見，聶直言不諱地說：「這首詞只寫你參觀後的感想，沒有提到泥塑的藝術性，美中不足。」鍾說：「我這是政治掛帥。」聶道：「本來現在要歌頌的就是政治，大家看『收租院』也是看政治，誰在真正提倡藝術？誰是真正為欣賞藝術去看展覽的？這種人不多，當然你是少數人中之一。」（《聶紺弩刑事檔案》）

此生不意重相見

很快，滔天蓋地的風暴襲來了，大家毫無抵抗地被捲入那大漩渦。聶紺弩被插上了「現行反革命」的標籤，押送到山西過著長年累月的黑牢生活，直到一九七六年才被釋放出來。

聶紺弩在知道將被「大赦」回京的時候，給了夫人周穎和老友鍾敬文各一封簡單的信。因為怕萬一老伴收不到，也有老朋友知道消息。不久，他果然回來了。當鍾敬文重見到那穿著出獄標記的新棉衣的老朋友，實在無法按捺住那沸騰的和複雜的情思。於是填了一首小詞〈調寄玉樓春〉：

此生不意重相見，　卻容顏神尚健。
汾濱幾載困陰霾，忽睹天青妖霽散。
韋編三絕窮經典，遇蹇無妨靈智煥。
從君正合乞餘光，補我平生聞道晚。

多年後，鍾敬文還清楚記得，聶紺弩當時接過那寫著小詞的紙片，反覆看了幾遍。最後向著鍾，嘴角微微地露著笑意，用低慢的聲音說：「你這樣客氣呀。」

鍾敬文對老朋友表現確實客氣。據樓適夷回憶：「……得到消息連忙去看他。我是空手去的，可是鍾老鍾敬文老兩口恰已先我而到，還帶一隻殺好拔了毛的大肥雞。原來又高又瘦的紺弩，現在已成了皮包骨頭……鍾老兩口子想得多周到，這個紺弩真該好好多吃幾隻大肥雞了，可這回，我卻口福不淺，叨上了他的光。」（〈說紺弩〉）

此後，每年到了舊曆除夕（紺弩生日）前後，總有鍾敬文、張友鸞等朋友攜著自己做的菜，到聶家裡來聚餐，大家歡歡喜喜度過一天。後來聶的身體實在不好了，聚餐之事才作罷。

一九八一年底，鍾敬文寄給聶紺弩一張賀年片，正面是山水畫，背面是一首七絕：

雪虐霜欺萬卉凋，劫餘扶植費焦勞。
敢辭神竭青燈下，學徑文風繫此遭。（《京西賓館雜詩》之一）

一九八二年一月二十日，聶紺弩回信鍾敬文說：「賀年片早收到。謝謝！今年賤降日千萬莫來，已請人奉達此意。前在獄中，周婆每召其友好，為我生祭，頗有意義。今此意已失，反成俗套。你我居處相距太遠，縱有小車也很麻煩，街車上下更難，費時更多。不如彼此想想，反多情趣。」又說：「請你為我寫一書簽：『散宜生詩』（較大）下署『鍾××題（較小）』或兼題聶××著亦可。」四月二十六日，聶紺弩致謝鍾敬文：「題簽收到多日，謝極！」

同年八月，聶紺弩舊體詩集《散宜生詩》由人民文學出版社出版，封面書名為「靜聞題」。靜聞者，鍾敬文也。關於鍾氏書法，聶紺弩早在一九六二年十一月致高旅信中，這樣說過：「我喜歡鍾敬文字，曾托他給閣下寫一張。據云曾試過一下，浪費了幾張紙。」

聶紺弩在〈散宜生詩•自序〉裡有這麼一段話：「我有兩個值得一提的老師：陳邇冬和鍾靜聞。邇冬樂於獎掖後進，詩格寬，隱惡揚善，盡說好不說壞。假如八句詩，沒有一句他會說不好的，只好從他未稱讚或未太稱讚的地方去領悟它如何不好。靜聞比較嚴肅或嚴格，一三五不論不行，孤平孤仄不行，還有忘記了的什麼不行。他六十歲時，我費了很大勁做了一首七古，相當長，全以入聲為韻，說他在東南西北如何為人師以及為我師……寫好了，很高興地送到他的家裡去，他看來看去，一句話未說，一個字未提，一直到我告辭（不，一直到現在，二十來年了）。但我更尊敬他，喜歡他，因為他絲毫不苟。我的多麼可愛的兩個老師，一個是李廣，一個是程不識；一個是郭子儀，一個是李光弼。一寬一嚴，從他倆我都學得了不少東西。」此前，紺弩致鍾敬文的一封信說：「尊詩甚佳。我亦曾作二律，醜媳不想見公婆，恕不抄呈。我對絕句半首難成，故亦不和。一句話，尊詩老當益壯，我則頹唐牢騷，不足觀也已。」然而，鍾敬文在一篇文章中卻是這麼評價聶詩的：「說句老實話，當時，甚至於現在，我非常喜愛他的新詩。我覺得他是個具有詩人素質的人。在詩歌的學習和創作的鍛煉上，他未必比我多花功夫，但他的詩思和詩藝的造詣，總是使我自愧不如。」

一九八六年三月，鍾敬文得到聶紺弩噩耗，抑住悲思，作了一幅輓聯：

晚年竟以舊詩稱，自問恐非初意；
老友漸同秋葉盡，竭忠敢惜餘生？

此聯有「余豈好舊詩哉，余不得已也」之意。雜文不好寫了，詩意總可含蓄些，而舊詩比新詩更能含蓄，那就寫舊詩吧。

一九九三年元月上旬，為紀念聶紺弩九十冥壽，鍾敬文於病榻上草成五律一首：

朋舊祝冥壽，偏成缺席人。操觚雜詼黠，體國本精純。
薄海傳三草，吾心賞一文。斯人還活著，此語最知君。

第六句自注：「我嘗謂紺弩即使沒有其他著作，但有〈韓康開（的）藥店〉一文，也足以不朽矣。」

聶紺弩與鍾敬文在香港合影（1948年）

「跟你永遠作朋友」——聶紺弩與康澤

聶紺弩和康澤既是黃埔軍校同學，也是莫斯科中山大學同學。聶紺弩是共產黨左翼作家，康澤是國民黨軍統特務頭子，他倆各自的身分，彼此心裡都十分明白。在政治分野上，他們是你死我活的敵人；但在私人感情上，卻又頗為投契。康澤真的履行了「無論在什麼情況下都是朋友」的諾言，從沒向聶紺弩要求過什麼，除了要聶為他死後立傳；聶紺弩沒有負約，也先後為康澤寫過兩篇文章（〈時間的啟示〉和〈記康澤〉）。就因為這層關係，聶紺弩在歷次政治運動中受到種種誤解和詰難，乃至痛苦和屈辱。

大海上的談話

聶紺弩比康澤大一歲，也比康澤早一年考入黃埔軍校，聶是二期，康是三期。一九二五年秋，康澤因深得蔣介石賞識，被保送莫斯科中山大學，於十一月底先出發；聶紺弩則是自己考入莫斯科中山大學，稍遲於十二月中旬啟程。這樣，他們成了莫斯科中山大學同學。然而，聶紺弩在蘇聯待了一年半，「竟沒有和康澤談過一回話」，或許緣分沒到吧。

康澤像

一九二七年「四一二」事變之後，蘇聯方面通知國民黨常駐中山大學代表、校理事會成員邵力子回國。邵力子離開莫斯科，國民黨在中山大學再無代表，預示這所學校國共合作的局面即將結束。六月十六日，由於中國革命形勢的急劇變化，聯共（布）中央政治局決定將國民黨右派學生遣送回國，以避免他們對其他國民黨學生施加不良影響。遣送回國的通告公布後，共有一百七十餘名國民黨學員提出回國申請。要求回國的國民黨學員人數之多超出了蘇方的預計，因此蘇方決定將國民黨學生分批遣送回國。聶紺弩當時作為國民黨學員，亦於六月底被遣送回國。回國的路線主要是從莫斯科坐火車到符拉迪沃斯托克（海參崴），然後轉輪船到上海。

在茫茫大海上，聶紺弩和康澤終於開始了談話，「一次考驗性的談話」。據紺弩回憶：

晚飯之後，我們斜倚著鐵欄，大海在旁邊咆哮，海風吹散我們的頭髮，落日的霞光把世界照得通紅。康澤的眼睛一眨也不眨地望著我，似乎要望進我心裡去，似乎已經望進我心裡去了。我明知這次談話的嚴重性，但並不心慌！我的綽號叫托爾斯泰，即專心文藝，不問政治的糊塗蛋之意，不怕他們會殺我；別的則真不在乎，我本沒打算跟他們混在一道。我不知道康澤是會談話的呢，還是不會。總之，他在我開口之先，自己談了許多，可惜那些高明的理論，現在不容易記起了，大概說，蘇聯的成功，是民生主義的成功而不是共產主義。共產主義不合中國國情，合國情的是三民主義，尤其是戴季陶先生的三民主義。我老實告訴他：我不喜歡戴季陶。戴季陶的《孫文主義的哲學基礎》要孫中山承繼中國的道統，要捧孫中山的神主牌進聖廟，是復古，是開倒車，不是革命。也不喜歡孫中山。孫中山的天才，在他把中國問題分成民族，民權，民生三部分；但他談的卻很壞，比如民族主義，分析日本幾天可以亡中國，英國幾天可以亡中國……結論卻是恢復中國固有道德，這太不可理解了！民生主義中的平均地權，節制資本，姑不論對不對，總是專就都市立論，對廣大的農民與土地問題沒有提起。雖在民生主義之外，講過一次「耕者有其田」，但也只是一個題目，內容對耕者有其田這事幾乎什麼也未說。更不喜歡蔣介石。他，沒有什麼可談的，完完全全的投機軍閥。當我還在黃埔的時候，就曾宣稱，不等兩年，我就要作反蔣運動。

「那麼，那麼，」他像吃一口辣椒似地問：「你對共產黨的看法呢？」

我說：我沒有看法。我的思想沒有出路，也正在此。讀過幾本書，覺得離認識共產主義或馬克思列寧主義還很遠，也沒有力量批評，除了在莫斯科，覺得學校裡的投機分子太多以外，我不想談什麼。這裡也許須注解一下：在當時，有許多同學加入共產黨，並非為了革命信仰，而是為了回國後可以作官，那些人後來又用各種各樣的方法轉變了，比如蔣經國就是一個。所以我在當時確有此感。

「你是我認識的第一個誠實的人。」說完之後，他和我握手說，他的手捏我的捏得很緊，似乎表示他的話也是誠懇的。「而且倔強」。（〈記康澤〉）

後來康澤告訴聶紺弩，他當時的印象，認為聶太不世故，太任性，近於《三國演義》上的禰衡。如不留心，難免殺身之禍的。但是——康澤又說，正因為如此，反而看得起聶紺弩。

同住一間宿舍

一九二七年夏，聶紺弩和康澤回國之後，一同分配至南京國民黨中央黨務學校（中央政治學校前身），擔任訓育員。一九二八年，聶紺弩先後調任國民黨中央宣傳部總幹事、中央通訊社副主任，康澤也調往國民黨中央訓練部任職。此時，他們兩人一同住在國民黨中央黨部職員宿舍。幾個月的時間裡，差不多每晚都談很久，康澤有什麼事都和聶紺弩商量。

晚上，聶紺弩喜歡靠在床頭看書，而康澤不愛看書，他很少看完過一本哪怕很薄的書。康澤慢條斯理地做完手裡的活兒，比如寫書信、擬計畫什麼的，然後就要打紺弩的岔，找他聊天了。「別看書了，聊天吧！」康澤說紺弩除了會寫文章以外，一無可取；紺弩說康澤是矯情鎮物的偽君子，得志之後會是剛愎自用的軍閥。但相處的時間一久，兩人也很聊得來，而且聊得很痛快。差不多每天晚上，康澤都提議聊天，常常聊到深夜。自然，無意思的話居多，但有時也談到天下國家大事。有一次，康澤說紺弩將來一定會當共產黨的。「他說他也贊成共產主義，但要有真正的共產黨，現在這些殺人放火的共匪都是應該消滅的。他說現在沒有出路的人多，不必共產主義，隨便插個什麼旗子都會有人來，都可以反蔣。他等有點政治資本了是要插旗子的。對我個人，他時時表示敬佩，認為沒有碰到過我這支筆，約定無論什麼情況之下都做朋友。」（〈歷史交代〉）

一九二八年五月，康澤調任國民革命軍總司令侍從參謀，每次蔣介石到中央黨部開會，他總是提皮包。蔣進入會場之後，康澤就去找聶紺弩閑聊。紺弩笑他提皮包，康澤也笑說「當識英雄於未遇時」。一九二九年春，康澤被派往第二師任政訓處主任。一九三〇年三月任陸海空軍總部宣傳大隊長，十一月任總政訓處第一宣傳大隊長，到湖南進行反共宣傳。那時康澤對於共產黨的看法，「認為『共產主義不合中國國情』，『共產黨的活動，變成了流寇』，反對它是有理由的，也是應當的」。（《蔣介石的十三太保之一、「黨衛軍」魁首康澤自述》）

時間到了一九三一年，聶紺弩仍在中央通訊社工作，兼帶為《新京日報》編副刊《雨花》，文章時常受到國民黨中宣部的檢查。後來，聶紺弩參與組織一個「文藝青年反日會」，在報上用社會科學的觀點分析了九一八事件，並提出了一些政治性的主張，比如：聯合世界上以平等待我之民族（蘇聯），停止一切內戰（停止「剿匪」乃至聯共），共同對日，略近於抗戰初期大家都說的那些話；但在當時卻是十分大膽的言論。甚至，聶紺弩還到請願學生中去發了一回傳單，立刻被當局認為大逆不道，弄得不能下臺，最後只有棄職潛逃。

在潛逃前兩、三天，剛從湖南回南京的康澤在一個旅館裡打電話找紺弩：「我找你來，想跟你談幾句關於你的話。記得麼，我說過，跟你永遠作朋友？」

「唔？有什麼嚴重的事了！」

「你覺得有人注意你了麼？」

「覺得。」

「你打算怎麼辦呢？」

「沒有打算。」其實紺弩已打算逃走了。

康澤語重心長地說：「應該考慮考慮。人家說你近來思想變了；只有我知道你本來這樣，第一次和你談話的時候，就奇怪你為什麼沒有加入共產黨。三、四年來，你沒有行動，那無所謂；現在有行動了，這不能不叫朋友們擔心。別的不談，你總是個人才，又沒有真的組織關係，犯不著去冒那危險。因此，朋友們都叫我勸你適可而止。」

康澤的這一段話，聶紺弩認為，「固然可以說是友誼的勸告；但也可以說是極不友誼的恐嚇或阻撓」。從這時候起，康澤對紺弩的態度，「都介乎友誼與非友誼之間，頗不容易辨別」。

一九三一年底，聶紺弩逃往日本，在東京加入左聯。

一九三三年六月被日本員警遣送回上海之後，聶紺弩一段時間為《中華日報》「十日文學」副刊編版寫稿。康澤讀到紺弩的文章後就給報社寄來一封信，叫紺弩到南昌他那裡去。紺弩非常露骨和堅決地回絕了康澤，說：「我還讀不懂《我的奮鬥》，完全不理解這樣的人，叫我怎能和那作者之類的人共事呢？」（〈歷史交代〉）

未完成的使命

一九三四年底，蔣介石決心將四川納入其統治之下，派賀國光率南昌行營參謀團入川，任命康澤為參謀團政訓處處長兼別動總隊長。康澤將別動隊各大隊分發到四川、貴州、西康各地，企圖通過控制基層政權，監視反蔣勢力，為蔣介石控制四川鋪平道路。

一九三五年春，聶紺弩正式參加了中國共產黨。入黨後不到一個月，上級組織要派他到四川康澤那裡去做工作，說是「要儘量利用國民黨關係，要打入他們內部去」。其任務是關於「軍事情報方面的」，等打進去了，再派人與其聯繫。紺弩告訴上級領導，自己和康澤確實有過非同一般的關係，但那是很多年前的事情了。紺弩剛從日本回來的時候，曾經拒絕過康澤的邀請。因此，覺得打進康澤那裡去希望不大。上級領導對紺弩說，不要緊，只要你覺得他不會把你扣押起來，不妨去試試，不成功就回來。這樣，紺弩就到四川去了。

入川之前，紺弩事先取得了康澤的同意。這同意不是直接取得的，而是通過在實業部當司長的朋友唐健飛轉詢的。因之前紺弩嚴詞拒絕過康澤的主動邀請，現在有點不好意思，所以托唐問問虛實。過了些時日，唐健飛回覆說，康澤表示同意。這樣紺弩才去的。

聶紺弩溯江而上到了重慶，在臨江門附近一個旅館裡暫住了十多天，才等到去成都的便車，在成都政訓處見到了康澤。頭一天，他請紺弩到館子裡吃飯，談了一些閒話。吃完飯，他叫副官招呼紺弩到他家裡去住幾天。康澤說他很忙，在家裡比較容易抽時間暢談。但在康澤家裡他也沒什麼時間，早晨五、六點，客廳裡找他的人就滿了，晚上一、兩點才回來或者不回來，白天不在家吃飯。住了四、五天，只談過兩次話。

第一次是晚上一、兩點，康澤回來，問紺弩的來意。紺弩說想做點事，在上海混不出什麼名堂來。他問，做什麼事。紺弩說既然下決心做事，就一切從頭來起，過去的什麼都丟掉，你叫我做什麼就做什麼。康澤說連那些年輕時的幻想也丟掉？紺弩說當然，否則也不下決心來了。康澤說到我下面做事？紺弩說最好。康澤說我們現在是朋友，一做事就公事公辦；這裡是軍事機關，要求嚴格，決不能因為是我的朋友就可以放縱。紺弩說知道的。康澤卻說這是跟你開玩笑說得好玩的，我這邊的工作於你不太合適。紺弩說我說過，做什麼都可以。康澤又說，既然來了，應該想想辦法，你先休息幾天，我多方面考慮考慮。康澤說這些話的時候，是不帶什麼感情的，跟從前在南京時的談話完全不相同。這使聶紺弩感覺到：「一，他對我已有一定看法；二，似乎完全知道來意；三，門禁森嚴；四，打得進去也不能施展；五，隨時可以變臉。我甚至疑是已經變臉了，把我軟禁著的。但另一方面也想到，他也只能這樣。」這次談話內容，紺弩報告過上海方面，上級組織回信說，相機撤退。

第二次是在康澤家裡的最後一天。吃午飯的時候，也是他唯一的一次在家吃午飯。康澤說，那天晚上疲倦得很，沒有對你說什麼不該說的話吧。紺弩說沒有。康澤說：「那就好。你的事，我們不能隨便解決，先來個步驟，作個長遠打算。你把老婆接來，住在我家裡，專門用一、兩年時間讀書，做學問，要看什麼書就看什麼，絕對自由；不過看了書，有時跟我談談，讓我也跟著學點。你不知道，我想有這樣一個人能跟我講點學問上的事，不知想了好久。」不管康澤的這些話有沒有真實性，聶紺弩認為至少有兩重含義：一，試探；二，關門。說不定還想長期軟禁。於是，紺弩回答說，這需要考慮考慮，因為既然如此，何必累你，我來找你並不一定是為了生活。康澤說：「這是我想留你的如意算盤，你當然可以考慮，考慮好了給我回個話。住在這裡很不便吧，我給你在青年會找了間房，搬去那裡隨便些。」

紺弩搬到青年會之後通知康澤，問可以不可以介紹到什麼大學去教書。紺弩沒有直接說不接受他的提議，怕他翻臉。過了幾天，康澤派人來把紺弩叫去，說大學事要費周折，問他是不是想回上海。沒有等紺弩回答又說，「回上海吧。我明天飛重慶以後又到武漢去，恰好一路。我叫我的小車子明天送你到重慶，我在重慶給你準備到武漢的事。」

到了重慶，康澤把紺弩交給了他的別動隊大隊長，叫他的大隊長陪紺弩到萬縣，並買好萬縣到武漢的船票。康澤又叫紺弩到了武漢找他，他當時兼任全國禁煙總監部武漢緝私室主任。紺弩說，「雖然像是為了我的安全和方便；但也可疑為是一種無形的遞解」，「後來分析，他為什麼用這種遞解似的辦法呢？怕我出事，一出事就與他有關」。

到了武漢，康澤給了紺弩一百塊錢的路費。臨行，又問他在上海的生活能否維持，紺弩說勉強可維持。康澤又問每月需要多少。紺弩說五、六十元吧，不一定，至少三、四十元。康澤說你留個地址給我，我以後給你每月寄三十元。後來，康澤果真寄過一次六十元。

酒館裡的談話

自從四川之行分手之後，紺弩沒有想到還有機會碰見康澤。

一九三七年「八一三」淞滬抗戰爆發後，紺弩隨上海救亡演劇隊第一隊到內地去。第一站到了南京，接下來要去漢口，但是路費不足。隊長馬彥祥、副隊長宋之的召開隊委會議，商議對策。他們知道紺弩和康澤的關係不錯，打聽到康澤在南京，叫紺弩去找他捐錢。還真找到了，康澤一面搖頭，一面還是寫了兩百元捐款。

「把朋友沒有辦法！」康澤說：「跟你定個約，我一、兩天就要飛漢口去了。你到了漢口，一定要去找我，我有話跟你說。」

「為什麼現在不說？」

「還沒有到時候。」

九月初，聶紺弩隨演劇一隊到達武漢。不久，朋友孟十還來找紺弩，說康澤找他有話說。康澤請紺弩到一家廣東館子裡去喝酒，看樣子像有什麼事，很沉悶。

「左翼作家！」康澤舉杯敬紺弩，同幹了一杯之後，他說：「左翼作家講不講朋友？左翼作家要不要民族主義？左翼作家肯不肯表彰民族英雄？」

「你的酒量好像沒有從前好了！」

「莫打岔！我問你的正經話。」

「這是什麼正經話？這是開玩笑！而且是含有敵意的，含有侮辱性的。」

「剛剛相反！至少，自從你離開南京，作了左翼作家以來，再沒有像今天這樣，我對你不含敵意的了，也再沒有像今天這樣尊敬你的了。我還是像從前那樣喊你，但你好久不喊我『澤』了。你還是用我們同住在一個宿舍時候的心情來對我吧，還是用那種心情來聽我說話吧！我還是問你左翼作家！你要不要朋友？要不要民族主義？表不表彰民族英雄？你點頭了？好！碰杯！」

紺弩有一點摸不清頭腦。

「懂了麼？」康澤慢吞吞地說：「這是說，我想當民族英雄了！這是說，也許我要死了。」

「你不會甘心死在民族戰爭裡面的吧？」

「假如」，康澤說，「喂，望著我！假如我真死了，你說，你肯跟我寫一篇傳記麼？你向來說真話的，你不用想，你說肯，還是……」

原來如此！

「碰杯！」康澤說。乾杯之後，他把那玻璃杯摔到地上了，使旁邊的人都吃了一驚。

康澤的情緒緊張而激昂，好像真要出發打仗。不久，紺弩從報上得知康澤任命為九江警備司令，這席話是大概是為這消息而說的。但後來似乎並未到差。

這次聚餐沒幾天，聶紺弩在書店看到一部《說文詁林》。這是一部很早就想得到的書，可是要百把塊錢，買不起。忽然記起康澤那天在酒館的談話，紺弩就想敲他一點小竹杠。去找康澤，他果真答應了，叫他的祕書用什麼圖書館的名義去買。過了兩、三天，書買到手了。

紺弩最後一次碰見康澤，是一九四四年在重慶。夫人周穎從北溫泉來，為她們慈幼院有事要找康澤，大概是為慈幼院的廟產之類的問題，想侵占廟產的人是康澤吃得住的。周穎是中央黨務學校學生，當然和康澤也很熟。她認為紺弩一起同去，效果要大些。紺弩就同她去了。一去，康澤正準備出門，在門口談了幾句話，約他們夫婦第二天去吃午飯。第二天便去了。

飯後，康澤讓客人們坐在客廳裡，特意和紺弩在院子裡散了一回步，問紺弩對他有什麼意見。紺弩沒有意見，康澤一定要說，就說了幾句人家對他的評價。

「你本來可以作政治家，可惜倒作了政治家的工具。」

「什麼意思？」

「人家把你和戴笠，徐恩曾，當作三鼎甲。」

「那是人家造謠中傷，造謠中傷！」

紺弩心想，真肯裝蒜！這豈不是哪個不知誰人不曉的事情麼？

「我在建川中學教書」，紺弩說：「學校在江北人和場，那地方，土名瓦店子。」

「呵呵……」康澤走進屋子去了。

建川中學附近有一個神祕的所在，有人告訴紺弩是集中營，關押著百多個政治犯，那裡面的主任就是康澤。

最後的結局

一九四七年十一月，蔣介石委康澤為第十五綏靖區司令官，撥六十二師、二〇二師和川軍三個旅歸其統率。第十五綏靖區轄區是以湖北襄陽為中心的鄂豫陝三省邊區廿八個縣，部隊總兵力萬餘人。一九四八年七月一日，中國人民解放軍向老河口發起攻擊，康澤急忙調兵抵擋。七月九日，襄陽西關外真武廟制高點已被共軍占領，使襄陽、樊城俱在共軍鉗制之下。七月十日康澤下命放棄樊城，十六日上午九時許，共軍以大炮對準康澤據守的最後一個碉堡樓進行炮擊。至此，第十五綏靖區部隊在襄陽全軍覆滅，康澤被俘。

遠在香港的聶紺弩從報上得知此消息後，為兌現他一九三七年在武漢與康澤談話時答應幫他寫「傳記」的諾言，寫下〈記康澤〉（載《野草叢刊》第十一集）。文章結尾說：「現在，康澤已被人民解放軍活捉了，被活捉之前，還使用過毒氣，是解放軍俘獲的第一號不折不扣的戰犯。那麼，他就要成為『戡亂英雄』或『剿匪英雄』的吧？但我希望他還來得及讀到我這篇文章。不但表示我沒有負約，也只有他自己能對這裡面所寫的感到親切，而且認為沒有把他的相畫歪！雖然他沒有真的死在民族戰場上。」

一九五五年，「肅反運動」開始，聶紺弩受左聯介紹人胡風和入黨介紹人吳奚如牽連，加上個人歷史和社會關係複雜，被上級黨組織隔離審查。從當年六月到十二月反審期間，聶紺弩所寫交代材料多次提到和康澤的關係。其中一篇反省材料寫道：

同志們的意見，總括起來，是特務頭子之類給錢給我，特務頭子是不講私人關係的，為什麼給錢，必定是我也是特務或為特務頭子所利用，才能這樣。……

如果是特務，是誰下面的呢？當然以是康澤下面的為最合理。但這樣一來，有幾個問題不能解釋：一，十幾年只拿了四百幾十元，我貪圖什麼呢？二，從三八到四四相隔六年才一見，算做什麼工作呢？三，是特務他用得著請我在什麼場合寫文章，我敢敲竹槓叫他買書，他會叫我用功研究文字學？四，是特務還勸他不要當特務頭子——他不當頭子我還當什麼特務呢？五，是特務還敢公開發表文章，暴露自己的關係？六，是特務我還經常失業，窮得沒飯吃，在桂林最後一個時期黨看見我生活無辦法，每月給我四百元伙食費。七，是特務能十幾年不做出件案子來。三五年（按，應為三六年）黨派我送丁玲同志到西安，這件任務總算成了吧，我總沒有出賣她吧。關於康澤關係，黨現在掌握著特別豐富的材料，有些我看是直接從康澤那裡來的。惟其這樣，我更敢說，如果我當過康澤或任何人下面的特務，請黨不管肅反的「一個不殺」的寬大政策，把它當作特殊問題處理好了。我決不相信康澤不會陷害我，但即使陷害，假東西總會拆穿，黨總有辦法把問題搞清楚的。（〈追溯我和康、谷的關係〉）

一九六五年四月，康澤被特赦釋放，之後被安排為全國政協文史專員。此前，聶紺弩從北大荒回京後也被安排在全國政協任文史專員。至於他們是否見過面，那就不得而知了。

一九六七年一月，聶紺弩以「現行反革命」被逮捕，投入北京功德林第二監獄。是年十一月，康澤在秦城監獄病逝。

輸贏何止百盤棋——聶紺弩與金滿成陳鳳兮夫婦

金滿成已經讓人漸漸地遺忘了。儘管他在文壇發過自己獨特又積極的吶喊聲，還翻譯出版了《紅百合》、《剎削者》、《金錢》等作品，畢竟稱不上主流文人，應該算是當時「小文人」的一個典型吧。我之所以知道此人，還是因為聶紺弩。

你畫葫蘆我發癡

一九二九年九月，聶紺弩所在中央通訊社同事陳銘德，因對國民黨的言論專制深感憤怒，遂與吳竹似、劉正華等人在南京創辦民間報紙《新民報》，其宗旨為「作育新民」。年底，陳銘德請來四川同鄉金滿成主編報紙副刊《葫蘆》。金滿成編副刊需要稿件，自然就認識了愛寫文章的聶紺弩。據聶紺弩一九五七年所寫一份交代材料說：

三十年開始吧，即從武漢回南京之後，在偽中央社的職務由副主任降為編輯，但同時帶編《新京日報》副刊，段夢暉是這時候認識的。因為編副刊而認識金滿成，他那時編《新民報》副刊。因為編副刊，需要寫點不三不四的小文章，搞來搞去，似乎就不能不談文學了，於是寫詩。政治不懂，文學也不懂，詩更不懂，只有一樣算抓住了：分行寫！寫來寫去好像還發生了一點莫名其妙的影響。於是和金滿成一唱一和，組織了一

「甚麼詩社」，出版了一個《甚麼詩刊》。參加的還有別的許多人，現在記得的幾個：趙迦德（金和他比較熟）、段詩園、屠凝冰、巴人（不姓王，亦不知姓名，真在什麼報當校對）、張屈光（電車公司賣票員，後來混進康澤系統去了），以及其他更無法記姓名的人。這些人連我自己在內有一個共同點，都不會寫詩，而寫得出的其實只有我一個。

再看當年甚麼詩社成員屈光怎麼說的：

我原是國民黨祕密區分部的一員，公開後不久，就遇上了那場風暴，朋友們被捕，逃亡，失去聯絡，心情異常苦悶。偶然在報上見到「甚麼詩社」徵稿啟事，我以「長髮人」（不是現代時髦髮型，而是無錢理髮之意）署名，寫了一篇題為〈砸斷捆縛我們的鎖鏈〉的詩寄去。不久詩社來信邀我會見，接待的是紺弩和周穎大姐。見面時沒有寒暄，亦未問我姓名，他們就伸出手誠摯地說：「我們歡迎你！」從此我與「甚麼詩社」結下了不解之緣。之後，我又認識了金滿成、陳鳳兮、白虹等好友。（〈「甚麼」？〉）

屈光在文中提到一個人——陳鳳兮，她當時是復旦大學中文系學生、金滿成的女朋友。也就是從這時開始，金滿成陳鳳兮兩人和聶紺弩周穎夫婦結下了深厚的友情，持續五十多年。聶紺弩去世後，陳鳳兮曾寫過一篇回憶文章：

我認識紺弩、周穎在二十年代。我老伴金滿成在南京剛創辦的《新民報》編第一個副刊《葫蘆》。我們兩家同租住一間大房，紺弩把這間房叫作「統艙」。這像是有錢人家客廳毗連餐室的房，房有隔牆，牆中央開了個別致的圓形門，晚上把圓門的薄門板一拉上便成兩間房，我們各住一半，白天拉開門板又像一家人，也一起開飯。我當時還在上海復旦大學讀書，寒暑假才回南京，每次回去時，紺弩常是一句笑話相迎：「你又回我們統艙來了！」

「九一八」事變後，上海幾個進步大學的學生，浩浩蕩蕩地要晉京請願抗日，我在復旦隊伍中。南京政府不准學生去京請願，下令不讓學生上火車，正吵嚷間，火車鳴笛便要開走，學生紛紛臥軌。我們終於上車到了南京。我到京先回家，紺弩見面便問：「你也臥軌了麼？」我說「沒有」。他問「為什麼？」我說「我怕。」他笑了，說：「膽子太小了，連火車都怕！」他又為我打氣：「明天去國府請願，就別怕了，口號要喊得響亮有力量。」

不久我又回到「統艙」，便看見紺弩和滿成已共同組織了一個「甚麼詩社」，也出版了《甚麼詩刊》，紺弩、老金在這詩刊上寫的都是白話詩，全部內容離不了抗日救國。我也參加他們召開的「甚麼詩社」社員會，社員大多是知識青年、大學生、職工。開會時自紺弩到社員發言慷慨激昂。我感到南京抗日氣氛比上海熱烈得多。

我也在「統艙」中看到各處亂放的各種形式的抗日刊物、小報、小冊子，自然也有滿成編的《新民報》副刊《葫蘆》，及紺弩編的《新京日報》副刊《雨花》。紺弩在《雨花》上的文章，我很愛讀，他的筆尖轉彎抹角罵國民黨不抗日，罵得煞有趣味，也罵得夠厲害。（〈淚倩封神三眼流〉）

《甚麼詩刊》只出了第二期，就因經費不足而夭折；聶紺弩因罵國民黨不抗日，引起當局高度「關注」而脫離中央社，遠走日本。

金滿成所編《新民報》「葫蘆」副刊上也刊登了很多言辭激烈的文章，終於在一九三二年受到了警備司令部勒令停刊一日的處分，不久又停刊三天。在處境艱難的情況下，金滿成只得逃離南京，來到重慶《新蜀報》編副刊。他對聶紺弩的詩歌很欣賞，從在南京時所編《甚麼月刊》中將其詩挑選出來推薦給讀者，還寫下不無誇飾的頗長的

「滿成按語」：

這裡很值得我們特別的捧場，也許別人會罵我們是自吹，是互相標榜，是甚麼甚麼……但這首詩放在報上，批評存在大家的筆下，即使吹，實在有很值得吹的理由……

紺弩，不但在四川不著名，就在他所住在的南京日本也是一個無名的人物。但他的詩，卻代表了一個真正新的階段。反帝國主義意識，絕對平民階級化的文句，詩的精力，詩的形體，……一切都合了我們新詩中的「理想作品」。

讀了這詩，我們感覺中國過去沒有一個夠得上說是新詩的詩人；讀了這詩，我們才感覺到那些不負責任的花兒，月兒，母親愛人的東西，通通可以燒掉，或者自己趕快藏在箱子裡不必再發表了。

自然，這裡當自得公正的說明。作者紺弩是我們的朋友，最難得的朋友；但是我們之所以成為朋友，和這一次我們特別替他吹的原因是一樣：並不為他本人，而是為他的詩。否則，紺弩既川中讀（者）全不識，紺弩又無甚作品在某書局出售，所以白吹了又有何用？明白了這一點，證明我們介紹他的作品乃非為他而實是為我們的讀者也。

更需要說明的，便是這首詩是在我們所辦的《甚麼月刊》上發表過的。因為此刊物不幸竟不曾行銷到川中來，因此我們公開地轉載而且如上述的介紹了。如果能投合作者的口胃，我們行將介紹第二篇呢！

先選這一篇〈啊，我殺了那個畜生！〉作個樣本罷！

據筆者查考，《新蜀報》副刊一九三二年七月二十九日至三十一日連載了聶紺弩詩歌〈啊、啊、我殺了那個畜生〉。不久，該報九月九日又發表聶紺弩組詩〈戀歌〉（由〈機器〉、〈小黑人〉、〈便衣隊〉組成）。這兩首詩《聶紺弩全集》均未收入，當屬佚文。

直到抗戰末期，聶紺弩去重慶才與金滿成夫婦相見。一九四五年初，聶紺弩創辦《藝文志》時，金滿成提供了〈沉默〉、〈羅曼羅蘭〉等譯文。一九四六年三月三日，聶紺弩與金滿成一起出席了「文協」舉行的歡迎田漢、馬思聰、端木蕻良茶話會。歡迎會最後決議成立「文協」重慶分會，聶紺弩、金滿成等十人當選為籌備員。

金滿城在重慶工作十多年，直到抗戰勝利，一九四六年赴越南，次年去香港。一九四八年初，聶紺弩也來到香港。這段時間，兩人應該有所往來。

輸贏何止百盤棋

一九四九年春夏間，金滿成作為民主人士，應邀到東北解放區參觀後，住北京李鐵拐斜街遠東飯店；同時聶紺弩也北上參加第一次全國文代會，夫婦住前門留香飯店。閑來無事，紺弩常拉滿成去逛地攤，地攤的東西很便宜。紺弩買了不少古籍、字帖、棋子，也贈送滿成一副圍棋，只要有空，兩人便下棋，迷在棋盤上。

在京期間，聶紺弩曾與金滿成偕訪宋雲彬，「同往灶溫吃麵」。十月一日大典前夕，兩人則被陳毅邀請吃了一頓大餐。原來，金滿成早在一九一九年就與陳毅赴法國勤工儉學，同居一室，相交甚密；而聶紺弩一九三九年在新四軍陳毅麾下幹過一段時間，還給陳毅當過「紅娘」呢。據陳鳳兮回憶：

> 開國前一天，陳老總約我們一家去前門四川飯店吃飯，張茜同做主人。吃到一半，陳總問：「你們有聶紺弩的消息麼？」我說：「住在留香飯店呢。」陳總即叫車去接他來。原來紺弩以前曾在新四軍工作，陳總張茜的結合還是他作的「大媒」。陳總寫的第一封情書，就由紺弩與丘東平送到張茜手裡。此時陳總問紺弩和滿成每天在幹啥工作，紺弩說「在下棋」。陳總哈哈地說，「那好耍！下棋會叫人腦筋靈活，可惜我忙，沒有

功夫玩棋子。」

中華人民共和國成立之後，聶紺弩和金滿成又碰在一起了，同在人民文學出版社工作。所不同的是，聶紺弩在古典文學編輯室，金滿成在外國文學編譯室。陳鳳兮說，「紺弩不僅白天常到滿成的編譯室拉他到他的房間下棋，晚上也趕來我家。他下棋不管時間，不下贏最末一盤棋是不走的。我們住在東城魏家胡同，他住在西直門半壁街，為爭贏最後這盤棋，有一次竟拼搏到末班車已開走，他不得不自我家硬是步行回西直門。」（〈淚倩封神三眼流〉）

一九五七年，聶紺弩和金滿成都被劃為「右派」後，和其他人不便往來，但他們兩人繼續來往，繼續下棋。聶紺弩在當時的一份交代材料中這樣寫道：

金滿成（中）與陳毅（左）、楊持正（右）一起留學法國

> 反省後，和社內人來往得最早的是金滿成。因他和我相識最早，知道我的過去也最多，不至以為我是反革命而怕和我來往。我找他是和他下棋，別無他事。有一次，是快發薪水的時候了，我因為社內派人給我送薪水，未免太遠，就想起請他給我代領，領了後，我到他家去拿，比較省事。他同意。我就寫了一個條子給社。以後每月都是他給我代領，我也每月都到他家一次，直到他去休養為止。他休養期間一次未去，直到近來我有時候白天到社開會，會後到他家下棋，約一兩次。合計約去過十多次。他一次都未來找過我。
>
> 和他未談過什麼話，也沒有什麼話可談。他兩夫婦都是很膽小的人，歷史又亂七八糟，更非常怕事，決

不談什麼。我和他相知既久，他的思想、學問、見解之類，我都知道，沒有什麼談得來的。我到他家時，總是晚飯前後，他的孩子們都在家，他不讓他的孩子知道我是肅反對象，都避免談什麼。再，有時他家有別的客人，我不認識，更不談話。所以我在他家，除了下棋，並無別事。最近一次，是反右派鬥爭時期，我說周穎出了問題，恐會涉及我。他就表示最好我不再去他家之意，我就未去了。（〈關於和社內幾人的來往〉）

一九六七年，聶紺弩鋃鐺入獄；一九七一年，金滿成病逝。

尚有詩書能醉我

一九七六年，聶紺弩劫後歸來，忽然想寫毛筆字，陳鳳兮替他買了出獄後第一支小楷狼毫。紺弩問：「滿成死後你寫了什麼文字？」陳鳳兮抄了兩首在金滿成祭日寫的七律給他時，他覺得奇怪：「你作詩？」「滿成死後學寫的。」紺弩默然。次日陳鳳兮再到聶家時，紺弩拿出一疊詩，統名「近作」給她，詩的後面寫著「最近諸作統希鳳兮大姐教正。」最後用小字寫道：「尊詩拜讀，造詣之深，抒情之痛，均感驚詫。聞滿成兄仙逝後便欲以一詩見輓，因我對己事有無限感觸，方自嘲不暇，未能及者，今讀大作，遲早或可成一蕪章也。紺弩附白。」兩三天後聶紺弩見面便交給陳鳳兮一首詩，題為〈滿成老友六週年祭，讀鳳兮大姐悼亡作後作〉：

什麼詩社什麼詩，你畫葫蘆我發癡。
你我相交五十載，輸贏何止百盤棋。
新民報副刊文學，商務印書館女兒。

八寶山前紅百合，怨人風雨吊來遲！

這首詩的第二句是指金滿成當年在編《新民報》副刊《葫蘆》，他自己「發癡」者，是指在國民黨中央通訊社工作。第五、六句，指當時南京知識青年稱《葫蘆》為「副刊文學」，金滿成曾在副刊上刊出小稿嘲諷商務印書館的期刊經常脫期，勸人莫與商務印書館的女兒聯姻，婚期也必定是靠不住的。

金滿成不在了，聶紺弩熱心鼓勵陳鳳兮寫字學詩，她同意了。陳鳳兮說：「可是他教人作詩並沒有黛玉數香菱那個耐心，我也笨，有時八句詩他沒說一句好話，有時全部搖頭。一次他指我的一首詩八句中僅有一句較好，我問哪一句？他指出是『何人老住莫愁湖』，他說：天下沒有不憂愁的人，除非沒有腦子。他告誡我：作詩莫寫古人今人曾寫過的思想感情。這樣，我學詩的勁頭就槍斃了，太難了啊！」事實上，陳鳳兮一直堅持作詩，並有《雨後集》印行。茲選其中有關聶紺弩的幾首：

紺弩贈被抄家又送還之書籍與碑帖

一

曾經棄置幾何年，一撫佳篇一惘然。
幸未廢為堵甕紙，憐吾渴遇佩刀泉。
右軍著筆誰能再，子敬與琴喜俱全。
尚有詩書能醉我，夜闌且結讀書緣。

二

抱恨人間少讀書，一生衣食費三餘。
平空捉筆詩原拙，抽暇劇棋願亦虛。
患難憐人輕骨肉，關情讓我別親疏。
連宵把卷低徊處，漸識今吾勝舊吾。

紺弩除夕生日命當筵作祝壽詩
遵命作詩一粲然，從何說起聳雙肩。
我詩不比我棋好，送到君前不值錢。

上面兩詩都提到了「棋」。金滿成不在了，陪聶紺弩下棋的任務落在陳鳳兮身上。好在這時聶陳兩家相距不遠，於是陳鳳兮每星期去一次兩次不定，陪紺弩下棋消遣。「下棋找高手」，陳鳳兮自詡是臭棋，但聶紺弩有個癖好，不認識、無好感的人他不交手。陳鳳兮說：「我有點像代替滿成去讓他過棋癮了。我不去時，他便叫老周來找我。及後，他們搬住勁松，我也是七、八十歲的人，擠不上車，只得少去，但畢竟也總要去的。他的身體越來越不行，下床坐到沙發上來下棋很費事，但他下棋興趣並不減少分毫。周穎怕他勞神，我去時，一入門，她就給我打手勢，作鬼臉，所表示的是：第一，只能下一盤棋；第二，我只能輸不能贏。我自心領神會。可是，棋下到中盤，紺弩也伸出三個指頭，表示非下三盤不可。我每盤只好馬虎投子，求速戰速決，連連敗北，博得他哈哈一笑。」（〈淚倩封神三眼流〉）紺弩的世交陶冶回憶：「在我和他『閒聊』的日子裡，幾乎每天都有幾個作家和詩人來訪。經常來的是一位廣東老太太，她是紺弩兄的棋友。她一來，我們就走開，讓他們去你沖我殺。」（〈和紺弩兄交往的日子裡〉）毋庸置疑，文中的「廣東老太太」即陳鳳兮，她是廣東潮汕人（潮州市潮安區庵埠鎮）。

聶紺弩去世後，陳鳳兮作了一輓聯，得到過梁羽生的贊評。聯曰：

> 新聞記，古典編，雜文寫，無冕南冠，白髮生還，散木豈不材，瘦骨嶙峋，絕塞挑燈題野草；
> 史詩作，狂熱問，浩歌寒，盛世頹齡，青春煥發，故交傷永別，千蝶曠代，騷壇刮目看奇花。

上聯寫聶紺弩的生平，下聯談他的成就——舊體詩。聯語以「蝶」象徵聶紺弩的詩篇，「千蝶曠代」喻其詩之美之奇，實為當代罕見也。

1985年，聶紺弩與陳鳳兮對弈

新聞記者古典編——聶紺弩與張友鸞

一九二九年秋，陳銘德在南京創辦《新民報》後聘請張友鸞出任總編輯。那時，聶紺弩和《新民報》副刊主編金滿成組織「甚麼詩社」，過從甚密，一來二去，和張友鸞也成了朋友。

上世紀三十、四十年代，聶紺弩一直漂泊不定，時而南京上海，時而武漢西安，時而金華桂林，但他到重慶時，總忘不了去新民報社看看老朋友們，「混」一餐飯吃。張友鸞說紺弩那時「神出鬼沒，不知什麼時候就冒出來」。抗戰勝利後，張友鸞離開重慶《新民報》回到南京，自己辦起了《南京人報》，這時聶紺弩卻進了重慶《新民報》，當上副刊主編。

張友鸞說起當年的聶紺弩：思想敏銳，孤傲狂放，平時少言寡語，偶爾一句話，嗓門很大，語多驚人。張友鸞卻是性格溫和，幽默含蓄，嬉笑怒罵皆在娓娓言談之中。總之，在戰爭年代，他們雖不曾朝夕過從，但相互都瞭解對方的學識、才華和為人。

張友鸞（右）與其弟張友鶴都是聶紺弩的朋友

文酒之會多有趣

一九五二年冬，作為人民文學出版社（簡稱人文社）副總編輯兼古典部主任的聶紺弩，到江蘇調查施耐庵出生地的資料，來到南京。當時，張友鸞在南京剛剛結束了報紙工作，調到文聯搞戲改。兩人在南京重逢，當然很高興。更為興奮的是，他們能暢所欲言，傾心相談了。聶紺弩後來在贈張友鸞的詩中有「廿年相識少談攀，談在金陵雨後山」，就是說的這次見面。因為他們對古典文學都有深厚的根底和濃厚的興趣。聶紺弩談到此行的目的，談到他不僅準備重新整理《水滸》，還想把許多優秀的文學遺產，逐步整理出版。張友鸞對這項工作表現出極大的興趣，談到《水滸》的整理，還提出了許多自己的見解。聶紺弩很贊同這些見解，馬上熱情地邀請張友鸞到北京和他一起工作，張友鸞欣然接受。舊相識成了新相知。聶紺弩在上述贈詩中說：「明時恥為閑公僕，古典應須老稗官」，就是由此而來的。

一九五三年初，張友鸞拖家帶口來到北京，成了人文社古典部早期的成員。聶紺弩立即把準備自己完成的七十一回本《水滸》的整理工作，交給了張友鸞。自此，張友鸞把全部精力放在了《水滸》上，每天都要伏案到深夜，光是注釋就寫了約五百條，而往往為一條注釋要翻閱大量資料。一九五四年底，重新校訂並詳盡注釋的七十一回本《水滸》，以作家出版社的名義出版了，前後用了不到兩年的時間。這是一九四九年後出版的第一部重新校訂和詳盡注釋的中國古典名著，在如何整理出版古典文學遺產上，是開創性的嘗試。

可以說，因為《水滸》，聶紺弩和張友鸞加深了友誼。聶紺弩全力支持張友鸞校注《水滸》，張友鸞也以很好的成績回饋了聶紺弩的厚愛。他們兩人不分彼此，通力協作，高品質、高速度地完成了任務。在校注的最後階段，張友鸞請聶紺弩執筆寫前言，他欣然命筆。

聶紺弩和張友鸞原本性格不同，一個桀驁不馴，一個隨遇而安，但在朝夕共處中，他們發現彼此有不少相同的地方。除了學術見解、工作態度以外，在待人處世上都是襟懷坦蕩，都愛開玩笑，都愛喝酒，都是落拓不羈的人。工作之餘，他們常和一些志趣相投的朋友，招邀共飲，說古論今，酒酣耳熱之際，或是唱詩酬和，或是相互取笑。一九七九年春，張友鸞寫了一篇〈馬凱餐廳的文酒之會〉，回憶五十年代的趣事：

當時聶紺弩任人民文學出版社副總編輯兼古典部主任，同事中不乏老饕，招邀共飲，每週必會。說他們吃遍了北京小館子，當然是誇張；但是他們的足跡，踏過不少地方，這倒是千真萬確。他們輪流做東，仿佛像是個「轉轉會」。為寫文章有些稿費，杖頭之貲，不虞匱乏。聶發表的稿子多，收入稿費多，所以做東的日子也偏多。有些小朋友們，少有稿費，就請他們吃白食。這也成了不成文法。有那麼一天，他們去到一家名叫「馬凱餐廳」的館子。那天之前，聶拿到稿費，我也拿到稿費，聶多而我少。聶領頭在前，走進店裡，回顧一下說：「今天張老請客呀！」我便笑答：「先入為主嘛！」聶哈哈大樂，無言以對。那些小朋友，如今也是五十老翁了，有的還談起此事，說直到現在，和人上館子，總有戒心，不敢走在前面。想想多有趣！

可是好景不長。從一九五五年到一九五七年，人文社古典部先是出了個「獨立王國」，後來又出了個「右派集團」。自然是以聶紺弩為首，舒蕪是「左丞」，張友鸞則是「右相」。

「文酒之會」風流雲散了，然而聶張兩人一有機會仍相互往來。張友鸞女兒張鈺說：「記得反右以後，聶伯伯有時來看父親，宿舍裡的一些人對他側目而視，他卻旁若無人，昂首直入。父親見他來了，馬上置酒添菜，掩上房門。斗室之中，他們似乎忘記了外面的世界，依舊淺斟低酌，談詩論文。前幾年，我從父親的舊筆記本裡，發現了一張破紙條，上面寫著：『座上客常滿，樽中酒不空。連聶紺弩這樣的人也常來……。』這不知是哪次運動中父親受批判時何人的『規勸』。總之，父親是批判對象，聶伯伯是批判對象的重點，這張泛黃了的破紙條，從反面記錄

了他們相濡以沫的一段歷史。」（〈沒字碑尋白雪篇〉）

大錯邀君朝北闕

六十年代初期，聶紺弩自北大荒歸來，時間充裕，以詩為樂。他在《散宜生詩》中，收進了一九六二年和一九六四年分贈張友鸞（字悠然）的〈悠然五十八〉四首、〈悠然六十〉五首。

悠然五十八

一

昔日新聞記，今朝古典編。斯人面何鵠，春末襖猶棉。
包袱三千種，心胸五百年。可憐邦有道，貧賤亦悠然。

二

兒女非常事，英雄見慣人。連枝煙大癮，三鬥酒微醺。
禿樹撐窗外，悲風入枕垠。此中樂誰解，醒眼望朝曒。

三

南京人報小，中國鬼才多。前有《神龕記》，繼之《魔合羅》。
奇文缺梨棗，滄海祭蛟鼉。白雪陽春好，吾頭稱此歌。

四

年方五十八，人贈六句詩。尊相何寒乞，壽章也預支。
友鸞和紺弩，畫虎皆白癡。一杖隨身細，王城信所之。

有對困境中張友鸞的風趣描繪，也有對張友鸞身處逆境而達觀的讚揚。

悠然六十（五首）其三

一

狀貌恂恂張子房，齒牙搖落鬢毛蒼。
日三斤酒半碗飯，斷一回腰千次腸。
坐老江湖波湧跌，起看天地色玄黃。
寒梅未蕊黃花死，知倩何花佐壽觴。

二

始逢綠鬢春風面，初版白門秋柳時。

二十歲人天怕我，新聞記者筆饒誰。
多情眷屬西廂遇，革命文章子夜披。
才氣有稜捫不得，豈惟痛飲始吾師。

三

廿年相識少談攀，談在金陵雨後山。
明時恥為閑公僕，古典應須老稗官。
本欽史筆追司馬，況愛新民為友鸞。
大錯邀君朝北闕，半生無冕忽南冠。

特別是第三首詩，聶紺弩寫出了與張友鸞從相識到相知，到邀其來北京，而後被錯劃右派的事。聶紺弩在這首詩中，痛心疾首地自責道：「大錯邀君朝北闕，半生無冕忽南冠。」張友鸞對此則付之一笑說：「在劫難逃，與卿何干？」

張友鸞虛歲六十時便告老退休，閉門家中，埋頭讀書寫作。他只想在有生之年，多讀一些書，多做點事，其他別無所求。聶紺弩卻不然，看不慣的事他要說，想不通的事他要弄明白。有一段時間，連工作權利都被剝奪了，他還是不肯裝聾作啞，仍然那樣鋒芒畢露。有一次，快過年了，張友鸞按照宿舍的慣例，買來一副春聯，正往門上貼，聶紺弩來了，看了看春聯上的歌頌之詞，哈哈大笑說：「拍馬屁也沒有用，右派總歸還是右派！」固然是出於他們之間習慣了的戲言，但他的那種無所顧忌的脾氣，使張友鸞很為他擔憂。

一九六三年三月的一天，銀鬚飄拂的張友鸞造訪聶紺弩，恰逢他北大荒的朋友黨沛家也在。黨沛家回憶說：「紺弩為我們做了介紹之後，老先生便立即口誦『十幾歲人闞黨國，八千里路話桑麻』之句，這是春節前紺弩才寫贈給我的詩，沒想到這位老先生竟然能背誦。還說：久仰久仰，小小年紀有此經歷真是了不起，令他感嘆不已。我也早從聶伯詩中久慕他的大名，今日相逢可謂幸會。……友鸞先生溫文爾雅『溫良恭儉讓』，有古君子風。紺弩說他是報界驕子，才幹非凡，寫過很多好文章，可現在不得不提前退休了！」「友鸞先生的鬍子，疏疏朗朗很是漂亮，這就更加突出了他的斯文氣質。可是吃飯時那鬍子卻逼得他更加斯文！我覺得他那樣子好笑，於是便說：先生的鬍子讓人一看便知是一位很有學問的人，可吃飯、喝湯就不太方便了。友鸞先生聽了一笑便道：你只說對了一半，聽我為你講個笑話。從前有個人，當他致力於學問的時候，得了一個兒子，就把兒子取名叫『學問』。後來他留起一把鬍子時，又得了一個兒子，就取名『鬍子』。及至第三個兒子出世，他覺得自己老了還生兒子，真是笑話，就叫做『笑話』。三個孩子逐漸長大了，成天在家打鬧，他實在煩得慌，這天就讓他們上山去撿柴。三個孩子小的最勤快、大的最懶。歸來只見『鬍子有一把，學問一些也無，笑話倒有一擔。』這笑話指的就是我。後來他還專門寫了一篇文章〈鬍子的災難歷程〉，真是寫盡了『包袱三千種，心胸五百年』來，不愧是一篇傳世佳作。」

（〈三紅金水齋訪談雜憶〉）

一九六五年二月的一天晚上，聶紺弩與張友鸞、黃苗子等一起在江西餐廳吃飯談詩。飯間，紺弩說他已經把詩稿燒了，並且作了一首燒詩的詩。張友鸞說：「聽說了，而且聽說這首詩還不許人抄。」聶紺弩說：「當然，抄更不好，抄了傳出去，人家問你為什麼燒，這不是又一條罪狀?真不想再做詩了，這東西越做越好，越好就越成問題。我細算了一下，這幾年做的詩、寫給別人看、別人贈詩做了答詩或者有贈而別人不答的，總共有五十多人，這樣傳開去就不得了，所以就決定不寫。」張友鸞說：「古人所謂『詩窮而後工』，窮不一定是沒有錢的窮，更主要是『途窮』之窮，窮了什麼都不能做，只好做詩，當然越做就越窮，越窮就越工，就越不好拿出去。」紺弩又說想寫好字，張說「字寫得太好也不行」。紺弩笑道：「吾生不有，亦後何有，這就只好四大皆空了。」

讀寓真《聶紺弩刑事檔案》發現，六十年代中期，聶紺弩與張友鸞等人的飯局比較多。比如一九六五年二月十五日，張友鸞托聶紺弩轉請尹瘦石作畫，作為酬謝，請尹吃飯，並約紺弩及周紹良、陳邇冬、黃苗子一起作陪。

飯後同到黃苗子家打撲克，聶張周三人一直玩到凌晨。十月二十九日晚上，聶紺弩同張友鸞、龔之方等友人在「五芳齋」吃晚飯。十一月二日晚上，聶紺弩與張友鸞、周紹良等多人，合請香港《大公報》來京的陳凡在聚豐園吃飯。一九六六年二月四日，聶紺弩與張友鸞、周紹良、黃苗子等在「恩成居」晚飯，然後漫步到東安市場。二月十八日晚上，聶紺弩與友人吃飯，但張老這次沒有來，原因是「張友鸞最近情緒不好，不想出來。他是被通知不讓給香港寫稿子了，他說一共有四人，其中有一位教授，不知是誰……所以友鸞意興闌珊。」

別時容易見時難

十年浩劫中，聶紺弩和張友鸞都進入了古稀之年。兩位老人，天各一方，以不同的方式，坦然地面對磨難。終於等到「四人幫」倒臺，聶紺弩也出獄了。但是，張友鸞並沒有迫不及待地去看過他。在紺弩回京幾個月以後，張友鸞寫了一篇〈聶紺弩詩贈周婆〉的文章，發表在一九七九年四月十四日的香港《文匯報》上。文章向讀者介紹了聶紺弩「文革」中的遭遇和近況，以及他的一些詩。文章說：「詩人聶紺弩，一系十載，去年才回到北京。為什麼遭到這場禍事？有人說，他最早揭發了狄克就是張春橋；又有人說他得罪了江青。真相究竟如何，自己也有些莫名其妙。然而以詩獲譴，這卻是事實。一貶東北，再禁山西，而今竟然回來了，真不免有『種桃道士歸何處，前度劉郎今又來』之感。」

由此可見，張友鸞當時雖未和紺弩見面，卻資訊相通。同時，從這篇文章裡也可看到，十年浩劫中，張友鸞對紺弩的情況時有所聞，對其處境十分擔心。在這篇文章發表後的一週，香港《文匯報》刊登了那篇〈馬凱食堂的文酒之會〉。也許張友鸞在努力喚回那些愉快的記憶，期待著像五十年代一樣，在「文酒之會」上重逢。

然而歲月無情，聶紺弩長期臥床，張友鸞也病痛不斷，真個是「別時容易見時難」了。

一九八一年的夏天，張友鸞遷進了團結湖的一套兩居室。據說這原是出版局分給聶紺弩的，他卻沒有要。這件事觸發了張友鸞，他對女兒開玩笑說：「再不見面，只怕見不著了。憑他給我留下這兩間房，你也該陪我去謝謝他。」沒想到，說此話不久，張友鸞卻得了腦血栓。直到一九八二年的夏末秋初，身體稍稍好些，就急切地要女兒陪他去聶家。

劫後重逢，似乎應當有點戲劇性的情節，但一切卻是那麼地平靜。聶紺弩和張友鸞互相端詳著說：「老了，老了。」而後，就像只幾個月沒見面一樣，一邊說著近況，一邊開起了玩笑。張友鸞說，近年因腦血栓，左眼偏盲，走起路來總往右邊偏斜。紺弩笑嘻嘻地說：「你怎麼還是老右傾啊！」張友鸞翻著紺弩送他的《三草》詩集，指指點點：「你也是積習難改呀！」

聶紺弩為張友鸞開啟了一瓶茅臺酒，周穎為大家準備了豐盛的午飯。兩位老朋友都不能像過去那樣豪飲了，只是一杯在手，細飲慢啜。他們閒聊著，誰也不向對方訴說十幾年經受的折磨。張友鸞說，因為身體不好，想易地休養，到南京住些日子。紺弩便指著桌上的一盤白斬雞說：「好啊，南京的鹽水鴨比這好吃，我是好久不知其味了。」張友鸞笑著說：「好辦，等我去南京，給你買只來。」他們在愉快、安詳的氣氛中度

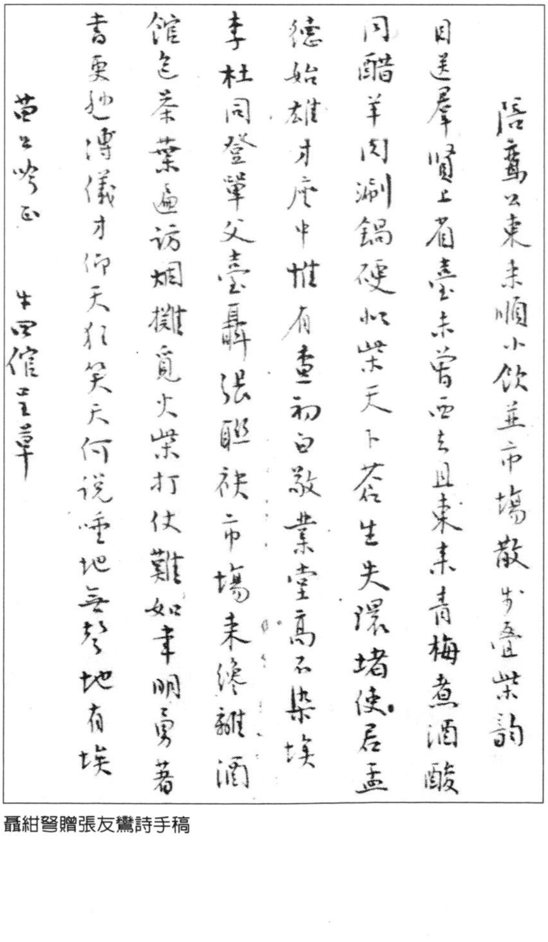
聶紺弩贈張友鸞詩手稿

過了幾小時。誰也沒想到，這是兩位老朋友的最後一次聚會。

兩人這次見面後一個多月，張友鸞便與夫人南下了。女兒張鈺送他們到南京，臨回北京時，張友鸞沒忘記讓女兒帶上一隻鹽水鴨。回到北京的當天晚上，張鈺便趕緊送到聶家。看到專程送來鴨子，聶紺弩十分高興。他因為喘得厲害，整天臥床，酒也不敢喝了。可是晚飯時，他竟起床坐在飯桌旁，伸出筷子夾了塊鴨肉進嘴，連說好吃。又對張鈺開玩笑說：「你爸爸太小氣了，只給我帶一隻鴨子！」忍不住，還喝了半杯酒。

一九八六年新年剛過，張友鸞突然中風失語，昏睡不起。春節前夕，稍有轉機，偶爾睜開眼睛，斷斷續續說些不連貫的詞句。吃年夜飯的時候，他忽然對女兒說：「過生日。」女兒說：「不是過生日，是過春節了。今天是除夕。」他固執地重複：「過生日，過生日。」並且因為女兒的不理解而煩躁起來。老伴趕緊問：「是說今天老聶過生日吧？」張友鸞點點頭笑了笑，又嘆口氣說：「唉，我病了，不去了。」原來五十年代他們同在人文社工作時，每逢農曆除夕紺弩生日這天，幾個朋友總是聚在一起開懷暢飲。

不久，聶紺弩去世了，女兒不忍告訴臥病在床的父親，但後來張友鸞還是在報紙上看到了消息。他拍著床沿，流著眼淚。他沒能再和老朋友見上一面。他張口說不出一句整話，也無法提筆寫字，深深的哀思只能埋在心裡。

彭燕郊說，胡風是聶紺弩生死與共的文學戰友。又說，「胡先生和聶的友誼，是最美的、最深沉的友誼，他們兩個人的人格在友誼中有極崇高的互相輝映。」

東京監獄的難友

一九三一年九一八事變之後，聶紺弩在南京組織「文藝青年反日會」，並發表反蔣文章，引起國民黨中宣部的注意。九月下旬受到當局傳訊，遂棄職潛逃，並決定脫離國民黨。年底，得在早稻田大學留學的夫人周穎信，便經上海東渡日本。

在東京，聶紺弩靠周穎的一份留學生官費維持生活，邊學習邊給國內報刊寫稿。後來周穎把早稻田大學同學、湖北蘄春人方瀚（何定華）介紹給紺弩認識，接著方瀚又把他的蘄春同鄉胡風（張光人）介紹給紺弩認識，兩人一見如故，從此成為莫逆之交。

胡風夫人梅志說：

> 方瀚陪同湖北同鄉京山人聶紺弩來看他（按，指胡風）。聶帶來了一卷新詩詩稿，要他看看，並提意見。他

照例說了真話，並且毫無保留地說了自己的看法，否定多於肯定（他當時並不知道聶在南京辦了一個什麼詩社，還為此丟掉了在中央社的一個不小的官職）。他最後說了句，「你如果寫小說，一定會比新詩寫得好」，聶聽了他的一番評論，當然很不好受，但冷靜下來後，還是帶笑地同意了他的意見。他被約到聶家去玩，這次知道原來聶的妻子就是他在東亞日語補習學校認識的那位周穎。從那以後，他們就常相往來，他和他們夫婦二人的友誼交往一直持續了四、五十年！（《胡風傳》）

聶紺弩在一九五五年所寫交代材料中說：

胡風是三一年底或三二年初在東京認識的。那時我剛從南京逃出來，想參加革命，周穎說她認識兩個搞革命的，一個何定華，一個胡風，可以給我介紹。過了些時，何定華來了，她就介紹。何也談到胡風，說我既然搞文學，可以找他談談。一天何又來，說約好胡風在家裡等，我們去看他。我就和何到郊外一個什麼地方去看了他。我談了些過去的經歷和在南京出走的情況及想參加革命的志願等等。他談了一些什麼，不記得了。過了些時，他來找我，說左聯要我寫點材料，打算吸收我。我寫了，過幾天交給他了。再過幾天，他來說，上海左聯說我寫的材料不好。我聽了很失望，以為不吸收我了。過了些時，不知是來通知我開會還是做什麼事，我很奇怪，不是不吸收我麼？他說已經吸收了。（〈歷史材料重寫〉）

一九三二年三月，胡風、方瀚邀集聶紺弩、周穎、邢桐華、王承志共同建立「新興文化研究會」，由東京左聯領導。該會分為「社會科學」和「文學」兩部分，社會科學部分由方瀚、王承志負責，文學部分由胡風負責，聶紺弩和周穎、邢桐華等參加。研究會還創辦油印刊物《文化鬥爭》（後改名《文化之光》），進行反日活動，引起當地員警廳的關注。

一九三三年三月十八日清晨，日本員警搜查聶紺弩和周穎的住所，查獲日共《赤旗》報追悼小林多喜二專號，並逮捕他們夫婦以及王承志等四人，關押於早稻田留置場。同日清晨，胡風也被員警抓走，關押在四谷警署。

為了躲過員警的酷刑，同時也為保護胡風，聶紺弩作了機智的口供：他只供出文學研究會開過會，談了些開會的瑣碎情況；至於胡風與日共領導人的關係，胡風、方瀚、王承志《赤旗》報三人小組，誰是「適代表」，反戰會議的活動……等等重要事件一點沒有暴露。當日本員警把聶紺弩的口供拿給胡風看時，胡風心中的石頭落了地，他在聶紺弩口供的範圍內也作了口供：只承認在《文化鬥爭》上發表過文章，參加了文學研究會的活動，思想上反對日本侵略中國。這些內容，日本法律是無法對他起訴的。

六月七日，日本內務大臣根據內務省訓第一五〇五號檔宣布，除方瀚、王承志外，包括聶紺弩夫婦和胡風在內的其他廿二人驅逐出境。胡風回憶：

方瀚和王承志掩護了我，我和他們一起的幾個重要關係沒有暴露。除去在《新興文化》上寫文章，文學研究會的活動外，連書記局都替我開脫了。原因當然是由於一般的革命紀律，能少暴露一個就少暴露一個；既然自己暴露了，就一切由自己承當起來。第二年他們回上海時（當時通過方瀚同文書院關係的日本人取保釋放的），我們彼此見面非常愉快，認為那是對日本員警鬥爭的一次勝利。他們告訴我，他們暴露是由於聶紺弩「吊兒郎當」，在他那裡搜查了《赤旗》追悼小林多喜二專號的半張副刊（從《赤旗》追黨的關係，那僅是一步之隔）。……這次逮捕，我因罪證不足免於起訴被釋放（周穎是早些時被釋放的，聶紺弩大約時間長些，但也比我早被釋放）。

六月十二日，聶紺弩夫婦倆與胡風等人正式啟程回國。聶紺弩後來回憶：「三三年三月我們夫婦同時被捕，被捕後一星期，把周穎放出去了，說因為她是女的，她放出之後來看我，告訴我別人連胡風也於同日被捕。關了三個月，審訊了三、四次，於六月上旬被押送出境，在車上碰見胡風及其餘幾十個人。胡風在路上講過幾次他被打的情況，說他不能忍受了的時候，就渾身一鬆，刑事看見，以為他要死了，就停止打。除此之外不記得他談過別的。」

回到上海不久，胡風出任「左聯」宣傳部長，介紹聶紺弩參加宣傳部下設之理論研究委員會（即馬克思主義理論研究委員會）活動，後又成為小說研究委員會成員。

一九三六年初，聶紺弩致函魯迅，說要辦一個文學刊物。恰好此時胡風、蕭軍等人也有這個願望。魯迅對胡風說：如果每人各辦一個刊物，這就大大分散了戰鬥力，不如大家合起來共同辦一個刊物。後來經魯迅、胡風、吳奚如和聶紺弩等人一起商定，創辦《海燕》雜誌。胡風說：「《海燕》的編輯工作是以我為主進行的，由我負責收集選定稿子，然後交聶紺弩去聯繫印刷、發行等具體事務。《海燕》第一期署名『史青文』編，就是聶紺弩想出來的。」遺憾的是，《海燕》出了兩期之後，就被當局禁止了。這時，由於形勢的需要，為了建立文藝界抗日民族統一戰線，「左聯」自行解散。

四月，周而復、馬子華等創辦《文學叢報》，得到聶紺弩和胡風的支持。據馬子華回憶：「那時，他（按，指聶紺弩）和胡風的公私關係十分密切，胡風的文藝觀點，他是基本同意的。我們編大型文藝刊物《文學叢報》，是徵得他和組織的同意，表示大力支持才出刊的。魯迅先生的稿件，都是胡風通過紺弩送來的。……後來，兩個口號的論爭開始，我們《文學叢報》馬上投入戰鬥，根據魯迅先生的意思，胡風執筆的〈人民革命戰爭的大眾文學〉（按，應為〈人民大眾向文學要求什麼？〉）這篇文章，就是由《叢報》刊載的，《叢報》由此而成為這個口號的營壘，這完全是聶紺弩主持的。」（〈懷舊賦〉）

《七月》停刊的誤會

一九三七年「八一三」事變之後，聶紺弩參加上海救亡演劇一隊，奔赴各地演出，先到南京，再去武漢。胡風則邀請蕭紅、蕭軍等作家商議籌辦一個文學雜誌《七月》，在滬出版三期後停刊，繼而於漢口復刊。

十月一日，胡風自南京乘船抵達武漢後，在接下來的幾個月裡和聶紺弩的來往特別頻密，除了紺弩回老家那個把月之外，兩人幾乎天天在一起，或下館子，或談稿子。聶紺弩答應胡風，將來和他一起辦《七月》。

一九三八年初，閻錫山在山西臨汾辦了個民族革命大學，希望吸收進步青年去學習，並來武漢設辦事處招聘教授，一幫青年作家都動了心，還想著胡風也去。且看胡風日記：

一月二十二日：晨，賴少其來，說是明天即到西北去。艾青、田間來，適夷來，奚如夫婦及紺弩來。編好了第二期《星期文藝》，交適夷帶去付印。一行人到外面吃飯，由田間請客。飯後，同奚如夫婦、紺弩回家，坐了一會兒，一同到蕭軍那裡，談了一會閑天。蕭軍想拖我和紺弩等一同到臨汾去，好像沒有《七月》一樣。

一月二十四日：下午……不在時臧雲遠來過，要我和蕭軍等去民族革命大學。晚，蕭軍夫婦及端木來。蕭軍是想去的，端木被拖著，結果還是決定他們先去。他們還拖艾青、田間去。

一月二十五日：晨起過江，找紺弩，不在，到子民家吃午飯。飯後找奚如，說是過江來找我了。留字在子民處。……奚如來，說是希望我到臨汾去。但《七月》、M及小孩子，怎麼安頓呢？我看，現在是走不成的。紺弩來，他也因為老婆和孩子，難於決定。三人一道去飯館吃晚飯。

一月二十七日，聶紺弩與蕭軍、艾青、田間等人到漢口乘坐火車前往臨汾民族革命大學任教，胡風等人到車站送行。然而，聶紺弩一行抵達臨汾之後，由於日軍來襲，學校不得不撤離，他們沒正兒八經上一堂課就要散夥。聶紺弩在西安、延安打了一轉後又回到武漢。

大概是八月中旬，聶紺弩受周恩來的指派，前往皖南新四軍軍部工作。一個月之後，也就是武漢淪陷前夕，胡風也匆匆離漢，撤退到重慶去了。

聶紺弩在新四軍軍部待了半年，但和副軍長項英關係處理不好，十分鬱悶，萌生離開之意。恰好胡風想讓他去重慶負責編《七月》大眾版，得到周恩來的同意。

一九三九年十月十五日，彭柏山在皖南致信胡風，云：「老聶明天動身回你那裡……」十一月一日，丘東平也致信胡風：「……紺弩回去了，一切由他告訴你吧！」其實這個時候，聶紺弩還沒有回去，而是在金華編刊物。

轉眼又是一年。一九四〇年二月二日，彭柏山又致信胡風，丘東平於信末附筆云：「紺弩兄諒已到你處了。」二月底，彭柏山再次致信胡風，問：「紺弩聽說回重慶了？」

這年三月，桂林《力報》創刊，總經理張稚琴想要一名作家來主持副刊，邵荃麟竭力動員聶紺弩前往應聘。聶紺弩原準備應胡風之邀去重慶的，經不住勸說就應允了。

皖南事變之後，國民黨當局一再對《力報》施壓，公然要求他們辭退聶紺弩。這樣一來，他只好棄職離去。一九四一年四月七日，聶紺弩離開桂林前往重慶。

不管怎樣，聶紺弩總算來到重慶了。用胡風的話說，「老聶走到金華停下了，走到桂林又停下了，走了一年多還沒有來到重慶。這次，我就是催他趕緊來接編《七月》。」

之所以要「催」，是因為胡風準備去香港。胡風一家是五月七日離開住了兩年半的重慶。換言之，聶紺弩與胡風在重慶相處不足一個月時間。可就在這短短二十幾天裡，發生了一件讓胡風對聶紺弩長期介懷的事情。那就是胡風回憶錄中提到的《七月》終刊問題：

「（一九四一年四月下旬）接到老聶的信，他已到了重慶。一、兩天後，同周穎一起來看我。這次見面可不同尋常，他們夫婦三、四年沒見面了，而我和老聶也同樣有三、四年沒見了。我們談別後的一些情況，聽他談浙江和桂林的文壇情況。更重要的是同他商量繼續編《七月》的事，向他介紹留下的可以寫文章的作家和一些可用的稿件。」

「在重慶等待期間，見到了老聶。我給他介紹了幾個朋友，如路翎、阿壟等，並將重慶的存稿交給他，還有一些未清理的就交給了路翎，希望他們齊心合力將《七月》繼續編下去。」

「我臨離開重慶時，曾一再委託老聶要將《七月》繼續編下去，並且還留下了夠幾期用的稿件，但他一期也沒編，又到桂林來了。現在，國民黨書審處以長期停刊為由吊銷了《七月》的登記證。他對我拆的這個爛汙可真不小，我回重慶後想再恢復《七月》就不可能了。我想狠狠地批評他，責怪他。但他只是默默不語，像無事人似的，最後說，『沒這麼嚴重吧！還可以編別的刊物嘛！』這種態度使我感到同他吵也是多餘，他就是這麼一種人！」

胡風認為一再委託給聶紺弩接編的《七月》「一期也沒編」，因此導致登記證被吊銷。其實相當於單方面宣判聶紺弩是《七月》的終結者。事實真相究竟如何呢？

不妨先看看當事人的「供詞」。一九五五年，聶紺弩在一份交代材料中寫道：

> 四一年我到重慶，正是他要到香港去的時候，他要我接著編《七月》。但他因為怕在路上發生問題，不敢告訴書店他到香港我繼續編的事，甚至到了香港也不寫信來把問題講清楚，以致我無憑證向書店交涉。那時是重慶「五三」、「五四」大轟炸（按，實為「六五大隧道慘案」），書店不知搬到什麼鄉下去了，街上店鋪也都關了門，也無法交涉。再，他的那些作者我一個不認識，他一個也未介紹，又都四散地住在鄉下，不容易找，找不到一個人商量。我自己又正在鬧家庭問題，煩惱之極，想回桂林去，沒有給他編，以致國民黨藉口過期，把登記證吊銷了。其實如果知道編的人是我不是他，也會吊銷的。因為這件事，他對我長期地懷

恨。（〈歷史材料重寫〉）

再看聶紺弩一九五五年十二月在另一份交代材料中怎麼寫的：

四一年我從桂林到重慶，正值他要到香港去，叫我接編《七月》，把登記證和幾個作家地址交給我就走了。稿子一篇也沒有，那些作家一個也不認識，又彼此住得非常遠，動輒幾十百把里路，他又沒有告訴書店說明交給我編的這事，也沒有介紹我給書店，而那時長期大轟炸，書店又不知搬到哪裡去了。因為這些條件，《七月》出不出來，後來因為延期太久，國民黨把登記證吊銷了。就為這件事，他說（我）斷送了《七月》，說我既不能令又不受命，對我不怎麼好了。（〈我和反革命的關係及其危害性〉）

從上面兩份交代材料看，作為當事人的聶紺弩已經「招供」了——「沒有給他編，以致國民黨藉口過期，把登記證吊銷了」。從結果上說，與胡風的口徑基本一致，只是原因上稍微有一些出入而已。按說此事可以「結案」了。但是，事實證明，刊物被扼殺之前，聶紺弩確確實實為《七月》做了兩件事：

一、聶紺弩克服各種困難，把胡風離渝赴港前編定的《七月》第六集三期、四期印刷出來了。

二、聶紺弩在離渝返桂之時，將督印《七月》剩餘兩期即後續編輯事務都委託給七月社同人歐陽凡海（時任《新華日報》和《群眾》編輯）。聶紺弩從此與《七月》沒有了編務關係，而歐陽凡海接手後，於一九四一年九月印出了第七集第一、二期合刊。

胡風接到聶紺弩返回桂林的來信後，於當年九月十八日覆信，寫道：

接信知已抵桂。……現在數事盼速告我：（一）友人題名錄即抄一份寄來，恐遺失，故煩抄，此對我非常迫切，（二）七集三、四事如何解決？編了還是沒有？你與老闆沒有接過頭麼？稿費及刊事使我非常難過，辛苦四年，卻弄成了這個拆爛汙的收場，對作者讀者都有愧的。刊、稿費、登記證等，只好設法去弄一弄看，不過乃超也是不高興弄這種非大業的無聊事的。還有（三）把凡海通信處即告我。……

由於多方面原因，《七月》第七集第三期，歐陽凡海延至次年一月才編好。

一九四二年一月十五日，歐陽凡海為《七月》的事情找陽翰笙商量。據陽翰笙當天的日記記載：「瑞麟、蘇怡、凡海、昌霖相繼來訪。午後去看性天（按，指《七月》出版商唐性天），要他為《七月》、《戲劇崗位》兩雜誌加稿費，否則凡海、昌霖均無法幹下去了。談了半天，結果他答應：多少總可以想點辦法。」

這則日記透漏兩點資訊：一、《七月》的稿費很低；二、《七月》的事情已經引起身為國民政府軍委會政治部文化工作委員會副主任陽翰笙的高度關注。當時的陽翰笙名義上是襄助郭沫若做文化方面的工作，實際上他是在中共南方局周恩來的直接領導下，團結進步的文化界、文藝界積極開展抗日民主運動，向國民黨進行鬥爭。

然而等不及唐老闆加稿費，《七月》「登記證」在三月份被吊銷。但是，胡風將怨氣記在了聶紺弩的頭上，在一九四三年二月離桂赴渝之前，不由得提筆在《民族革命戰爭與文藝性格》的「序」中將聶紺弩譏諷為「穿捷徑而去的點者」，乃至數年還不能釋懷。一九四四年聶紺弩在重慶籌辦《藝文志》，想要一些作者通訊地址，胡風都沒答應。

七星岩下去喝茶

一九四一年六月，胡風夫婦帶著兩個孩子抵達香港。半年之後，日軍攻占香港。

一九四二年春，胡風一家逃到廣東韶關，然後乘火車直達廣西桂林，又與聶紺弩相聚了：

坐上火車，一天就到了桂林。記不得是哪位來接我們的，將我們引到了環湖東路東亞旅館樓下的一間小屋。一會兒，老聶來了，堅決要請我去洗澡，這大約就是洗塵的意思。這一路近一個月，不但不能洗澡，連洗臉都不是經常能辦到的。我就隨他去了，同時也向他瞭解一下這裡的情況。他只回答我簡單的幾句話，「複雜，但有幹頭，要有耐心」，真使我摸不著頭腦。出澡堂時天已下起了毛毛雨，他又堅持要送我回旅館，然後約了M母子一道，請我們到一家小飯館裡吃了一餐這幾個月來最高級的飯菜。（胡風《回憶錄》）

胡風夫婦到達桂林的第二天，梅志發現紺弩換下的一包髒衣服發出酸臭難聞的氣味，忍不住幫忙洗了。後來朋友們經常帶著善意談起紺弩生活不拘小節，他能夠隨遇而安，和年輕人一起吃苦，甚至和劇團的青年們一起睡戲臺，拿大幕當被子。胡風聽了，覺得老聶的生活太不正常了，這樣怎麼能工作呢？就想規勸他幾句。雖然很婉轉地暗示著說，但紺弩一聽就明白了，他很不以為然，甚至說，自己沒有少寫文章，沒有耽誤工作，這些小節有什麼呢。

胡風有點生氣地說：「你以為你不擺架子，能同年輕人滾在一起，就了不起了，他們又都擁護你，就了不起了。那是浪費，浪費時間，浪費生命。」

「沒那麼嚴重吧！」

「好。這一些時候你寫了什麼文章？憑著你的聰明和才智，你本來可以寫得更好的。就這種急就章式的文章，你滿意嗎？」

紺弩不做聲了，更沒有發火。

從一九四二年三月六日到一九四三年三月十四日，胡風夫婦在桂林住了整整一年。這一年裡，「老聶也是常來，從第一天在旅館見面後，他就是我們的常客。不過，可能是因為我的住處只有兩張竹椅，客來多了就只好坐在

床上，加上下午西曬，所以他多半約我們到七星岩下的茶館去喝茶，同時可以和許多青年朋友見面」。（胡風《回憶錄》）

臨行時，胡風和紺弩「做了一次長談，最後希望他仍回重慶，並且還批評了他，說他對老婆孩子太不負責，太不關心，太自私」，聽了這些指責，紺弩「不敢分辨，只是『唔、唔、唔』地應著，一幅慚愧的倒楣相」。

一九四三年三月，胡風再返重慶。是年冬，聶紺弩也離開桂林，來到重慶。梅志說：「那時我住在賴家橋鄉下，他沒有來過，我很少有機會看到他。只是那年春節前我到北碚紹隆寺周穎主持的慈幼院去和他們玩了一、兩天。」

一九四六年二月，胡風全家飛離重慶回到上海。十一月初，周穎隻身離開重慶，從上海去香港，向胡風辭行。

一九四七年冬，聶紺弩離開重慶，於翌年初抵達香港，與周穎團聚。

建國之初的日子

中共建國之後，聶紺弩於一九五一年五月才從香港回到北京工作。「胡風每次到北京開會或是去接受批評，都會去找他，並且常在他家吃飯。那時周穎已是郵電部的高級幹部，借到一處房子。每星期六或星期日，胡風總在他家吃上一頓家鄉飯，再和他打幾盤『百分』，算是鬆散過分緊張疲勞的神經，找到休憩之處了。」（梅志〈悼念之餘〉）

十一月三日晚上，胡風又來到聶家喝酒打牌，紺弩談了自己的一種政治預感。翌日，胡風給上海的梅志寫信說：「昨天到老聶家玩了一晚。聽老聶說，今冬明春，會發動一個對我的攻勢。」

紺弩不幸言中。一九五二年五月二十五日，《長江日報》發表舒蕪檢討文章〈從頭學習〈在延安文藝座談會上的講話〉〉一文。接著，六月八日《人民日報》予以轉載，編者按中指胡風的文藝觀是「一種實質上屬於資產階級、小資產階級的個人主義的文藝思想」。

七月十九日，胡風應周揚「我們將討論你的文藝思想」的約請，從上海來到北京，住文化部招待所，鄰近人民文學出版社。聶紺弩此時正與周穎鬧矛盾，獨自住招待所，房間正在胡風隔壁。所以，胡風日記中屢屢記載兩人一起吃飯喝酒。十月二十二日這天，胡風和紺弩一起吃晚飯喝咖啡，並向聶借錢三十萬，直到第二年的三月二十六日才歸還。

一九五四年二月六日至十日，中共中央召開七屆四中全會，通過了〈關於增強黨的團結的決議〉，揭露和批判了高崗、饒漱石的反黨分裂活動。但是高饒事件並未向社會公布，只是向黨的高級領導幹部傳達。聽到這個傳達之後，聶紺弩將此黨內機密告訴了作為黨外人士的胡風，後來聶紺弩因此遭受審查。在聶紺弩眼裡，胡風並不是什麼「異類」。

七月七日，《胡風日記》記載：「紺弩引無恥和何劍熏來；即罵出門去。」所謂「無恥」者，舒蕪是也（後文同）。這到底是怎麼回事呢？梅志《胡風傳》中有記述：

一天下午，老聶喝得醉醺醺地帶著何劍熏和舒蕪來到了他（按，指胡風）家。何劍熏在重慶西南師範大學教書，是來開會的；舒蕪已調進京，在人民文學出版社工作，幾次見到被他「規勸」過的胡風和路翎，想打招呼，他們都沒理他。這時，三人剛喝過酒，不知為何來到了胡風家，舒蕪手裡還拿著一瓶沒喝完的竹葉青。胡風正在午睡，只有M一人開門迎接。看到舒蕪，她心裡一緊張，不知如何應付，就慌忙跑進去告訴胡風。胡風已起床上廁所，沒說什麼便讓M先去接待。等他出來見他們時，三人都站起來笑臉相迎。他的臉色可非常難看，只對何劍薰笑著點了點頭，就說老聶，你怎麼隨便把人領到我這兒來？用手一指舒蕪。老聶也很尷尬地說，你這是何必呢？……就同他二人一起怏怏地走了。

走出後，他們都憋著一肚子氣，說胡風太過分了，甚至說以後不理他了。只有舒蕪說出了一句很有分量的話：「嗨，他可有許多信在我手裡呢……」聽到這話，在官場混過的老聶嚇了一跳，忙說：「這可不行……」儘管老聶也大罵胡風不通人情，不給自己面子，但對胡風還是關心的，怕他受到報復，就托周穎轉告胡風，要他小心點，檢查一下他給舒蕪的信。胡風只覺得這些信都是談文藝的，有的還是舒蕪引他談的，不會有什麼問題，更沒有想到可以用來斷章取義上綱上線，作為有力的武器。

沒過多久，七月二十二日，胡風將《關於解放以來的文藝實踐情況的報告》（簡稱「三十萬言書」）親手交給中央文教委員會主任習仲勳，並請他轉呈毛澤東和中共中央。中共中央宣傳部因此向黨中央提出關於開展批判胡風思想的報告，認為胡風的文藝思想是徹頭徹尾的資產階級唯心論的，是反黨反人民的文藝思想。

十月三十一日至十二月八日，中國文聯主席團、中國作協主席團擴大會議在青年劇院樓上青年宮舉行（俗稱「青年宮會議」），歷時一個多月，先後開了八次大會。十一月十七日，《胡風日記》載：「上午，文聯擴大會。黃藥眠刺了我，康濯實際上是反對我的意思，羅蓀、師田手、康濯否定了路翎。下午，繼續開會。袁水拍轟了我（及亦門），吳雪、李之華攻擊路翎，聶紺弩用無恥事攻我和路翎過去反黨，現在反黨。」同一天，胡風致信方然（朱聲），說：「為《報》，開了四次會做檢查。第二次，第三次，谷發言……但第四次，來了反撲，對谷和寧。改變了會議性質。賴掉寧提出的一些事實，使群眾混亂。還有，武器之一是提出了無恥問題。他反黨時和他是朋友，他向黨低頭後又痛恨他，云云。無恥上司聶提的。不到時間就匆忙散會。」按，「《報》」，是《文藝報》；「谷」，指胡風自己（谷非）；「寧」即路翎。

我比胡風還胡風

時間進入到一九五五年，中國文藝史上的「胡風年」。一月十五日，毛澤東在周揚請示中宣部的一封信上做出批示，「應對胡風的資產階級唯心論，反黨反人民的文藝思想進行徹底的批評，不要讓他逃到『小資產階級觀點』裡躲藏起來。」一月二十六日，中共中央批轉了中央宣傳部〈關於開展批判胡風思想的報告〉，要求各級黨委把這一鬥爭作為工人階級與資產階級之間一個重要鬥爭來看待。從此，批判胡風文藝思想運動在全國展開。

二月五日、七日，中國作協主席團舉行擴大會議，決定展開對胡風資產階級唯心主義文藝思想的批判。

四月二十三日，聶紺弩在作家協會上海分會作〈批判胡風的反馬克思主義的文藝思想〉的報告。五月上旬，又到杭州作批判胡風文藝思想報告會兩次。宋雲彬「曾笑語聶：『君過去不亦十分欽佩胡風乎？』彼答謂『過去思想落後……』，並連說『落後落後』，相與一笑而罷」。其實，宋雲彬日記並無紺弩到杭州的確切日期，但其五月七日的日記載：「上午學習時間作報告提綱。下午二時三刻同林辰夫、吳齡、宋丞赴杭州二中，作批判胡風文藝思想報告，歷三小時始畢。」冀汸也有回憶：

（一九五五年）年初，紺弩在杭州的時候，在杭女中（第十四中）大禮堂舉行過一次「批判胡風文藝思想」專題報告會，主持人說過這樣的話：「胡風已經寫好檢討。他自己很著急，希望早些發表。但同志們說，你自己寫了那麼多文章，現在讓大家說話有什麼不好呢？在在這裡，我不妨洩露天機：胡風的檢討文章將在五月份發表……」會上，有兩位前輩都聲稱自己和胡風有二十多年的交情，老朋友，因為胡風錯了，所以要批評。紺弩的語氣和態度非常樂觀，好像只等檢討一發表，問題就結束了。於今用這樣的方式發表胡風的「檢討」，顯然不像結束，而是剛剛開始。（〈一九五五年，開始是這樣的〉）

五月九日，毛澤東讀到一疊關於胡風的材料，斷定胡風和他的追隨者組織了「反黨集團」，命令成立專案組立案調查。

五月十三日，《人民日報》發表舒蕪〈關於胡風反革命集團的一些材料〉，並加毛澤東撰寫的編者按語。

五月十六日傍晚，公安人員對胡風家裡進行搜查，並將胡風和梅志先後帶走，分開關押。

五月十八日，第一屆全國人大常委會第十六次會議，通過決議取消胡風人大代表資格，並批准逮捕胡風。

五月二十四日，《人民日報》刊登〈關於胡風反革命集團的第二批材料〉。

五月二十五日，中國文聯、作協主席團召集擴大會議，討論「胡風集團」問題。會議通過決議，開除胡風的中國作家協會會籍，並撤銷其所擔任的中國作家協會理事、《人民文學》編委、文聯全國委員會委員等一切職務。

正在江西出差的聶紺弩，感覺到風雲的變化，趕緊寫信給周揚表明自己的態度和立場：「在報上看到關於胡風的兩批材料，真令人髮指。給舒蕪的信，以前曾聽舒蕪口頭談過一點點，這回看見文字，印象自大不同。但第二批材料則更惡劣。胡風問題，自看到他『報告』之後，我便認為一定有政治背景，不然就簡直不可理解。看到這兩批材料後，更加強了這一認識。看報紙的按語及郭老的文章、文聯作協的決議，推測我們已掌握了一些具體材料」，「從上海開始，一路『報告』而來，都是關於胡風的，杭州作過兩次，江西做過三次。但現在卻不能報告了：既已宣布為政治問題，屬於理論性質的辯論，就引不起聽眾的興趣了。想寫一點記胡風過去的文字，不知寫不寫得成，也不知還有什麼用處沒有。」

原計劃六月中旬回京的聶紺弩，在上旬就被緊急召回。據潔泯（許覺民）回憶：

當時紺弩正出差在江西，參加一個會，北京審查名單上有他，人又不在，只得去電報催促他說「有急事速回。」我當時是支部書記，自然，要經手此事，我到北京車站去接他。他劈頭就問：「有什麼要緊事催我回來？」我說回去再說。到出版社後我告訴他，因為胡風的事，組織上要審查一下他這方面的問題。他便不再言語。當時出版社主持日常工作的是王任叔，王任叔說他對此事不知原委，胡風問題由文化部黨組直接抓，因此不必同紺弩見面談什麼了。這樣，我就陪同紺弩去文化部見了陳克寒，陳把他留下，以後他就有一個很長的時間處於隔離審查中。（〈和紺弩熟識的歲月中〉）

七月二日，宋雲彬在日記中寫道：「馮賓符為余言，聶紺弩已被宣布為胡風分子。聶在桂林時十分欽佩胡風，余常與之『抬杠』，然一九四五年以後，聶似與胡風鬧翻，曾為余言胡風作風如何惡劣……初不料聶果為胡風分子也。語云『人固不易知，知人亦非易』，信然信然。」

七月二十日，聶紺弩在撰寫交代材料時說：「反省了許多天，最近才反省出一點道理來了，我發現我才是真正的胡風分子，比任何胡風分子還要胡風分子一些。……（引者略）我是盲目地崇拜胡風，是胡風的精神上的俘虜。在二十多年中，我一定散布了許多胡風的影響；沒有一個時期，真正在精神上可以完全除開胡風的，包括和他不講話的那幾年。我似乎並未走進文壇，走進的只是胡風派，額角上似乎雕得有『胡風派』三個字。」

這一次隔離審查，大概沒有找到聶紺弩參與胡風「反革命集團」的鐵證，直到一九五七年二月，組織上才做出結論和處理意見，說他「長期以來，在政治上搖搖晃晃，思想上極端自由主義，生活上吊兒郎當，對組織紀律極端漠視，毫無原則和立場，以致在政治上敵我不分」，給予留黨察看二年處分，撤銷副總編輯職務。

俗話說：「躲得過初一，躲不過十五。」很快，聶紺弩在整風運動中被劃為「右派」。

一頓熱鬧的晚餐

一九六五年十一月二十六日，北京市高級人民法院判處胡風有期徒刑十四年。已經過去十年，還有四年監外執行。

一九六六年一月，胡風回京候審。春節期間，有公安人員告訴胡風，可以約老朋友來見面。胡風覺得，自己這種處境還有誰會見他呢？於是就謝絕了。這時，梅志建議他是否約紺弩夫婦來見見面呢。胡風同意了。電話打過去，周穎十分高興，答應第二天就來。梅志說：

十年未見面的老朋友見面了，真是又高興又淒涼。因為彼此都經過了一段痛苦的歷程，從有為之年走向垂老之年了。相見之下，都說，老了，老多了！十年的磨難給每人留下的是臉上的皺紋和白髮，還有滿腹的辛酸！

胡風很抱歉地對老聶說：「想不到把你拖累了，使得你連黨籍都弄丟了！……你所賞識的舒蕪『反戈一擊』，文藝問題變成了政治問題。這都怪我太輕信太無知，連累得朋友們為我付出了這麼大的代價！……」說到這裡，他的聲音喑啞了。

「嘿，嘿，這沒什麼，在劫難逃嘛，你別……」

他倆談了些別後的情形，後來就沉浸於談詩。M對周穎說了政府的安排，並問她：「你看我們該怎麼辦？可真不想離開北京啊……」

周穎卻出乎意外地說：「我看你們還是到四川去好。北京不是好地方，可能還會搞運動，我們這種人留在這裡會倒楣的，走遠點吧。」她看胡風吃驚的樣子，接著又說：「你不知道，《海瑞罷官》的問題可能會越鬧越大，北京市委都脫不了手。就憑姚文元那小子一篇文章，能批倒吳　？這事還不是出在『編者按』上？你們一起走吧，早點走吧。」

老聶的意見也是離開北京好。甚至提出：「你們住定了，替我們找幾間房，我們也搬去。」

胡風很痛苦地嘆了口氣，但心情平靜多了。於是，他又和老聶談起了將來的工作計畫，並勸老聶：「你還是老老實實地搞你的古典文學吧，搞《莊子》也可以，要寫小說就改寫《西遊記》、《白蛇傳》。白娘子可是一個反封建的強女子，值得一寫，千萬不要寫現實題材。我如果有可能，想好好研究一下《紅樓夢》，寫幾篇有關《紅樓夢》的美學方面的文章，可就是需要看好多這方面的書，以後恐怕沒有這些條件了……」

周穎搶著說：「老胡呀，你也別太悲觀了。打也打了，罰也罰了，還能把你怎麼的？讓你出來當然會給你學習條件的。你看那些戰犯，人家當委員當專員，比我們活得神氣多了。你能想得通嗎？……我說老胡呀，主要是要放寬心，爭取好好地活下去。」她這一番話說得很動情，聽的人也很動情。胡風心裡的鬱悶似乎消散了不少，M也順便說了一句：「本來嘛，考慮這些有什麼用，反而自尋煩惱。」

還能在一桌吃飯，這是大家十年來連做夢都不敢想的，但看去都老了，過去那種喝酒的豪情沒有了。他們談到一些老朋友時都不無感慨，曾紅極一時的舒蕪最終還是投機錯了，被打成了右派。還有一大批有才華的青年人，也都成了右派！所以，周穎說：「你老胡一九五五年不出事，一九五七年也難逃這關。太多了，沒啥稀奇。學學乖吧，今後老老實實聽黨的話。」

胡風反問她：「我怎麼不聽話了？你不是聽黨的話嗎，怎麼也成了右派？」

「反正我們理解不了，我們錯了！」大家哈哈一笑，算是吃了一頓熱熱鬧鬧有說有笑的晚餐。

告別時，老聶對胡風說：「老蕭（蕭軍）想來看你，怎麼樣？」「不了吧！他的處境也並不好，別再因我受拖累，他那一大家子人呢。以後通信吧。」（《胡風傳》）

二月十五日，胡風由梅志陪同離京赴川，繼續監外服刑。動身前的一個晚上，聶紺弩一個人來了，算是送行吧。梅志說：「老聶和胡風談了很久，分析了當前的一些情況。他看問題很深，也敢大膽說出自己的看法，但他又學會了謹慎，不再像過去懶散灑脫了，簡直成了一個有修養的思想家！他從紙包裡取出一幅他親筆書寫的條幅。字很漂亮，看得出很有功底，可惜紙不太好。詩是這樣的：『武鄉涕淚雙雄表，杜甫乾坤一腐儒，爾去成都兼兩傑，為攜三十萬言書。』這使得胡風很是感動，他們又談起了詩。他又送給胡風一套俞平伯校的《紅樓夢》八十回本及好幾本他搜集的《紅樓夢傳奇》、《紅樓圓夢》等，意思是希望胡風好好研究《紅樓夢》。」（《胡風傳》）

快十一點時，這對老朋友才情深意摯地分手告別。胡風夫婦站在門前的陽臺上，目送聶紺弩在春寒料峭的深夜，在行人稀少的路上彳亍獨行……

以後就只有書信來往了，「他的每封信都附有詩作，而胡風也是每詩必和」。據《胡風全集》第一卷，胡風的和詩計有一九六六年四月四日、五日所作四首，五月二十四日至二十六日所作十二首，六月九日二首；另有次紺弩韻悼丘東平五首，次紺弩韻寄蕭軍九首。

先看〈次韻答今度〉（四首）其二：

一

負曝披風大索居，是非功過總多餘。
橫眉默讀埋名信，剖腹珍藏沒字書。
知命不愁高客訪，鑄情難覺故人疏。
閑花小草皆生意，綠滿階前莫剪除。

二

鵬飛萬里路無遙，天地為廬懶築巢。
劍氣屢收還屢吐，舟痕空刻定空銷。
十年未敢攀龍輦，七夕毋煩架鵲橋。
回首情癡真可嘆，枉拋歲月任頭條。

再看〈次原韻報阿度兄〉（十二首）其二：

一

竟挾萬言流萬里，敢擎孤膽守孤城。
愚忠不怕迎刀笑，巨犯何妨帶銬行？
假理既然裝有理，真情豈肯學無情？
花臨破曉由衷放，月到宵殘分外明。

二

可笑揚雄賤兩都，虛文枉負鬢毛烏。
輸他司馬留情史，累我降龍闖禍書。
享我清茶而濁酒，管他帝也與王乎！
分香潤色憐花草，善與通靈木石居。

同年九月二十三日，紺弩抄錄七首舊詩致胡風，並附言：「抄作暫止於此，暫時彼此亦不必以詩互惠。……又，周公（按，指周穎）曾（言）告老遷蓉，今成笑談矣。」

十月一日，致信胡風，云：「今年為魯叟（按，指魯迅）卅年忌，年初便聞將有盛大紀念，近來此說反寂。或此或彼，均不與我輩事，自可不問。但我卻想起一段懸案，欲請閣下決之。前在申時，有人出魯作『野草』詩相示，據云《野草》一書原為舊詩若干首，後始就詩意改寫為語體文，文成而詩廢矣。彼蓋從近魯者如許、茅（按，指許壽裳、茅盾）諸公處抄出，所抄亦非全豹。我所見者僅九首，乃轉抄六首於初版之《野草》中。……然因之不免書籍狼藉於地，使久已失蹤之原本《野草》忽從灰堆中躍出，偶然檢視，卅年所抄之六詩巍然尚存。大喜過望，再三環誦，愈覺不似魯詩。今抄呈閣下，或能辨之。……」此段情節皆假託，並非事實。乃狡黠的紺弩閑得無聊，逗憨厚的胡風玩兒。所以，十一月四日，聶紺弩向胡風賠禮致歉：「長信收到。如此絞腦汁，與病體大不相宜，甚悔弄此小玄虛，致兄大耗精力，罪甚罪甚！」

詩當晴娘扇子撕

暴風雨就要來了。敏感的聶紺弩兩次書囑胡風焚信毀詩，自己也將胡風信箚燒毀，並作〈全撕某詩稿〉云：

風雨倘來某在斯，只愁無地著君詩。
令人不作三公處，是爾吟安一字時。
疾視衷悲天地窘，浩歌狂熱鬼神嗤。
誰曾崔女情書讀，我當晴娘扇子撕。

一九六七年一月二十四日，聶紺弩給胡風寫了暴風雨前的最後一封信，說：「詩文事如隔世，乃修養上一大飛躍，淺人自難臻此。但覺不吟不飲何以卒歲，無詩無句寫信何為？胸中自有相思樹，不假鄰園郭橐駝，開花結果，乃逢一於此事如隔世之人，奈之何哉！此得書後久稽作答之故也。然世有返老還童之說，修養境界當亦時

胡風與夫人梅志（1934年）

有進退，惟思有日兄退回舊境，把臂重逢，傾囊千詩，相與掀髯，當是老至大樂。此時且復忍此悶悶。」「拙狀頑健如恒，老妻亦好。外孫活潑頑皮，會說會走，見書報之類便扯，想異時不致更作書呆，惟恐其或作批評之作耳。一笑。京中久無雨雪，日來奇暖，川西氣候當較佳。匆此奉復，頌雙福！」

後來，梅志在回憶中寫道：

直到一九六七年初，「文化大革命」已到了轟轟烈烈地觸及每個人靈魂的高潮時刻，老聶忽然來信，要我們將他寫的信及詩一起燒掉，並且說：「你的我已燒掉了。」我們當然知道他是怕再互相株連。但是看著他寫在紅條的八行信箋上的蠅頭小楷，我們都有點不忍燒去，我就將它們作為廢紙化整為零地用它把一雙雙筷子卷了起來。我想，這樣不會被人注意，隨身攜帶也方便。胡風也覺得這樣做沒什麼危險。胡風的和詩有的留有底稿，我不甘心將它們毀掉，就偷偷地藏到了他的舊西裝褲的口袋裡。心想，就是來搜查，也只會抄我們的身，不會去翻那舊西服褲子的。不幾天，又收到老聶的來信（最後一封），要我們務必將他的信和詩燒掉。我們想，這裡一定有什麼原因，就無可奈何地將那些信紙又一張張解開，由胡風投入爐中火化了。我為這些詩的失傳很是難過，但是胡風卻說：「放心吧，他會記得的，十年八年之後還會記得的，因為這是用心血寫成的。」（〈悼念之餘〉）

一月二十五日深夜，聶紺弩在家中以「現行反革命」被逮捕，投入北京功德林第二監獄。後於一九六九年冬解押山西。

一九七〇年一月，胡風由成都看守所被送至大竹縣四川省第三監獄，並宣布加判為無期徒刑，不准上訴。從此身心受到更大摧殘，以致精神產生錯亂。

一九七四年五月八日，北京市中級人民法院給羈押在山西稷山看守所的聶紺弩下達刑事判決書。說「聶犯頑固堅持反動立場，對黨和社會主義制度極端仇視」，「並大量書寫反動詩詞，為反革命分子胡風、右派分子丁玲等人喊冤叫屈」，依法判處無期徒刑，剝奪政治權利終身。

蒼蒼者天茫茫水

一九七六年十月，聶紺弩特赦出獄。回京之後，整天在家作詩練字。有一天，陳鳳兮來訪，看到他桌子上用毛筆宣紙寫的一疊詩，題目是〈風懷十首〉。十首七律，行書，整齊而飄逸。「我邊觀賞書法邊讀詩，他問我：『看懂麼？』我說：『有懂有不懂，你用典故太多。只是題目倒是懂的。』他說：『有的詩原不要別人懂。題目麼？你說說。』我告他只要把頭兩個字顛倒過來就是了。他點頭。他與胡風有深厚的友誼，可是胡風的問題那時一點消息也沒有，他思念胡風，他不能忘懷還在苦難中的故交。這時，眼前我看到的是美的友情，美的詩篇，美的書法。」（〈淚倩封神三眼流〉）

一九七九年一月十一日，四川省公安廳派員到監獄口頭宣布，遵照公安部電話通知，把胡風釋放出獄，結束了長達二十四年的囹圄生活。二月，四川省公安廳宣布原四川省革委會人保組所判的無期徒刑被撤銷。六月，公布胡風為四川省政協委員。

很快，聶紺弩有了老朋友的消息。遂於七月十九日致信胡風，報告自己的情況：

三郎（按，指蕭軍）父女竟夜專送尊函來看，可謂熱心矣！關於兄事早略有所聞，大致近真，不必細說。說說我吧，一九六七・一・二十五被捕，兩年後解山西某縣寄押，前後約八年被判無期，解臨汾服刑，前後十年欠四個（月），一九七六年九月二十五（日），被寬大釋放。今年三月平反，補發工資。四月改正三恢復。我家人口減百分之五十，即海燕同三妹已故；其半尚存：愚夫婦。我現在身體很壞，前兩天才從醫院出來。病屬於冠心病、老年性血管硬化之類，據說要多活動，但我懶了一輩子，一下子勤快不起來。又說要吃得好，我食欲差，也不知什麼好吃，知道也買不著，買到了也無人會弄。只好由它。近來忽然被稱為舊詩好，《人民文學》和《詩刊》都亮了相。但吹捧得最熱鬧的是香港。不光詩，舊著也被盜印。有人譽我為這個那個，有的也是好意，但恐也有別有用心者。由他，反正管不著。只說這點點吧！……我們全家人問你倆好！

十月三十日至十一月十六日，中國文學藝術工作者第四次全國代表大會在北京舉行。文代會期間，聶紺弩與吳奚如等請求已出獄並任四川省政協委員的胡風與會，未果。十一月五日，周揚找聶紺弩和吳奚如談話，說胡風的問題一定會得到解決，但是此次會議不能解決，只能引起分裂，中央將開專會研究解決，請大家放心。

十一月二十三日，胡風從成都致信北京的小兒子張曉山，說「可看看聶伯伯，聽他告訴你關於我的情況」。

十二月七日，聶紺弩致信胡風說：「小三、小風夫婦均曾來過……周公（按，指周揚）說年內要解決某種問題而至今未見徵象，此非一時緩兵。周曾在大會上談過，所談非此一事，尚有其他三事，此四事至今均寂然。公眾之事，非一人所能轉移，周公之力也只有這般大小，不必把他想得太怎麼的。……」

一九八一年十一月一日，胡風在新居過八十壽辰。聶紺弩作詩以賀：

不解垂綸渭水邊，頭亡身在老形天。
無端狂笑無端哭，三十萬言三十年。
便住華居醫啥病，但招明月伴無眠。
奇詩何止三千首，定不隨君到九泉。

一九八五年六月八日，胡風逝世。由於胡風家人對文化部擬定的悼詞表示異議，追悼會不得不無限期推延，而胡風遺體也不得不冷藏在友誼醫院太平間裡等待。

兩天之後，聶紺弩為胡風寫就悼詩，並加按語：「倉卒湊句，未拘格律，亦僅一首。餘均平日贈君者，體皆七律，錄以為吊。」詩曰：

精神界人非驕子，淪落坎坷以憂死。
千萬字文萬首詩，得問世者能有幾。
死無青蠅為吊客，屍藏太平冰箱裡。
心胸肝膽齊堅冰，從此天風呼不起。
昨夢君立海邊山，蒼蒼者天茫茫水。

八月三日，胡風遺體火化，未開追悼會。魯迅之子周海嬰、馮雪峰之子馮夏熊，以及周穎等少數友人到場。

一九八六年一月初，中共中央公開撤銷對胡風的政治歷史結論。一月十五日，胡風追悼會在北京舉行。

兩個月之後，聶紺弩也駕鶴西去。胡風家人對他的感情，不能用詩來表示，只能用行動來表示了。紺弩的後事

1980年，聶紺弩夫婦與胡風、蕭軍一家人合照

就由胡風的小兒子曉山協助周穎操辦。周穎致信友人趙則誠說：「他（按，指紺弩）的骨灰要放在八寶山骨灰寄存處一室，和老胡，田間，丁玲都在一起，他們可開小組會了。」

始於東京的友誼——聶紺弩與樓適夷

聶紺弩說，樓適夷「儘管有時簡單」，「但表裡如一」。樓適夷是聶紺弩早在三十年代初期就認識的老朋友、老同事、老領導。

東京初識

一九三二年十二月底，左聯宣傳部副部長樓適夷受上級委派出席遠東泛太平洋反戰會議籌備會，和胡風同船去東京。「文總」（左翼文化總同盟）領導陽翰笙指示樓適夷，順帶處理一下在留日革命進步學生文化團體「新興文化研究會」與「社會科學研究會」之間的糾紛問題。據樓適夷回憶：

事情是這樣的，在留日左翼中國學生中，當時有兩個文化團體。一個是「新興文化研究會」（「文化研」），成立於一九三二年三月。它的成員是張光人（胡風）、方翰（何定華）、聶衣葛（聶紺弩）、王承志（王達夫）、周穎、樓憲。他們受國內「左聯」的領導。其中成員如胡風，也參加日本的無產階級科學研究會（「普洛科」），直接受日共的領導。曾先後辦過《文化鬥爭》、《文化之光》等刊物。另一個是「中國社會科學研究會日本分會」（「社研分」）。它的成員有日本法政大學留學生漆憲章、郭兆昌，東京醫專學生汪成模，工大學生習明倫，明治大學學生黃鐘銘等。他們先後辦過《科學半月刊》、《科學新聞》等刊物。這個團體名稱是中國社會科學研究會的日本分會，實際在國內，「社研」只是在「左翼社會科學聯盟」指導下的各種群眾社會科學研究小團體的一個總稱，並不存在這名義的總會。他們和國內「社聯」盟員有個別聯繫，實沒有正式的組織關係。兩個團體的問題，是從理論性的中國革命性質問題的論爭開始的。首先在「文化研」的《文化鬥爭》第二期上，批評了「社研分」方面提出的「中國革命的現階段是無產階級革命」的言論；並在《文化鬥爭》第三、四期中，明白闡述了當前中國革命的性質是「無產階級領導下的資產階級革命」。從理論鬥爭，發展到宗派的指責。例如在一期《科學半月刊》上發表了編委的聲明，申述「社研分」在留日學生運動中歷年的鬥爭歷史，認為「文化研」的成員對這種歷史是不了解的。於是《文化鬥爭》上又以來稿名義，發表了翳鍋（按，即聶紺弩筆名）的〈休矣，科學半月刊〉和細鶯的〈答《科學》對《文鬥》的批判〉，駁斥「社研分」的自我炫耀，名之為「面子主義」與「風頭主義」。這個糾紛一直鬧到指摘有不良分子向日本員警告密的嚴重程度。（〈關於遠東反戰大會〉）

為了解決這個糾紛，樓適夷以「文總」代表身分找兩個團體負責人談話，瞭解事情的實況。通過一段時間的調查和訪談，得出以下結論：產生糾紛的原因主要在「社研」一方。「社研」對其他組織進行不負責任的批判，不相信革命的日本文化組織，不與這些組織取得聯繫。另一方面，「文化研」的組織方針是正確的，活動取得了一定的成績。「文化研」的缺點是對「社研」的批判採取宗派主義的態度。根據以上結論，特訂出以下三點方針：立即停止攻擊；兩組織同時解散，接受日本文化組織的領導，要改變活動方式；在重新組織的過程中，「社研」的全體成員應該就以前對其他組織的逃避態度進行自我批判，接受日本文化組織的領導，同時，還應同「文化研」相互協作，共同前進。

樓適夷調解完就回國了。接著發生小林多喜二被害事件，不久聶紺弩、周穎、胡風等人，也在東京被捕，關押數月後遭受驅逐，於一九三三年六月回到上海。

同年九月，樓適夷在上海被國民黨逮捕，直至一九三七年出獄。

建國前夕

兩人再次短暫相見，大概是在一九三七年底一九三八年初。一九三八年一月十六日，聶紺弩和樓適夷等人共同參加了在漢口胡風家裡組織的「抗戰以後的文藝活動動態和展望」座談會。

十年之後兩人才真正相聚。一九四八年三月初，聶紺弩輾轉抵達香港。正式恢復了中共黨組織關係後，與以群（黨小組長）、樓適夷、蔣天佐等人在同一黨小組參加各種活動。

聶紺弩單身一人住在香港中國勞動協會的集體宿舍裡，樓適夷一早從九龍渡海去找他，他大半還懶洋洋地剛從床上起身，好像還沒睡足的樣子。若樓適夷編刊物，要稿子，他總是有求必應，答應得很痛快，要什麼有什麼，幾乎是下筆千言，倚馬可待，不會讓人久盼。

樓適夷說：「可那個脾氣也怪，有一次上香港，在德輔道還不知是皇后道碰上了，他一把拉我，上了平時我不大敢上門的一家什麼外國招牌的高級咖啡館的大廳，喝喝咖啡，吃點西點，兩個人親熱熱，談得津津有味。忽然他站起來說：『好，我走了，你付錢。』頭也不回地揚長而去了。我原以為是他請我開洋葷，樂得享受一下子，現在可只好把剛從報社領來、準備買米回家的幾塊錢，硬著頭皮傾囊而出，暗暗嘆了口氣，想想『紺弩嘛，你什麼辦法呢』？」

一九四九年六月下旬，聶紺弩和樓適夷、蘇怡作為香港的代表，坐船北上，赴北平參加全國第一次文代會。在大沽口賓館住了一晚，大家上火車赴北京。紺弩倒好，當大家都上車了，偏偏找不到人影，火車是不等待旅客的，沒奈何，樓適夷和夫人黃煒只好帶上他的寶貝女兒海燕，同大夥一起先去北京。到了北京住在前門外的一家旅館裡，大家都忙著開會，紺弩又讓不開會的黃煒照顧他的女兒，可他剛開完幾天會，又獨自跑得沒影子，甚至兩三天都沒回來。於是樓適夷夫婦又暫時成了海燕的保護人。

在人文社

一九五一年六月，聶紺弩受社長馮雪峰之請出任人民文學出版社副總編輯，兼古典部主任。馮雪峰曾對樓適夷說過：「紺弩這個人桀驁不馴，人家嫌他吊兒郎當，誰也不要，我要！」

一九五二年九月，樓適夷出任人民文學出版社副社長兼副總編輯。樓適夷說：「雪峰於一九五一年到北京任人民文學出版社社長兼總編輯，由於副社長蔣天佐身體不好，老生病，所以他通過中宣部調我。調令是一九五二年一月發的，我正在打『老虎』，跑不開，部隊不肯放，直到九月才同意調離，到人民文學出版社當副社長兼副總編輯。」（〈我談我自己〉）馮雪峰調樓適夷來人民文學出版社，是要他主持全面工作，因馮本人要主持《文藝報》和中國作協的工作。但樓適夷做了一陣感到有些吃力，也可能對行政工作不感興趣，便向馮雪峰建議調剛從印尼回國的王任叔到出版社來共同領導。馮雪峰起先不肯，後來同意可以調來，但仍由樓適夷負主要責任。

一九五四年，王任叔到任後，樓適夷力辭主要責任之職，馮雪峰起初也不肯，最後還是同意讓王任叔負全責。上任伊始，王任叔即以為人文社「百廢待舉」，所以想加以「改進」。聶紺弩對他的初步印象是：「有點擺架子，居高臨下。」在古典部工作問題上，他們兩人的意見、做法果然相左，有明顯的分歧和矛盾。聶紺弩就是不喜歡他那種擺官僚架子、誇誇其談、專門訓人的領導。單位食堂的人照顧聶紺弩和樓適夷兩人，不用上食堂去排隊，單獨把飯送到辦公室一起吃。樓適夷說：「邊吃邊聊，大家都不免言不及義，發發牢騷，聽他妙語如珠，有時還加上表演，樂得我胃口大開，成了一天工作中心情最舒暢的時間，當然自由主義要不得，活該受些懲罰。出了『胡風集團』差一點挨上了邊。可是連帶搞起所謂整『小圈子』的運動，於是紺弩和我還加另外一位同志，被編派成了小圈子，大會不開，小會批判，總算是第一次嘗到挨整的滋味，甚至發現放在辦公室抽斗裡的私人信件的底稿，也被人悄悄拿走，當審查資料去了。上級同志召開會議，苦口婆心地大談團結，紺弩和我一樣，從此愛上外邊小館子聊天了。」（〈說紺弩〉）

肅反運動之後，有一次樓適夷問聶紺弩在反省期間是否相信黨，他說：「當我承認我是胡風分子，是反革命的時候，就是最不相信黨的時候。」樓說，「即使送你去槍斃，你也應該相信黨。」聶說：「我很慚愧，我就是沒有達到這一步。」當聶紺弩劃為「右派」之後，樓適夷為此「嗟嘆不已」，「這時候，自然是無話可說，儘管他和紺弩也是幾十年的老友了，但也無法與之接近，最後只是目送著紺弩發放去北大荒勞動改造」。（潔泯〈追思適夷〉）

六十年代初期，聶紺弩回到北京，卻沒有回人文社，住在西直門半壁街夫人的郵電部宿舍裡，樓適夷好容易才找到了那個偏僻的小街：

他只有一個人在屋子裡，牆上像大字報似的掛滿他的書法。我真欣賞他的字寫得更加遒勁而秀麗了，好像他在北大荒不是在勞改，而是在練書法。他的案頭一堆一堆，堆滿了不知從哪裡搞來的有光紙石印細字的小說書。我問他在幹什麼？他向房間四壁掃了一眼：「就搞搞這些嘛！」人是回來了，給他劃「右派」的先生們，只當沒了他這個人，也不替他作什麼安排。他說：「是老朋友張執一，給我在政協文史小組掛了個名字，要不，得靠老伴兒養活了！」於是，又照例向我發起牢騷來……要發牢騷，大家都沒完。便拉了他上莫斯科餐廳去吃飯。（〈說紺弩〉）

到了那個史無前例的日子，聶紺弩那張不太安穩的嘴巴，罵了江青和林彪，便落到監獄裡去服「無期徒刑」了。

劫後歸來

一九七六年十一月，樓適夷得到聶紺弩出獄的消息後第一時間趕去家中看望：

原來又高又瘦的紺弩，現在已成了皮包骨頭，據說周大姐帶他上理髮店的時候，他對著大玻璃鏡連自己也不認識自己了。他是斜斜地坐躺在床上來接待來客的，光憑一對奕奕有光的眼睛還是過去的老樣子，我可還一見就認識了。……

我問他坐在牢裡是個什麼滋味。照例他的話不多，而他的嗓子卻低得多了：「比你們在外邊好一些，沒有高帽子、沒有噴氣式，沒有大批判和紅衛兵！能安安靜靜地讀書！」仿佛倒是他應該慰勞我們，而不是我們去慰勞他。他素來就是安貧樂道，「無限風光在險峰」，在什麼樣的境地，都能夠怡然自處而滿不在乎。牢獄是狹隘的，而他的世界是開闊的，怪不得後來聽說，他在牢房裡把《資本論》整整讀了四遍，而可憐的我們，十年之中，不過背熟了「老三篇」，他是一個多麼幸福的人呀！（〈說紺弩〉）

樓適夷忘不了與老伴黃煒最後一次去探病，聶紺弩那淒慘的情景：他曲著一腿躺在床上，已經不能自己動彈，連從枕上抬起頭來的氣力似乎也沒有了。而長年侍疾的周穎卻勞累得突發心肌梗塞，急送到醫院裡去了。他只一個人靜靜地躺著，已經像一段木頭，但見了來客的微笑，依然還是輕鬆而嫵媚的。兩個老朋友的談話已經要黃煒來當翻譯。

黃煒說：「你得好好保重，好好治療呀！」

他說：「幹嗎？」

「大家都要你長壽呀！」

「長壽，長壽幹什麼呢？大家要我長壽，我就得活嗎？」

病苦顯然已經把紺弩折磨得超脫了生死的界限，可他卻還那麼坦然。

當樓適夷接到聶紺弩去世的噩耗趕去弔唁的時候，周穎說：「他從從容容地走了」，伸出一只手掌翻了一翻：「十年，整整的十年，就這麼躺在床上。一輩子總是天南地北，過著兩地的生活，只這一回卻一起待了十年！」樓適夷無話可說，只悄然地說：「十年，有你在一起的十年，他是幸福的。」是的，聶紺弩是幸福的，他在床上躺了十年，就寫了十年。

在八寶山遺體告別的前夕，樓適夷苦苦地想寫幾句悼念的字句，忽然想起了一隻鶴。「紺弩長得又高又瘦，兩條腿特別長，真像一隻鶴。他如鶴一樣的清麗，鶴一樣的高昂，鶴一樣屈著一隻腿獨立凝思，鶴一樣展開雙翅，高翔雲天。即使在生命的長途，遭逢了多少煮鶴焚琴的迫害，他還是飄然雲端，俯矚大地的一切，發出震動長空的鶴唳。」

之後，樓適夷作了一首〈輓聶紺弩〉詩：

君如一鶴雲中舞，腹滿錦繡臉糊塗。
秋水文章清入骨，奇言妙語世間無。
有人愛你有人恨，胸中人民不在乎。
北大荒原多好句，讀書不怕無期徒。
歸來十年臥床第，身如槁木心如爐。
爐火熊熊燒不盡，寒灰入地化沃土。

大概八十年代末期，樓適夷聽說姚錫佩等人要編輯聶紺弩的紀念文集，當即大表贊同，並說自己早想寫紺弩了，他還主動提供了若干和紺弩有關係的人，並代為組稿。他很快就完成了約八千字的〈說紺弩〉，交《新文學史料》雜誌，並向編輯建議編「聶紺弩研究」特輯。姚錫佩深有感慨地說：「當我接到該編輯部來信要求我提供一組稿件時，我深為適夷先生率真的情意和眼光而深深感動。因為建國後不久即屢遭厄運的紺弩，且不說在當時的文壇上、社會上猶如出土文物似的不為人所識，即使在人文社內，也因過去的批判，存在著不少的誤解，年輕的編輯更不識其為何人。適夷先生的文章和建議，無疑為我們宣傳紺弩生平思想提供了機會。」（〈率真的老作家樓適夷〉）

同鄉同學亦同志——聶紺弩與吳奚如

在民國初期的湖北京山縣城，有「三才子」之說，或者說「三如」，即聶幹如（紺弩）、汪慰如（鏡秋）、吳奚如（席儒）。

起先，在老師孫鐵人的介紹下，聶紺弩和汪慰如一起結伴去南洋闖世界，但後來兩人逐漸分開。聶紺弩從南洋回國後考入了黃埔軍校二期，不久吳奚如考入黃埔軍校四期。再後來他們先後加入左聯，辦刊物，參加新四軍，從而成為終身摯友。

吳奚如在八十年代出版小說集時，請老友聶紺弩寫了一篇言簡意賅、準確全面的序文：

奚如是革命的政治、軍事活動家。一生參與的活動如北伐戰爭、南昌八一起義、西安事變等等，尤為人所熟知。其他出生入死，九死一生之經歷，不可勝記。至於寫小說、雜文之類，特其餘事。晚年多病，眼前之事，又多為初料所不及，不知怎樣措手足，遂少有文章發表。

有一些老革命家，飽有生活經驗，解放後想把平生經歷筆之於書，無奈筆墨荒疏之久，又獨無參與文學活動經歷，舉筆躊躇，不易成篇。另

吳奚如（左一）與葉劍英等在南嶽游擊幹部訓練班（1939年）

一方面，則有文壇鉅子，想將革命運動，留之於史，又苦無生活經驗。此實大矛盾，不知如何克服。奚如是有生活的，又是文章選手，宜無此矛盾而大有所作，而活動當時，諸事鞅掌，朝不慮夕，無暇及此；事後回思，時過境遷，多如過眼雲煙，不易捉摸。且從事事功之人，事功有所成就，即使由文人出身，也往往覺得文章小技，壯夫不為。究竟是革命家的奚如使他不願終老文場，還是小說家的奚如，妨礙了他在政治上的宏圖大展呢？我不知道。

回憶三十年代，奚如與我曾同一左聯小組，有時還同居一室，同為《動向》寫稿，同參與《海燕》工作，每有所作，輒得先讀，口雖不言，心常內愧。當時儕輩小說見長者有東平、周文、葉紫等人，奚如亦其中之一，皆我所嘆弗如者。抗日戰爭將起，國民黨對共產黨封鎖不能不有所鬆弛，周恩來同志見到奚如某篇小說（寫大革命時期事者）甚為欣賞，人告之：作者為參與八一起義的吳某。周公記憶力強，尚能仿佛其人且知其那時已為黨員，乃囑組織調奚如由滬入延安，得參與西安事變工作。後且以之為政治祕書，直到抗戰爆發後猶然。這時以後，他寫的小說，我已不易讀到，也就不很知道了。

奚如的小說，大概都是紀實之作，但想像力比我豐富得多，所以比我寫的小說更像小說。惜大部都未曾讀過，今年老多病，已無此精力一一讀過了來加論列。就是能讀，評賞小說事，也非所勝任。故簡述舊事如此，敬為老友著作小序。（〈《吳奚如小說集》序言〉）

這篇不足八百字的短序，寫出了吳奚如的軍事政治生涯、文學革命活動，以及與周恩來的關係。

各經風雨未同舟

有人說聶紺弩與吳奚如是總角之交，其實不是。儘管他們都是京山城關人，但聶紺弩年長吳奚如三歲。當聶紺弩去上海灘闖世界時，吳奚如還在京山高小（紺弩母校）讀書呢。聶紺弩黃埔軍校畢業去了莫斯科，後在南京任職，繼而遠走東瀛。吳奚如進入黃埔後很快加入共產黨，且和周恩來同一支部。軍校畢業後參加北伐戰爭，任國民革命軍第四軍葉挺獨立團的連黨代表，後任團政治處副主任。一九二七年「四一二事變」以後，任武漢「黃埔同學討蔣運動委員會」常委、《討蔣週刊》主編。同年七月，任湘贛邊工農革命軍警衛團擔任連長、團部偵察參謀。不久參加南昌起義。十月，任湖北省軍委參謀。翌年五月，任湖北省委常委職務、代書記。十一月，任中共河南省委委員兼祕書，不久被捕入獄。一九三二年秋獲釋出獄，隨即被黨組織派往上海，參加「左聯」，任大眾化工作委員會主席，以文學活動為掩護從事地下革命工作。一九三四年春，和徐平羽、彭柏山共同領導美亞綢廠工人大罷工，並主編《罷工日報》。

一九三四年冬，吳奚如調中共中央特科工作，並受中共中央指派，負責與魯迅聯繫。可以說抗戰之前，吳奚如多在周恩來的領導下工作。所以，聶紺弩在序言裡談到周恩來決定派吳奚如赴西安時，說「周公記憶力強，尚能仿佛其人且知其那時已是黨員」云云。

聶紺弩是一九三三年六月被日本員警遣返回國的，「回到上海，第一件事是認識了吳奚如，是在一個同鄉孫鐵人家裡認識的。孫鐵人是我的啟蒙老師，是老國民黨……這時候，在上海當寓公。吳奚如也是同一個城裡的人，但以前不認識。只聽說他在大革命時代的武漢，曾活躍過。後來在河南坐了幾年牢，出來了，剛到上海不久」。而吳奚如的回憶略有出入：「我認識胡風，是一九三三年夏，在上海。那時，他被日本統治者以反日的赤化分子罪名，在東京被捕，刑訊、監禁一個時期後驅逐回國。同批被驅逐回國的，是聶紺弩和周穎女士（她被上海日文報紙稱之謂『紅色女郎』）等幾十個留日學生。……我到上海外灘輪船碼頭去歡迎這批歸國者，可說主要是為了去迎接東京『左聯』分盟的負責者之一的文藝理論家谷非（這是胡風那時期的筆名，本名是張光人）的。谷非的文藝理論文章及翻譯的文學作品，我作為『左聯』之一員，是已經閱讀過，有著好印象。在一片歡迎聲中，由紺弩介紹，我和谷非（胡風）算是相識了。」（〈我所認識的胡風〉）兩相對比，姑且以聶紺弩的回憶為準。

自從和吳奚如很快熟識之後，紺弩兩口子甚至和他同住在一個寓所。「老早就從事創作活動」的紺弩鼓勵奚如：「把你所經歷過的一切……寫下來吧！」於是，奚如就開始動筆來。這一時期，應該說奚如最豐產的時期。紺弩在《中華日報》供職時，奚如就在該報文學版面上發表過〈你，巴棃洛夫的人啊！〉、〈回故鄉去〉、〈殘廢之後〉等文章。吳奚如還曾回憶他一九三四年春領導美亞綢廠工人罷工時，「為了爭取上海輿論界的同情，我們採取了一個鬥爭策略：由聶紺弩在他主編的《中華日報》副刊《動向》上，以廢稿示眾為名，刊出了〈美亞綢廠罷工宣言〉」。（〈左聯大眾化工作委員會的活動〉）

一九三五年三月，經在中央特科工作的吳奚如介紹，聶紺弩參加了中國共產黨。十多年前他曾由老師孫鐵人介紹加入國民黨，後於一九三一年自動脫黨。據聶紺弩一九五五年所寫一份材料回憶：

> 吳奚如經常和我有來往。不知什麼時候，他已接上黨的關係了，是軍事方面的。三五年二、三月間，他介紹我入黨。入黨式是在一個不知什麼人家裡舉行的。除吳外，在場的有一個「老李」，另外一個胖子。老李不知名字，胖子連姓也不知道。（〈歷史交代〉）

聶紺弩入黨後，最初主要和吳奚如聯繫，以後轉文委方面，直到離開上海。

在上海，聶紺弩和吳奚如共同編過兩份刊物，一是一九三六年一月創刊的《海燕》，一是一九三六年七月創刊

《現實文學》，不過這兩份刊物壽命都很短，如流星劃過夜空。

「西安事變」前夕，吳奚如調到西安張學良部主持宣傳工作，創辦抗日同志會機關報《文化週報》。一九三七年初到延安，任抗日軍政大學第一期政治教員。七月十二日，西北戰地服務團在延安舉行成立大會，丁玲任主任，吳奚如任副主任。接著「西戰團」成立了黨支部，吳奚如任書記，直接受華北局書記劉少奇領導。十二月，調武漢中共中央長江局工作，擔任中央軍委副主席周恩來的政治祕書，協助周建立文藝界的抗日民族統一陣線，籌建中華全國文藝界抗敵協會，並負責八路軍駐漢辦事處的工作。

聶紺弩則在「八一三事變」之後，隨同上海救亡演劇一隊來到漢口。一九三七年底，日軍占領首都南京，可能會沿著長江上溯進攻武漢。在此之前，中共湖北省委領導陶鑄已得到國民黨進步人士李範一的支持，在應城湯池開辦一所農村經濟合作訓練班，藉以招收有志抗日的青年，施以軍事訓練，作為未來抗日遊擊隊的基本幹部。此時，便準備派員前往鄰縣京山和各方聯絡，建立抗日根據地。聶紺弩得知這一消息後，考慮昔日高小同學的曹勖擁有兵力，在京山東南鄉一帶頗有號召力，便找到當時擔任中共駐漢口代表周恩來的政治祕書吳奚如商量。他倆和曹勖既是同鄉，也是黃埔軍校先後同學，便仰仗這層關係，兩人各寫一封信給曹勖，希望從民族大義出發，共同抗日才有力量。信稿呈交周恩來審閱後，交給陶鑄帶回湯池。次年二月，陶鑄從湯池指派京山工作委員會委員顧大椿，拿著聶紺弩和吳奚如的兩封信，拜會了曹勖。不久，工委即得到京山各階層人士的大力支持。

一九三八年春，聶紺弩到山西臨汾碰到丁玲的「西戰團」，隨他們到西安延安走了一圈後回到武漢，又與吳奚如相聚。四月二十四日，聶紺弩與吳奚如、胡風、吳組緗、歐陽凡海、鹿地亙、艾青、池田幸子諸人，圍繞文學舊形式的利用進行座談。座談記錄以《宣傳・文學・舊形式的利用》為題發表在漢口《七月》第三集第一期（總第十三期）。

在漢逗留期間，吳奚如還介紹聶紺弩在《新華日報》編了十天的《團結》副刊，因不是純文藝性質，後請辭並要求到前線去。胡風有則日記說：「（五月三日）午飯後到紺弩那裡，他苦著臉，說《團結》無法編下去。」於是，周恩來介紹他去皖南新四軍工作。

大概是八月下旬，聶紺弩到達皖南新四軍軍部，一九四〇年三月又去桂林。

一九三八年十一月十二日，新四軍桂林辦事處成立，吳奚如為主任。期間與越共領導人胡志明建立了「同志加兄弟」（胡語）的親密友誼。一九三九年二月，吳奚如調離桂林，隨葉劍英赴衡山南嶽遊擊幹部訓練班工作。一九四〇年春，訓練班結束之後，任新四軍第三支隊及江北縱隊政治部主任。一九四一年「皖南事變」中，吳奚如率部突圍。五月，當時兼任新四軍政委的劉少奇令吳奚如擔任新四軍第五師政委。可是，這時毛澤東已經為他安排了另一個位置：到中央軍委直屬機關政治部當文藝科長，於是成了政治部主任胡耀邦的部下。

通過前面這些回顧，知道了吳奚如其人確實很不簡單，居然有如此豐富且重要的革命經歷。何以他後來竟然默默無聞，既從政壇上消失了，又不曾在文壇上留下更有分量的東西？那本《吳奚如小說集》僅三十萬字，而且大都是一九四二年以前的作品。筆者梳理吳奚如一九四九年之前出版的九部文集，其中六部出版時間集中在一九三五至一九三七年，另兩部是一九四一年。這是為什麼？對此，聶紺弩在那篇序文裡，也有回答或曰暗示：「眼前之事，又多為初料所不及，不知怎樣措手足，遂少有文章發表。」要不然，吳奚如定能在政治上或文學上發揮所長，成為更有成就的革命家或小說家。

一九四三年，吳奚如在延安整風運動中遭受挫折。因對康生一夥亂戴「叛徒、託派」的帽子不滿，英雄氣概又兼書生意氣的吳奚如在會上公開提出異議，並憤然退黨。如果說沒有當政委而當了科長，是吳奚如一生命運轉折的開始。那麼，退黨更是將他打回原形。抗戰結束後，吳奚如先後出任一些閒職，如山東省文協常委、東北牡丹江市及松江省總工會主席。新中國成立初期，任東北總工會生產部長、雞西煤礦工業學校校長等職。

五十年代，身處東北邊陲的吳奚如想回鄉重操舊業——從事文學創作，卻一直受到某些干擾，於是他給劉少奇和周恩來寫信，提出回到文藝戰線的要求。這樣，他於一九五八年調任中國作家協會武漢分會（湖北作協前身）理事、專業作家。

忽漫相逢楚水秋

卻說聶紺弩在「肅反運動」中受左聯介紹人胡風（其時被定為「反革命分子」）、入黨介紹人吳奚如（其時被定為「叛徒」）的牽連，加上個人歷史和社會關係複雜，被「隔離審查」。之後，又在「反右運動」中定為「右派分子」，於一九五八年發配北大荒。聶紺弩勞改所在地虎林縣，屬黑龍江省雞西市，這裡正是吳奚如工作過的地方。

一九六四年六月，聶紺弩回了一趟老家京山。返京之前，在武漢看望了老朋友吳奚如，並作詩一首：

喜晤奚如

各經風雨未同舟，忽漫相逢楚水秋。
曾是塞翁因失馬，來看織女會牽牛。
一談龍虎風雲會，頓覺乾坤日夜浮。
笑爾希文未當國，卻於天下事先憂。

孫鐵人之子孫希曙謂此詩，「對當時的大局動盪及吳奚如後半生的遭際，概括無遺，筆力矯健，語意警策，不僅為吳奚如面貌的寫照，而且是一首反映時代、具有史料價值的好詩」。（〈紺弩與故鄉〉）

一九六五年，山雨欲來風滿樓，年初批京劇《李慧娘》，到年末批歷史劇《海瑞罷官》。轉眼間到了一九六六年，春節過後，住在武漢的吳奚如收到聶紺弩來信。聶紺弩這封信是專門向老友報告胡風近況的：被判處有期徒刑十四年，剝奪政治權利六年，監外執行，已經和梅志一起去了四川。聶紺弩的信裡還有兩段話，一是談形勢的，一是談他的設想的。說北京形勢更趨緊張，《海瑞罷官》一事確實很有來頭，可能確實與「編者按」有關。北京形勢將有進一步的發展，前途未可預料，他和周穎很可能要入川避難，在那裡與胡風梅志相會。信末提到蕭軍，說蕭軍為胡風不平且擔憂，因家事纏身不能寫信，囑代為致候。

聶紺弩對形勢的預料是準確的，但是想入川避難是逃不脫的。

吳奚如在整個「文革」期間，卻是一個很特殊的人物，只在開始時受過輕微的衝擊，有過一、兩次「陪鬥」，既沒有受過審問、關押，更沒有挨過打。他是延安整風中的重點對象，而且一直「掛著」，也就是說，不但有「前科」，而且一直沒有結案。這樣的人不批鬥，似乎說不通。可是，〈毛主席論吳奚如〉的大字報出來了，也有「揪出」「打倒」的標語，卻「只聞雷聲不見雨點」，他竟然「逍遙法外」，安然度過了「十年浩劫」。

有人說，聶紺弩「武可以為將，文可以為相」，不幸卻連遭貶斥，潦倒半生，遠流北疆，險些喪命。吳奚如何尚不是呢？這對同鄉同學好友都未能盡展其才，只是各有各的不幸。二十世紀下半期的中國知識分子，也許誰也難逃這種「文藝與政治的歧途」，不同的只是各有選擇：或扮演悲劇角色，或扮演喜劇角色。曾有人拿聶紺弩的命運與吳奚如比較，吳奚如立即申明：他不能與聶紺弩相比，聶紺弩真的是奇才，在危難之中還能創造出那樣一種奇妙的詩，堪稱「一絕」。他說他自己是庸才，現在又老了，寫不動小說了，只能寫回憶錄。

一九七六年，吳奚如重返文壇。他以病殘之身重新拿起筆來，寫出了〈魯迅和黨的關係〉、〈回憶偉大導師魯迅〉等文章；還寫出了小說〈一個偉大的死〉。

一九七九年底，吳奚如作為特邀代表出席了全國第四屆文代會。文代會期間，吳奚如與聶紺弩等請求已出獄並任四川省政協委員的胡風與會，未果。吳奚如曾於文代會間隙致信胡風說：「今天（按，指十一月五日），周揚找我和老聶談了整個上午的話，說你的問題要在今年年底由中央專門解決，可能要找你到北京，甚至可能找我們參加。劉少奇同志、瞿秋白同志的問題也將在年底作出結論。周的態度較誠懇，自認過去有宗派主義。我和老聶也說我們亦然。……（引者略）總之，你的問題解決時間不遠了。望冷靜對待，不可急躁，更不應偏激。從團結出發，通過彼此的批評，達到新的團結。會議開到十五、六號閉幕，我的問題解決後即返漢。」又據聶紺弩回憶：「那次（文革後）文代會，吳奚如本擬在大會上提出胡風問題，周揚忽然把我和吳找了去，又是茶點又是水果地招待了一番。他請我是叫我當個居間證人。他說：『中國國內真正懂得文學和文藝理論的除胡風一人再沒有第二個人。我是自愧不如……他的問題一定會得到解決，但是此次會議不能解決，只能引起分裂。中央將開專會研究解決，請大家放心……』」胡風十一月八日的日記記載：「得奚如信，告訴周揚對他和聶紺弩的談話，中央要年底專門解決我的問題。即覆。」

一九八〇年，由吳奚如撰寫的〈我所認識的胡風〉發表在武漢《芳草》雜誌第十二期。他本著對歷史負責的態度，真實地寫出了他和胡風的交往，證明胡風在新中國成立前並無反革命行為。這是國內最早為胡風辯誣的文章，吳奚如因此被稱為「義士」。

一九八四年三月，《吳奚如小說集》由長江文藝出版社出版。該書序文，吳奚如最初想請武漢師範學院的青年教師姜弘撰寫，但他誠惶誠恐地拒絕了，這樣才交給老朋友聶紺弩。

一九八五年二月二十七日，吳奚如在武昌逝世。湖北省文聯黨組書記周韶華題寫輓聯云：

> 北伐南征，肝膽照日月，馳騁疆場垂千古；
> 東聯西合，文章感天地，風流藝壇載史冊。

吳奚如去世後，其親屬要求為他恢復黨籍，徹底平反，有關申訴材料也上達至國家最高領導人那裡。當時中組部的李銳也接到了申訴書，但他深知：此事如果在周總理生前還比較容易處理，現在則恐怕很難了，阻力太大。最後，在聶紺弩夫人周穎和丁玲等人的積極奔走之下，吳奚如的黨籍總算獲得解決，黨齡則從一九五三年算起（因為檔案上有一九五三年吳奚如要求解決黨籍問題的文字材料）。儘管他是一九二五年入黨的老革命。

一年之後，聶紺弩病逝。為其料理後事並立碑者，乃紺弩夫婦一九五五年領養的吳奚如長女吳丹丹。

文朋戰友同騎馬——聶紺弩與丘東平

當聶紺弩所在的國民革命軍第一次東征到達廣東海豐時，十五歲的丘東平正混在群眾隊伍中夾道歡迎。他們兩人真正認識卻是在上海，吳奚如介紹的。時間大概在一九三四年吧，聶紺弩從日本回國之後。第一次相見的時候，丘東平就對紺弩說：「寫戰爭吧，我們寫戰爭吧。」

一九三四年秋，丘東平在《太白》雜誌社當校對（一說助理編輯），也許校對過聶紺弩的文章。兩人還一起受魯迅之邀，出席過左翼作家聚會。冬末，丘東平就受命離開上海，赴香港做統戰工作。第二年春，丘東平從香港回到上海，對聶紺弩和吳奚如說：「我要到日本學軍事去，進士官學校，我要在那將要到來的民族解放鬥爭中，成為真正的軍人……」不久，他就到日本去了。一年後回到香港，繼而上海。

一九三六年十月二十二日，上海各界人士舉行魯迅葬禮。當天上午，聶紺弩自西安匆匆回滬，在去殯儀館的路上碰到丘東平，「他似乎也是剛到。他說：『我要去買一塊白布。』他去買了，還自己寫上『導師喪失』四個拙劣的字」。

丘東平像

新四軍中同騎馬

一九三七年「八一三事變」之後，聶紺弩、丘東平先後來到武漢。年底，丘東平完成陣地特寫〈第七連——記第七連連長丘俊談話〉，發表在《七月》（一九三八年一月一日）總第六期。聶紺弩拜讀之後對丘東平說，這篇文章很好。東平說：「寫戰爭的東西是很容易的，只要沒有砰砰碰碰，辟辟拍拍等字樣就好了。」

一九三八年一月十六日下午，聶紺弩和丘東平等人一起參加了胡風組織的「抗戰以後的文藝活動動態和展望」座談會，併發了言。這次座談會的記錄整理完成後，刊登在漢口《七月》第二集第七期，署艾青、東平、聶紺弩等。

緊接著，丘東平離開武漢新四軍籌備處赴南昌新四軍軍部，分配到戰地服務團做宣傳工作。七月二十七日，他在新四軍第一支隊部中致信武漢的胡風，詢問：「聶、艾、田、蕭、端諸兄的情形怎樣？無時不在念中。」殊不知，聶紺弩即將來到新四軍和他並肩戰鬥。

聶紺弩是當年八月下旬到達雲嶺新四軍軍部的。最初任政治部宣教科科員，不久調服務團創作委員，次年出任文化委員會委員兼祕書，負責編輯軍部刊物《抗敵》的文藝部分。

一九三九年八月，聶紺弩應陳毅之邀往江蘇　陽江南敵後先遣支隊（新四軍一支隊）體驗生活，收集寫作材料。他和丘東平、徐平羽一同上前線，三人換著騎兩匹馬。軍旅中缺少印刷品，他們為得到一本殘缺的《三國演義》，爭搶得不亦樂乎。

十月初，聶紺弩離開溧陽回皖南，準備離開新四軍去重慶。

十月十日，丘東平在溧陽城外致信重慶的胡風，說：「我在這裡的生活情形紺弩同志可以告訴你一些，也沒有什麼特別的消息，只是身體很好，戰鬥的艱苦的生活顯然吃不了我，也沒有什麼疾病，仿佛這殺人盈野的戰場比上海東京還要衛生一些，這當然又是生活工作有規律的緣故，這一點可以告慰你們。紺弩兄我們本希望他不要回去，但他自己考慮的結果以為回去對於自己較為適合，如果是這樣，回去也應該贊成。遠祝你們有一個比較稱心如意的工作場所，遠祝你們開闢新的絢爛的天地！」

十一月一日，丘東平再次致信胡風，說：「……紺弩回去了，一切由他告訴你吧，我的新女友頗好，謝謝。祝健康！歐陽山草明處曾托紺弩帶信去，望他們有來信。他們如何，非常掛念。」其實這個時候，聶紺弩還沒有到重慶，而是留在了金華。

一九四〇年二月二日，彭柏山於皖南致信胡風，丘東平在信末附筆云：「紺弩兄諒已到你處了。」（〈彭柏山書簡〉）殊不知，聶紺弩還在金華。

三月二十日，丘東平致信胡風，說：「屢次從柏兄處看到你的信，也屢次鶴給你而沒有發出，我曾從郵局寄信與你，也曾托紺弩兄帶信與你。但你大約都沒有收到。沒有通訊或收不到信的事現在對於我已經沒有什麼了，因為長年都是沒有接到信，戰爭對於我似乎特別加重了味道……紺兄回去後如何，希望你能夠把從柏兄信中所知道的告他一點，並希望他以後寫文章要小心，不要鬧無謂的糾紛。他的那篇文章的確很成問題。」胡風之子曉風注：「『紺弩的那篇文章』，大概是指聶紺弩發表於《七月》二集×期上的報告文學〈延安的蝨子〉。胡風認為它表現了在艱苦生活條件下的革命生活氣概，但它卻受到了『諷刺革命根據地』的責備。」

一九四〇年四月，聶紺弩離開金華，抵達桂林，開始主編《力報》副刊。丘東平以為他到了重慶呢。五月二十三日，丘東平再次致信胡風：「從柏兄處看到你的信，你給我的信也看到了。你那邊現在如何，非常掛念。紺弩兄諒已到達你那邊了。……」

從上可見，丘東平對老大哥聶紺弩是多麼的關切掛念啊，而懶散的聶紺弩似乎沒有給丘東平寫信報告自己的行蹤。

勇猛的張翼德喲

一九四一年七月二十四日，丘東平在蘇北鹽城遭遇敵人掃蕩而殉難，時年三十一歲。十月六日，延安《解放日報》才刊發「作家丘東平殉國」的消息。

十月十九日，對於聶紺弩來說是黑暗的一天。是日，他正患著激劇的牙痛，從桂林鄉下到城裡去參加魯迅逝世五周年紀念大會：

> 快走到中正大橋吧，迎面來的報館裡的取信人遞給我一封薄薄的信，我毫不經意地拆開，一抽出來，是一張大白紙，上面只有一句話：「東平戰死消息證實。」真是禍不單行，已經牙痛得無可忍耐了，天外還飛來這樣一個精神上的打擊！我真想把信放進去，重新封好，作為未看，投下灕江的濁浪，讓它流到汪洋大海。但流到汪洋大海去的不是那封信，卻是我準備的講話的腹稿，我的心更擾亂了！
>
> 我走在大橋上，頭上的天空仍舊那樣昏沉；橋上來往的行人仍舊那樣翻翻滾滾。我無心望他們，偶然看了一眼，覺得那些面孔，愚蠢的依舊愚蠢，麻木的依舊麻木。為了一點毫不足道的世俗的悲歡，他們就顯著笑臉或愁容；為了一點點所謂得失榮辱，他們就馬不停蹄地奔跑。而一個人類的天才死了已經五年，一個智慧的光芒熄滅了已經五年的事，他們都似乎毫無所知，毫無所覺，毫無所感。而你，東平，一個正在成長中的人類的天才，一個行將日見光大的智慧的火，一個身背著民族解放的重負，在前線與民族敵人搏鬥了三、四年的戰士的戰死，與這些熙來攘往的人們，更是毫不相干。好像你不曾存在過，好像你的存在不曾給他們任何補益；好像你現在也不曾死去，好像你的死去於他們也並無任何損害；不欣幸有你，也不惋惜沒有你，

正像五年前的他們，不曾欣幸與惋惜那另一個偉大的人一樣。我悲哀，我憤怒，我覺得我有憤怒的理由，我簡直想唾棄這些麻木愚蠢的我們的同胞，一時之間，甚至忘記了我的牙痛。（〈給戰死者〉）

聶紺弩走到會場，不知道自己坐在什麼地方，不知道臺上有什麼人在講話，以及講的什麼。他盯著臺上魯迅先生的畫像，想起魯迅已經死了五年，把東平的死和魯迅的死聯繫在了一起進行思索：

我不為魯迅先生個人悲痛，卻想起所有的人類天才和戰鬥者的運命，不能不為整個人類悲痛。我想，一個人的誕生，成長，是如何地不易；社會的既存勢力無時無刻不向每一個人威脅利誘，要他變成無知，要他成為自己的俘虜，好讓歷史的車輪永遠停滯在一個地方。我們的天才，我們的智慧的火，不知受到多少先覺的啟迪和多少血的事實的唆示，自己更不知經過多少掙扎，奮鬥，在艱難險阻，迂迴曲折中逐漸長成。等到長成了，能力，智慧，正要在人類的花園開花結果；正要成為人類的取之無盡用之不竭的智慧的寶藏；正要像發動機一樣挾著人類的運命向前飛跑的時候，而一只可詛咒的黑色的大手，不知從什麼地方伸來，毫不容情地，把他攫取去了！如果這樣的人能夠活一百年，一千年，乃至永久，從已有的成就，更加發揚光大，給予人類的福利該是如何巨大喲；然而，殘酷的自然，卻不許世界上有這樣一個奇跡！社會與自然不但吞蝕已經長成的天才，還故意苛虐正在成長中的同樣人物，不知多少人還只剛剛露出一點頭角，卻「坎坷流落，終於夭亡」（魯迅）了。至於戰爭，更是屠殺天才的劊子手，兇暴的日本強盜的職志就在斷送我們整個民族的生命，澌滅我們民族文化的種子，直接間接不知摧毀了我們多少天才，多少我們民族的優秀兒女。東平，你不是最初的一個，大概也不會是最後的，然而這就更其可悲了！（〈給戰死者〉）

想著想著，忽然輪到紺弩上臺，他隨口亂說了幾句，就推說牙痛，草草率率地下臺了。

聶紺弩回到鄉下，「在一盞煤油燈下重新展開那位朋友的來信，翻來覆去，想看出你在什麼地方戰死和戰死時的情形；但那信仍舊只那樣一句話，莫非那寫信的朋友，也只知道這一點點，再多的就什麼也沒有了麼？你寫過〈第七連〉和〈一個連長的戰鬥遭遇〉，那都是抗戰以來最偉麗的詩篇，我相信你自己的戰死，一定不會缺少同樣偉麗的場景。負荷著民族解放的重擔而生存的你，也負荷著同樣的重擔而死去，在你應該是死得其所；但對於我們民族的前途，對於和你一同戰鬥的你的友人們，這損失是巨大的，無可挽回，無法彌補的呀！……你說，『張翼德的結局太慘了。他應該死在敵人手裡的！』那麼東平，你勇猛的張翼德喲，你是死在敵人手裡的吧！如果結局也和張翼德一樣，你是永遠不會瞑目的！」（〈給戰死者〉）

聶紺弩連夜寫出飽蘸深情的〈給戰死者〉一文，和後來所作〈東平瑣記〉，同時刊登在一九四一年十二月出版的《野草》第三卷第三、四期合刊。

馬福蘭村故人來

二十多年後，在暴風雨來臨的前一年，久居北京的聶紺弩忽然想要南下走一遭。彭柏山之女彭小蓮感慨地說：「漏網『胡風分子』聶紺弩伯伯竟然在一九六四年，從北大荒勞改返京之後，戴著右派分子的帽子，千里迢迢跑到廣東省海豐縣，一個非常偏遠且閉塞落後，連公路都沒有通車的鄉村，看望丘東平八十多歲的老母親。」（《他們的歲月》）

聶紺弩到海豐縣梅隴山區馬福蘭村，探訪丘東平八旬老母後，留下〈訪丘東平烈士故居（三首）〉組詩：

一

英雄樹上沒花開，馬福蘭村有草萊。

難弟難兄此牆屋，成龍成虎各風雷。
才三十歲真雄鬼，無第七連也霸才。
老母八旬披鶴髮，默迎兒子故人來。

二

任是屍山血海行，中華兒女志幹城。
哀兵必勝古兵法，時日偕亡今日程。
遊擊戰中遭遇戰，一書生死萬民生。
人間換後江山美，百丈碑刊勇者名。

三

小仲謀追大仲謀，有人閶倚幾陽秋。
壯哉野澤三春草，賭掉乾坤兩顆頭。
此日登堂才拜母，他生橫海再同舟。
范張雞黍存悲歿，蘸筆南溟畫虎丘。

聶紺弩本是恃才傲物之人，他有詩曰：「天涯肝膽藐雄才」，真正能讓他欽佩的人並不多。在他的詩文中流露出對丘東平的敬愛之情，是很特別的。高旅〈紺弩赴海豐山間探丘東平母有詩〉云：「東平去後未歸山，見客猶疑見子還。草色迷蒙多野路，秋風瀟颯兩衰顏。舊情覓向故人處，老母歸從荒陌間。向謂君詩高格調，不知當代幾人攀。」

多少心思念荃麟——聶紺弩與邵荃麟

一九七九年九月十七日，周健強如約訪聶紺弩之後在日記中寫道：「他（按，指聶紺弩）最近因琢磨給邵荃麟的輓聯，都累病了。他說：『我一用腦子，就不能睡覺。各種回憶思潮都湧來了，再也睡不著了。』」那就來梳理一下他們的交往史吧。

戰鬥在東南

聶紺弩與邵荃麟的交往始於上世紀三十年代初期。

一九三三年六月，聶紺弩被日本當局驅逐回國，不久參加了上海反帝大同盟，而邵荃麟是反帝大同盟宣傳部長。或許他們是這時認識的。不過據邵荃麟之女回憶，聶紺弩與其父親的交往是在「左聯」活動中開始的，

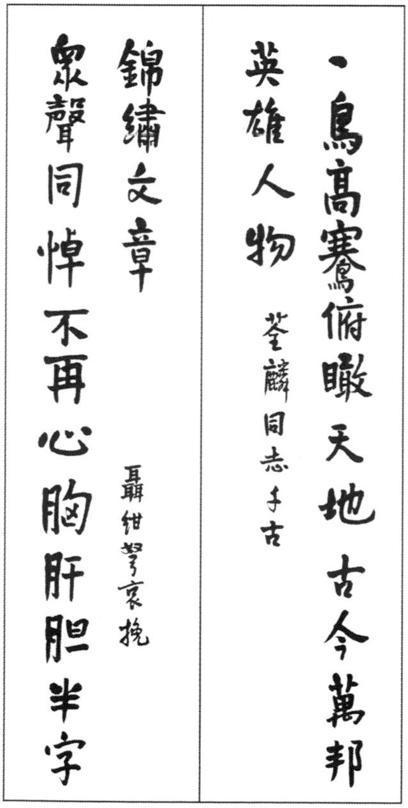
一鳥高騫俯瞰天地古今萬邦
英雄人物
荃麟同志千古
錦繡文章
聶紺弩哀挽
衆聲同悼不再心胸肝胆半字

聶紺弩輓邵荃麟聯（1979年9月）

兩人曾經一起拜會過魯迅。

全面抗戰爆發後，一九三八年邵荃麟參與中共浙江省文化工作委員會（簡稱「文委」）工作，在金華一帶參與領導抗日宣傳和文化工作。一九三九年春，聶紺弩離開皖南新四軍軍部，準備繞道去重慶胡風那裡工作，誰知路過金華時被邵荃麟給「截留」下來了。其中的緣由，聶紺弩在一九五五年寫的一份材料中有「交代」：

三九年我從新四軍到金華，正碰著《東南戰線》被禁。《東南戰線》的駱耕漠、邵荃麟談這問題的時候，我也在座，才知道主張禁止的是谷正綱，主權也在他手裡。我說我認識他，從前在偽黨校當訓育員的時候，他是副主任。他們就叫我去找他說情，看可不可挽回，並問禁止是什麼理由。他如指出哪些不對，我們以後就不那樣做。於是我就同荃麟同志到方岩去找他，到了方岩，荃麟在旅館裡，我到他那裡去。見著了。提起《東南戰線》，他就不高興，說那是共產黨的刊物，根本談不上哪些對哪些不對，總之不能出版。我問何以見得一定是共產黨的刊物，他說連陳毅的文章都有。我說以後不登某些人的文章，你認為哪之類的話不對，以後也不說行不行？他說也不行。正說時，他的司機催他上金華，他就叫我同他坐車到金華。到了金華，我就下車，他說他晚上要到上饒去。我回到《東南戰線》，晚上荃麟同志也回來了，一同談這件事。駱說，我們另出一個刊物，叫我再去找他，只要他允許登記。編輯人是我，刊名《文化戰士》，當時都決定了。第二天我到上饒去找他，提起我要編個刊物，跟《東南戰線》的態度不一樣，可不可以登記。他說你編也一樣，還不是共產黨刊物。共產黨就是這樣，無孔不入，什麼關係都利用。我說我不是共產黨，不過在新四軍待過，其實《東南戰線》也不一定是共產黨，不過大家有點左傾。他說你若不是共產黨，你就到上饒來。我說來做什麼呢？他說來住著再說，生活我負責。我說我還沒有到生活都要你負責的程度，到了那時再說吧，現在還可以辦刊物，讓我辦得試試，辦出來，你看還是共產黨的再禁也不遲。他說在哪家書店。我說生活。他說不行，生活就是共產黨的。我說總要個書店辦這事的，別的書店不肯有什麼辦法呢？他說不要生活發行，不登公開擁護共產黨的文章，只談抗戰，你去辦試試。我說登記問題？他說沒有什麼登記問題，你去對審查處說我准許出的就行了。我叫他寫封信為憑。他說沒有這種辦法，你去說了，他會來問的。又說要記住不能亂來。不好好地，下次就不見面了。又笑著說，什麼人都好纏，就是共產黨難纏。這樣，我回金華出版了《文化戰士》，編輯發行都由我，生活總經售。但出了兩期還是禁止了。（現在想起，第二期第一篇文章是我寫的罵汪精衛的，谷曾是汪派，（第）三戰區曾禁止開反汪大會。刊物禁止大概是這理由。）駱、邵又叫我到上饒去找他，我又去過，他到重慶去了。在傳達室留下話：有一個留俄學生，從新四軍來的，自稱是谷主任的同學，叫他再不要來，云云。這件事，荃麟同志可全部證明。（〈歷史材料重寫〉）

儘管《東南戰線》和《文化戰士》先後被禁，八月份聶紺弩又與邵荃麟、葛琴等在金華發起組織成立「刀與筆社」，又於十一月創辦《刀與筆》綜合月刊（主編萬湜思）。一九四〇年二月，《刀與筆》停刊，共出版四期。

同年三月，民營報紙《力報》在桂林正式創刊。總經理張稚琴是個頗有生意眼光又有點進步傾向的人，他深知，要在桂林這樣的文化城爭取讀者，需要有一個能吸引讀者的副刊，這個副刊必須由一位著名作家來主持，就托張天翼寫信請邵荃麟去。當時邵荃麟抽不開身，就竭力動員聶紺弩前往。聶紺弩原準備應胡風之邀去重慶的，經不住邵荃麟的勸說就應允了。

這年春，中共中央東南局決定在浙江省文委的基礎上成立「東南文委」，由邵荃麟擔任書記，工作範圍由浙江擴展到江西、福建一帶。不料局勢很快發生變化，浙東南的政治空氣充滿了濃濃的火藥味，中共東南局通知邵荃麟緊急撤退。於是，邵荃麟、葛琴夫婦和同事杜麥青一起連夜撤出金華，經江山、浦城到達了福建永安，暫時安定下來。年底，中共領導的桂林國際新聞社發來電報，要邵荃麟去開年會，其實是借機撤退。

一九四一年一月，邵荃麟、葛琴夫婦帶著出生不久的女兒，踏上了前往桂林的路途。

桂林的歲月

在桂林，聶紺弩又與邵荃麟相聚了，並介紹邵荃麟、葛琴夫婦進《力報》社工作。四月，聶紺弩受當局壓迫離開桂林去重慶，邵荃麟接任《力報》主筆，葛琴接編副刊《新墾地》。四個月之後，聶紺弩重回桂林，接替被辭退的葛琴繼續主編《力報‧新墾地》和她創辦的《半月文藝》。不久，何家槐來到桂林，聶紺弩借機敲詐葛琴請客為家槐接風。據高旅回憶：

有一天，我正在寫社論，她（按，指葛琴）跑到我的房間裡來，快樂地說：

「紺弩這個人，可愛又可惡！」

我問怎麼回事，她說：

「何家槐從柳州來了，紺弩要我請客，在××酒家飲茶，我答應了……」

「只有你們三個人？」

「荃麟也去了，一共四個。」葛琴說，「香煙吸完了，紺弩又有說話：既然請客，也該請香煙啊！買包好一點的煙好不好？我就去買了一包強盜牌香煙來。不知何家槐是不吸煙的，紺弩一把抓在手裡，拆開之後，給我一枝，荃麟面前放一枝，留下的插入自己的衣袋，說既然請客，理當由客人據有，我吸煙反要問他討。我說紺弩可愛的地方在這裡，可惡的地方也在這裡。」

聽完之後，大家笑彎了腰，連眼淚也笑出來。（〈訪葛琴〉）

筆者在查閱桂林抗戰文化史料時發現一個現象，只要有邵荃麟參加的各種文藝活動，必然少不了聶紺弩。就以一九四一年為例吧：

九月二十六日，《文化雜誌》月刊社在該刊編輯部，邀請部分作家舉行文藝座談會，討論「文學創作上的言語運用問題」。邵荃麟主持會議，參加討論者聶紺弩、艾蕪、何家槐、葛琴、楊晦、鍾敬文、彭燕郊、傅彬然、宋雲彬、杜麥青等十三人。

十一月十五日晚，桂林文化界一百多人在三教咖啡廳舉行郭沫若五十壽辰及創作生活二十五週年慶祝會，田漢、邵荃麟、聶紺弩、熊佛西、宋雲彬、伍禾、杜宣等人先後在會上發表講話，對遠在重慶的郭沫若表示祝賀。

十二月七日下午，文協桂林分會在廣西劇場舉行第一屆年會。會上選出艾蕪、田漢、邵荃麟、聶紺弩、歐陽予倩、宋雲彬、孟超、伍禾、彭燕郊等十五人當選理事，葛琴、熊佛西、秦似、蘆荻、陳閑、杜宣、莫寶堅等七人為候補理事。

十二月十二日，文協桂林分會在廣西藝術館召開三屆一次理事會，到會的有艾蕪、田漢、邵荃麟、司馬文森、歐陽予倩、李文釗、宋雲彬、聶紺弩、王魯彥、孟超、胡危舟、巴金、伍禾、彭燕郊、冼群等十五人。會上推舉歐陽予倩、田漢、李文釗、邵荃麟、王魯彥五人為常務理事。並決定了分會各部負責人名單：研究部是孟超、邵荃麟，出版部是冼群、聶紺弩。

一九四二年九月，由於廣西省政府查封了在桂林出版的將近二十種刊物，加之桂林出版業的排版費、印刷費漲價，大多數文化人生活每況愈下，一批文藝工作者被迫離開桂林，邵荃麟、葛琴夫婦去了重慶。繁榮的文化城逐漸冷清下來。留桂的少數文藝工作者大多生活在貧困之中。一九四三年秋冬間，聶紺弩不得不離開桂林，前往重慶與妻女團聚。

這樣，聶紺弩和邵荃麟又在一起了，並且一度同住張家花園文協「作家宿舍」。

抗戰勝利後，邵荃麟先到武漢開展收復區文藝界統一戰線工作，隨後經上海去香港，擔任中國共產黨香港工作委員會文委委員、南方局文委書記等職務。一九四八年春，聶紺弩也經武漢、廣州，到達香港工作，繼續與邵荃麟一起戰鬥，並與邵荃麟、夏衍等同任《週末報》編委。

五、六十年代

一九四九年之後，邵荃麟歷任政務院文化教育委員會計畫局局長、副祕書長，中共中央宣傳部副祕書長兼教育處處長；聶紺弩任人民文學出版社（以下簡稱「人文社」）副總編輯，兩人依然保持良好的友情。從時任人文社校對的文潔若回憶，就可窺一斑：

（一九五一年）一天，傅達室的同志給我打來了電話，說：「文潔若，你媽媽給你送吃的來了，快來取走。」

我下樓去一看，桌子上擺著一個有白花紋的藏青色蠟染布包兒，裡面兜著一大缽香噴噴的米粉肉。我說：「搞錯了，這不是給我的。」

後來才知道，是聶紺弩的夫人周穎給他送來的。那個時期，聶紺弩在辦公室裡放了一張小鐵床，「以社為家」，夜以繼日地工作。我恍然大悟：他準是晚上帶到邵荃麟家去吃。

北平淪陷時期，我們把房產抵押出去，無力贖回，從此只好租房住。東四八條三十號有一座三進的四合院，是我父親當外交官時的上司汪公使的房子。他早已病故，我母親向他的兒媳婦租了中院的兩間耳房。他們一家人住的時候，三間大北房是客廳，我們住的耳房是穿堂屋，供客人掛大衣用，硬木做的板壁還雕了花。後院和西院各有十幾間房，在東四九條胡同另開了兩道門出進，整個兒租給了文聯。邵荃麟住的是後院的三間北房，外加耳房。住在後院東房裡的顧太太是一位家庭婦女，她和我母親都愛養花兒，一來二去的就有了交情。顧太太跟邵家的保姆也套近乎，把她打聽來的事統統告訴母親。原來馮雪峰和聶紺弩是邵荃麟家的常客，吃罷飯，四個人（包括邵夫人葛琴）在八仙桌上鋪起厚厚的毯子，打上幾圈麻將。母親平生最大的愛好是聽京戲和打麻將，如今只能望洋興嘆了。我對母親說，他們打的是衛生麻將，供消遣而已，不會賭錢的。（〈聶紺弩的六個字——兼議「窩裡鬥」〉）

自一九五三年起，邵荃麟擔任中國作家協會副主席兼黨組書記、作協創作委員會第一副主任，聶紺弩則擔任中國作協古典文學部副部長。一九五四年十月二十四日，中國作協古典文學部召開的《紅樓夢》研究討論會，邵荃麟和聶紺弩一起參加了會議。

五十年代中期，聶紺弩曾就自己的工作和創作等問題和邵荃麟有過交流，得到認可。這是在聶紺弩一九五五年五月三十日致周揚的一封信中透露出來的，信上說：「近一、兩年來，覺得有些什麼要寫，有些問題要研究，對於古典文學和馬列主義，似乎都找到了些少的竅門，自信可以寫點什麼出來。我的工作，當然不能算是繁重，但總有些事，耽擱不少時間，很想能夠解脫一點。但因為自己的能力有限，怕得不到信任，一直不敢向組織提出來。偶然和荃麟同志談到，他表示相當同意，認為至少可以請半年寫作假。這意思，未向別人提出過，現向您提一下。」一九五七年六月二日，聶紺弩在反省結束後應邀到馮雪峰家中吃午飯。馮雪峰說在肅反期間他曾和邵荃麟商量，介紹聶紺弩到各地去旅行一次，寫出點東西來。

六十年代初期，聶紺弩從北大荒回京之後，一時賦閑在家。一九六二年六月，得邵荃麟幫助，開始在陳翔鶴主編的《光明日報》副刊《文學遺產》上發表研究《聊齋志異》等古典小說的系列論文，並獲得較高的稿酬以解決生活困難。

一九六二年九月二十四日至二十七日，中共中央八屆十中全會舉行。這次會議之後，文藝界鬥爭矛頭就轉向周揚集團了。周揚感到了威脅，於是便一個個地拋出他的部下，意在「丟車保帥」。最先拋出的就是邵荃麟。邵荃麟是個悲劇人物，他很有人情味，而且在文藝上也有自己的見解，只是為了「黨的利益」，還是緊跟著周揚，批胡風，騙雪峰，起到了別人所不能起的特殊作用。但是，他畢竟是一個懂文藝的人，所以對反右、大躍進運動之後的文藝虛誇狀況甚為憂慮。一九六二年七月，他在大連主持召開了農村題材短篇小說創作座談會，強調「現實主義深化」論，提倡人物形象多樣化，除正反兩類人物形象外，還應該寫中間狀態的人物。這對於克服農村題材小說創作的浮淺單調現象起了積極作用，孰知後來卻遭到批判。一九六四年九月，《文藝報》第八、九月號合刊上發表署名該報編輯部的文章〈寫中間人物是資產階級的文學主張〉，對中國作協黨組書記、副主席邵荃麟進行點名批判。霎時間，各種帽子朝著邵荃麟紛至沓來。十月三十一日下午，聶紺弩與某友人在家閒談，仗義執言地說：「邵荃麟的事情公布了，你看見嗎？屁那麼小的事搞得那麼大，好傢伙！人家是多少年痛苦經驗中得出來的意見，是談文藝創作，你卻把他拉到政治上來，這有什麼道理呢？事實是如此嘛，英雄人物總是由中間人物發展下來的，你不寫中間人物就沒法子搞更多的文藝創作，這是文藝界多少年來的經驗。好，這就給你扣個帽子，把個胡風拉出來與你相提並論。這不是邵荃麟撿起了胡風的刀子，而是他們撿起對待胡風的刀子來對待邵荃麟！」（寓真《聶紺弩刑事檔案》）

「文革」開始後，邵荃麟被反覆批判和鬥爭，祕密關押，備受折磨，一九七一年六月在獄中飲恨而死。此時的聶紺弩正在山西稷山看守所關押，尚未正式宣判呢。

動情寫輓聯

應該說聶紺弩算是幸運的，他盼到「四人幫」覆滅的那一天。

一九七六年十一月初，聶紺弩出獄沒幾天，邵荃麟之女小琴（邵濟安）就來看望「聶伯」了。

一九七九年的一天，小琴把中央要為父親平反並開追悼會的消息告訴了聶紺弩，希望他寫點什麼，聶紺弩當即答應了。等小琴再去時，聶紺弩又病了。周穎悄悄地告訴小琴：「寫輓詩時，他太動情，太傷感了，徹夜未眠。」

六月七日，聶紺弩致信小琴說：

昨日周伯母送我為你父親寫的輓詩六首（七律，前有小引）到你母親家，交給你母親了，想會看見。但稿未署名，恐怕弄錯，故寫此信。

我現在想知道幾件事：

一、你的住址，在何單位做何工作？有人問起，我不能回答；

二、你愛人是誰，在何處工作？

三、你愛人的弟弟的名字和住處。據說住處離我家很近，不知幾樓幾單元和名字。無法找。

以後通訊可以直接些。

周伯母或周姨回來說，你母親的病情比以前好得多，已知道你父親逝世的事，並開了許多好友的名單，腦子很清醒。這是好事。

我的身體如舊，也許少為好一些。

祝好！

紺弩上

九月十五日，聶紺弩致信小琴，囑將邵荃麟輓聯改為：「一鳥高騫，俯瞰天地古今，邦家宵小；眾聲同悼，不再心胸肝膽，錦繡文章。」此前手書輓聯已經送達，原聯云：「一鳥高騫，俯瞰天地古今，萬邦英雄人物；眾聲同悼，不再心胸肝膽，半字錦繡文章。」

九月二十日，邵荃麟追悼會在京舉行，胡喬木主持，周揚致悼詞。

十月二十八日，聶紺弩於郵電醫院致信朱正，說：「輓荃麟詩六首，改了三個錯字，添了一首，共七首，隨您怎樣處理都可以。其中有三首曾在《上海文學》十期上發表。大概是荃麟追悼會的人抄寄去的。為何只發表三首，不知其故。或因有何違礙之處。奉告以供參考。我現在有點小病，住在醫院裡，無力與您多敘，就此為止。」

上面信中提到的輓邵荃麟詩七首初刊於《魯迅研究文叢（一）》（湖南人民出版社一九八〇年三月版），題目是〈用《野草》意境輓荃麟七首〉。後又刊於《光明日報》一九八二年十一月二日。後來收入《聶紺弩全集》時題目改為〈為魯迅先生百歲誕辰而歌（二十二首）〉之六〈改《野草》七題為七律〉。這裡抄錄另外一首一九七九年所作〈輓荃麟〉：

不但人忘己亦忘，三十年曾寫文章。
參加講話紀念會，乃我荃麟苦相將。
提攜種種皆無益，世人不許狂夫狂。
天蒼蒼兮地茫茫，踵上江東父老堂。
空屋置我一杯酒，也無肴核也無糖。
其時三年大災害，誰家有酒備客嘗。
舉杯一飲無餘瀝，淚落杯中淚也香。
臨行兩包中華牌，老聶老聶莫再來。
我事非盡我安排。
我自知君君知我，相知何事在形骸！

獨攜大赦出君門，知今何世我何人！
十載鐵窗無限事，多少心思念荃麟。
出獄驚聞君骨灰，意不欲悲心自悲。
君身奇骨瘦嶙峋，支撐天地顫巍巍。
天下事豈爾可為？家太高明惡鬼窺。
被鬥失智老妻猶自盼君歸！

這首輓詩比較特別，幾乎全用口語寫成，情真意切，哀痛淒絕。據邵荃麟女婿（小琴之夫）王存誠解讀：「『獨攜大赦出君門，知今何世我何人！』這說的是在被誣劃為右派後，他曾登門去找有主管關係又是老朋友的邵荃麟，因為他認為荃麟應該是瞭解他的。不料荃麟竟也說不能作主。這種令雙方都極為尷尬的情景，聶紺弩寫在輓詩裡，既不覺得愧於亡友，也不覺得有愧於自己。所謂披肝瀝膽者，孰過於此！」（〈敢當詩史聶紺弩〉）

聶紺弩可以說是看著邵小琴長大的，兩人也有著深深的感情。聶紺弩出獄後用包香煙的紙寫了一些詩詞，小琴「看著他密密麻麻的文字，以及文字中透出的熱情，深深感到他彎曲的，近乎駝背的身軀下竟有如此博大的胸懷」。在一次通信中，小琴寫了一句：「聶伯，你是一個剛正不阿的人。」沒過幾天，小琴收到回信，聶紺弩詼諧地寫道：「希望這不會是我的墓誌銘吧。」在另外一封信中，聶紺弩是這樣寫的：「不知為什麼，我想起你來，總想哭，這信是含淚（不多）寫的。為你的父母麼？為我自己老了麼？說不清。」這封深深透著父愛的信，讓小琴哭了一場。

但是，最使小琴難以接受的事實是，在最後告別聶紺弩的時候，透過眼淚望過去，蓋在布單下紺弩的雙腿仍然是蜷曲著的。一生寧折不彎的人，最後也不能伸直了腿，舒舒服服地離開人間。在向聶紺弩最後行鞠躬禮時，小琴雙手冰涼，差點昏了過去，幸虧陳明攙住了，好一會她才哭出聲來。

一個高大的背影——聶紺弩與魯迅

魯迅像（1936年）

初讀魯迅的作品

認識一個作家，往往先從他的作品開始。

還是一九二四年的時候，聶紺弩在緬甸一家報館書架上看到《新青年》合訂本，最愛讀裡面吳又陵寫的文章。「吳又陵有一篇〈吃人與禮教〉，起頭提到魯迅的〈狂人日記〉裡說，寫著仁義道德的書上，字縫裡卻寫的是『吃人』。我既然喜歡吳又陵，他所推薦的或提到的東西，自然都要找得看看。魯迅的文章在《新青年》上大概也看過的，只是沒有什麼印象。」第二年五、六月間，聶紺弩回國，到處想買魯迅的《吶喊》卻沒買到。

一九二六年三月份，聶紺弩跟隨黃埔軍校校軍東征，在汕尾後方辦事處為「消磨日子」，在雜貨店買到一本《小說月報》（一九二四年五月第十五卷第五號），把其中一篇魯迅的短篇小說〈在酒樓上〉連看兩遍。「第二遍看完之後，我幾乎有點憤怒了。這不是一篇好文章，悲觀、頹傷、陰鬱，無論是作者和作者所寫的人，都沒有一點年輕人的發揚蹈厲的精神，呂緯甫那樣的人，簡直沒有骨氣到教子曰詩云，馬馬虎虎，聽從沒有知識的母親的一些愚妄的指使；無論怎樣他和我不同，我並不曾向環境屈服，母親的話，我又是向來不聽的。這樣想，我就丟了書，想驅除一點從看書得來不愉快的感覺，就出去，到戲場看戲，找同學胡聊去了。」儘管如此，聶紺弩卻一直對它念念不忘。十幾年之後，他寫了篇〈讀〈在酒樓上〉的時候〉，記敘自己當年的閱讀感受和後來的新認識。他說：「真正懷著高遠的理想和改革社會的壯志的青年，古今中外，恐怕不少，可是一碰到現實社會的壁上，那結果就會有種種的不同，成功的或者部分成功的自然會有，但最多的恐怕倒是失敗者；舊社會的力量太雄厚，他沒有改造社會，倒讓社會改造了他，於是變節、退嬰、自殺或者別的事情，都會落在這曾經有理想有志向的人的頭上。如果有靈魂，他自己會感到自己的命運的悲劇；如果沒有靈魂，客觀上更是一個悲劇，而有這樣悲劇的時代本身，自然是個更大的悲劇。魯迅實在是理解人，理解人的感情，理解他的時代，而他自己似乎就飽經傷難的，所以〈在酒樓上〉就這樣地吸住我了。」

一九三二年十一月二十一日，聶紺弩在東京寫了篇〈魯迅之時代及其作品〉，寄回國內的《中華日報・十日文學》（十二月二十日）發表。這篇文章是有感於「在日本，對於魯迅作品，還沒有給一個正確的估價；尤其是大廣告上，簡直是感情似的亂吹」而作的。聶紺弩批評日本當時出版的《魯迅全集》，「其實，只是《吶喊》與《彷徨》的合訂本，那些刀砍斧劈、深刻辛辣的雜感，一篇也沒有」。他也不同意把魯迅的小說說成是中國普羅文藝的代表作，因為中國還沒有這樣成熟的普羅文藝作品，而魯迅前期的作品也還不是普羅文藝。他認為：「魯迅如果是偉大的，他的偉大，決不在他於轉變以前，已經寫出這麼多的『普羅作品』；剛剛相反，而是在他能夠忠實地反映出從『五四』到『五卅』這一時期中的土著資產階級的整個意識。」並說：「土著資產階級所有的意識，在轉變以前的魯迅的作品裡幾乎都有」，如「反封建的革命精神」、「資本主義道路的幻想」、「人權思想」、「無出路的悲觀」；而「在土著資產階級的意識裡所沒有的，轉變以前的魯迅的作品裡也沒有」，如「反帝國主義的熱情」、「發揚蹈厲的氣概」。

主持《動向》的日子

一九三四年春，聶紺弩經莫斯科中山大學同學孟十還介紹，受《中華日報》（係國民黨改組派汪精衛的報紙）發行人林柏生邀請，為該報創辦文藝副刊《動向》。「我們有的人反對，他說，人家把地盤送給你，你還不要？可見他是有想法的，不是糊里糊塗的，後來組織上也同意了他去利用這一塊園地。」（夏衍〈紺弩還活著〉）果然，聶紺弩利用《動向》這塊園地，辦成了一個相當於左聯的機關刊物，因為作者幾乎都是左聯的成員，或進步文學青年，甚至吸引了魯迅主動投稿。魯迅以《動向》為陣地，發表了〈拿來主義〉、〈罵殺與捧殺〉等多篇針砭時弊的雜文。

《動向》正式創刊日期是四月十一日。十多天之後，魯迅於四月二十三日「寄《動向》稿一」；五月一日又「寄《動向》稿二篇」。（據《魯迅日記》）

作為「文壇大腕」的魯迅給副刊投稿，稿費理當從優。所以，紺弩跟林柏生說，「魯迅先生的文章要多給稿費，他表示同意，但要我告訴他哪篇文章是魯迅寫的，他要拿去給汪精衛看。這樣，魯迅先生的短文是一篇三元」。

四月二十四日，《中華日報・動向》發表耳耶（即聶紺弩）〈新形式的探求與舊形式的採用〉。此文發表後引起魯迅的關注，並有不同的看法，遂作〈論「舊形式的採用」〉一文，首先肯定「耳耶先生是正直的，因為他同時也在譯〈藝術底內容和形式〉，一經登完，便會洗淨他激烈的責罰；而且有幾句話也正確的，是他說新形式的探求不能和舊形式的採用機械的地分開」，然後再批評該文在內容與形式問題上機械的、反歷史唯物主義的觀點。魯迅對聶紺弩的理論觀點的批評是尖銳的，但對他的工作是支持的。聶紺弩並沒有因為文章批評了他的觀點而心存芥蒂，或拒不刊登，而是坦然接受，第一時間迅速發表。魯迅五月二日所作文章，發表日期是五月四日，署名「常庚」。

五月三日，《魯迅日記》載：「寄聶紺弩信並還小說稿。」這是紺弩的名字第一次在《魯迅日記》中出現，「小說稿」指其短篇小說〈金元爹〉（又名〈鹽〉）。紺弩將自己寫的該小說給魯迅指教，「他說寫得不錯」。此時，紺弩與魯迅尚未見面，但很快機會來了。

應該是五月上半月的一天，聶紺弩收到一封用普通白紙寫成的稿件。字是用毛筆一筆不苟地寫的，從頭至尾沒有一個字或一個標點的改動，活脫是一篇文字並茂的範文。但是，落款卻沒有作者的姓名和地址，那樣的文章和字體不是一般人能寫得出來的，紺弩心裡猜到一個人，又不敢確定，就去找助理編輯葉紫辨認。葉紫那時早已認識魯迅，還通過信。他一看就說：「肯定是老頭兒寫的。」（魯迅年紀較大，當時很多青年作家背後都親切地稱他為「老頭兒」）但葉紫也不敢最後肯定。於是紺弩讓葉紫寫封信去問問，並順便問一問魯迅肯不肯接見他們。魯迅回信很快就來了，他果然是那篇「範文」的主人，而且說「極願意與聶紺弩見面」，地點選在內山書店。

根據《魯迅日記》記載，約定的會面時間是五月十八日。後來，聶紺弩回憶說：

我與魯迅先生真正是相見恨晚……會面那天，我去內山書店途中，遠遠看見前面走著一個人，從身影、步態，背影看，明明是「老頭兒」無疑，於是我們加快腳步，往前緊趕。等我們趕到面前一看，卻不是魯迅，我們兩個心裡好生奇怪，明明趕的是魯迅，怎麼又趕錯了呢？等我們到得「內山書店」，魯迅先生卻早已等在那兒了。葉紫進門就說起剛才一路趕他的事兒，說不知怎麼一個障眼法，先生就不見了，真正奇怪……魯迅先生笑了，說：「你們趕的只怕是老三（周建人）……」

隨即邀我們到斜對面街角處，一家日本人開的咖啡館內喝咖啡，談天，記得我們談了不少時間，幾乎是無所不談，可惜我記性不好，記不得談了些什麼了。因為我對他的紹興話，聽起來很吃力，常常有些聽不

懂……從此，他就成了我主編的《動向》副刊的一位經常撰稿人，《動向》也因此聲名日振，銷路大增……（《聶紺弩自敘》）

魯迅在會面當天日記中寫道：「遇葉紫及紺弩，同赴加非店飲茗，廣平攜海嬰同去。收《動向》稿費三元。得烈文信並還稿一篇，即轉寄《動向》。」

從此，聶紺弩和魯迅便經常在內山書店或各種「文化人」的聚會上見面交談，彼此很投契。自從認識魯迅，聶紺弩的思想和寫作都達到了一個新的境界。

聶紺弩把《動向》作陣地，揭露國民黨內部的傾軋和政局的腐朽黑暗，以喚起民眾。但是隨著新聞檢查越來越嚴，林柏生就不想辦下去了。蔣汪矛盾激化以後，蔣派報紙不好公開罵汪精衛，就拿林柏生做靶子，罵他向共產黨「賣屁股」——即賣「報屁股」給共產黨。十一月十三日，《申報》總經理史良才被軍統特務暗殺，林柏生知道這是殺雞儆猴，嚇得馬上要《動向》停刊，聶紺弩也被迫辭職。

十二月十八日，《動向》出版了最後一期。聶紺弩說它「一直辦了八個月，出了二百四十多期，在當時就算是『長命』的了」。期間，《動向》發表了魯迅文章二十五篇。據《魯迅日記》記載，在聶紺弩主編《動向》間，兩人通信比較頻繁，如八月有七次，九月四次，十月有八次，十一月五次。

暴風雨中的《海燕》

聶紺弩離開《中華日報・動向》時，報館還欠他一筆稿費，討要過好多次，管事的經理總是推諉。後來，林柏生把紺弩叫去，將錢給了他，但其他作者所欠稿費卻不給，紺弩不依不饒。於是林柏生答應讓報館承印紺弩的東西不要錢，以作抵扣，紺弩立刻同意了。因為那時候（一九三五年底、一九三六年初），聶紺弩致信魯迅，說要辦一個文學刊物。恰好蕭軍、胡風等人也有這個願望。經魯迅和胡風、蕭軍、蕭紅、吳奚如、周文，及紺弩等一起商定，創辦《海燕》雜誌，由胡風負責組稿，紺弩聯繫印刷發行。這幫作家根本沒有一點經費，正愁無力付印，這一下有了出版印刷的地方了。聶紺弩晚年回憶說：「《海燕》一應雜務如校對、排版等等都由我擔任，對外算是我主編。但我不能做發行人，因為發行人要公布地址，魯迅他們都不願意把我的住地公開，可是別人又不好找，不是人家害怕受牽連，就是我們不敢輕易相信人家。有天晚上，我路過曹聚仁家附近，忽然想起他的住址本來就是公開的，而他自己也在辦刊物，想來請他當一個文藝刊物的發行人不會有什麼妨礙。於是我立刻拜訪了他，我倆洽談之下似乎很投機。我就以為他答應了，一面興高采烈地告訴魯迅和胡風他們，一面就在刊物上印了『發行人曹聚仁』。誰知《海燕》送到書店之後，卻激惱了曹先生，他不但要求書店把他的名字勾掉，還在《申報》上登廣告申明竊取了他的大名，又向魯迅先生寫信申訴，搞了個滿城風雨，鬧了天大一場誤會……致使《海燕》出師不利。與在左聯時輔助出版的半地下刊物不同，《海燕》像一道長空的閃電，劃破了重重的黑夜，使人們眼前為之一亮，在讀者中引起了強烈反響。魯迅先生的歷史速寫〈出關〉在《海燕》上發表，又掀起好一陣軒然大波……在巡捕房等等各種惡勢力的擠迫下，《海燕》從三六年初創刊，只出了兩期就壽終正寢了。」據查，魯迅在《海燕》創刊號上發表了〈出關〉和〈「題未定」草（六至七）〉二文，在第二期上發表了〈「題未定」草（八至九）〉、〈阿金〉和〈陀思妥耶夫斯基的事〉。翻閱魯迅書信和日記，發現魯迅對《海燕》十分關心。

一月七日，魯迅致信徐懋庸：「《海燕》未聞消息，不知如何了。」

一月十九日，《魯迅日記》：「《海燕》第一期出版，即日售盡二千部。」

二月二十一日，魯迅致信曹聚仁：「奉惠函後，記得昨曾答覆一信，頃又得十九日手書，蒙以詳情見告。我看這不過是一點小事情（按，指《海燕》署「發行人曹聚仁」之事），一過也就罷了。……《海燕》雖然是文藝刊物，但我看前途的荊棘是很多的，大原因並不在內容，而在作者。說內容沒有什麼，就可以平安，那是不能求之於現在的中國的事。其實，捕房的特別注意這刊物，是大有可笑的理由的。」

二月二十九日，魯迅致信曹靖華：「《海燕》已以重罪被禁止，續出與否不一定。一到此境，假好人露真相，代售處賴錢，真是百感交集。同被禁止者有二十餘種之多，略有生氣的刊物，幾乎滅盡了；德政豈但北方而已哉！」又致信楊霽云：「頃接來函並文稿，甚欣甚慰。《海燕》係我們幾個人自辦，但現在已以『共』字罪被禁，續刊與否未可知，大稿且存敝寓，以俟將來。此次所禁者計二十餘種，稍有生氣之刊物，一網打盡矣。」

三月二十二日，魯迅致信孟十還：「《海燕》曾有給黎明出版的話，原因頗複雜，信不能詳，不過現在大約已經作罷。」

四月二日，魯迅致信顏黎明：「你們所要的兩本書，我已找出，明天當托書店掛號寄上，並一本《表》，一本雜誌。雜誌的內容，其實也並沒有什麼可怕，但官的膽子總是小，做事總是凶的，所以就出不下去了。」按，「雜誌」指《海燕》第二期。

一九三六年七月一日，聶紺弩與魯迅、蔡元培、柳亞子、巴金、田間、蕭紅等一百四十人在中文拉丁文化研究會發起的《我們對於推上海行新文字的意見》簽名運動中聯合署名。

同日，上海《現實文學》第一卷第一期發表聶紺弩與魯迅、奚如、東平、胡風、蕭軍、蕭紅等六十七人聯合署名的《中國文藝工作者宣言》，主張建立廣泛的統一戰線，堅持抗日救亡工作。

高大的背影倒了

一九三六年九月三十日，聶紺弩受馮雪峰囑託，護送剛從南京出獄的丁玲去陝西。離滬臨行前，紺弩怕特務來搜捕抄家什麼的，特意將珍藏的幾十封魯迅信件忍痛燒掉了。一般人的信，以往都是隨看隨燒，免得牽連他人。唯獨魯迅的信，始終冒死祕藏著，捨不得燒。聶紺弩晚年十分痛惜地說：「及至在從西安返滬途中，聽到魯迅去世的噩耗，我的悲憤和悔恨是難以言狀的。我要是早知道先生不久於人世，任何反動派的迫害已不能再損傷他，我是決不會將那些寶貴的信函付之一炬的……或者我晚走那麼幾天，或曉得自己很快就會回來，我也不會忍痛割愛。所剩的唯一的一封信是《漫畫與生活》雜誌要我幫他們向魯迅先生約稿，我就寫了封信向魯迅要稿子。他回信說，稿子可以寫，但須說明要哪方面的文章，要多長，才好寫得。我覺得別人所托我未完成，但我盡了力了，於是就將魯迅先生給我的信，一起寄給了《漫畫與生活》的編輯，而他就保存好了。魯迅先生死後，他就把那封信寄給了許廣平……這是我和魯迅先生幾十封書信中唯一倖存的一封。想起那些被燒毀的珍貴的信件，我至今遺恨無窮。」（《聶紺弩自敘》）

十月十九日凌晨，魯迅病逝。聶紺弩在旅途聞訊，兼程往回趕。

十月二十二日，聶紺弩回到上海，與身懷六甲的妻子周穎一道參加魯迅出殯。「那規模是難以想像的宏大，而魯迅沒有大的相片。於是我請人買了一丈多竹布，拼接好了，正在想找一個什麼畫家為他趕制一幅遺像。人們都說：『找司徒喬來，最合適了。』我們把白布在地板上鋪平，司徒喬一進門，二話沒說，就脫了皮鞋，站在那白布上，從口袋裡拿出一本有魯迅小像的書，用那筆不像筆、掃把不像掃把的大畫筆，蘸著滿滿的一碗墨汁，看一眼書上的小像片，畫一筆；再看一眼，再畫一筆；很快就畫好了，畫得極像，給那空前的民眾的葬禮壯了聲威。」（《聶紺弩自敘》）

下午一時五十分舉行「啟靈祭」。敬禮後，由參加的三十餘人繞棺一周，接著由聶紺弩和鹿地亘、胡風、巴金、黃源、黎烈文、孟十還、靳以、張天翼、吳朗西、陳白塵、蕭乾、歐陽山、周文、曹白、田軍等十六人扶柩上車。他們都是當時有名的青年作家，輪流把魯迅安穩地送到萬國公墓。他們還要把魯迅的精神用筆寫下來，傳承下去。

魯迅逝世後十二日，聶紺弩作〈關於哀悼魯迅先生〉，載一九三六年十二月《小說家》月刊第一卷第二期。十一月，又作長篇悼詩〈一個高大的背影倒了〉，載一九三七年一月《熱風》月刊第一卷第一期（創刊號），後被黃源編在「魯迅紀念委員會」出版的《魯迅先生紀念集》的首頁，足見大家對它的重視。詩的開頭，紺弩寫道：

一個高大的背影倒了，
在無花的薔薇的路上——
那走在前頭的，
那高擎著倔強的火把的，
那用最響亮聲音唱著歌的！
那比一切人都高大的背影倒了，
在暗夜，在風雨連天的暗夜！

在詩的最後一節，紺弩寫道：

安息吧，親愛的朋友！
永別了，人民底同志！
我們要從你底屍身上走過，
踏著你的肉和骨和血，
踏著你指引過的路，
用我們的眼淚，
用我們的歌，
用我們的腳印，
造成你的墳墓！

魯迅的葬禮

願你的英靈永遠和我們同在！

這首感人至深的悼詩，寫出了魯迅的戰鬥精神，寫出了魯迅在中國披荊斬棘的作用，寫出了人民沉痛悼念他的原因，也寫出了後起者踏著魯迅所指引的道路繼續前進的決心。鍾敬文後來在紀念紺弩的一篇文章中說：「我非常喜愛他的新詩……現在我手邊所能找到的他的新詩，只有那首追悼魯迅的〈一個高大的背影倒了〉（《魯迅先生紀念集》，一九三七年刊）……這首詩，四十多年前我讀了它，心裡就很激動和欽佩。現在重讀它，還覺得它虎虎有生氣。恕我狂妄，我始終認為在數量不多的追悼魯翁的詩篇中，它是值得反覆吟誦的一篇。」（〈悼念紺弩同志〉）端木蕻良也說：「他寫的悼念魯迅先生的新詩〈一個高大的背影倒了〉，一直給我留下深刻的印象。和蕭紅也議論過，我們覺得那不是為寫詩而寫詩，而是真情的記錄。我和蕭紅都對他說，這首詩寫得太好了，希望他能再寫些新詩。」（〈「山陰道上」〉）

是年底，準確地說是十二月二十五日，聶紺弩的女兒誕生了。在進醫院生產之前，挺著大肚子的周穎對紺弩說：如果是男孩，他的名字應該叫「魯迅」，在肚子裡就參加過魯迅先生的葬禮，就用他來紀念一個人類良善的靈魂吧。如果是女孩呢？紺弩說：那就叫「海燕」。因為春天裡和幾個朋友辦過一個刊物，名字叫做《海燕》。

四處漂泊的歲月

無論漂泊到何地，每逢魯迅忌日，聶紺弩要麼作文祭奠魯迅，要麼參加各種紀念活動。

一九三七年十月十九日，聶紺弩出席武漢文化界與七月社、哨崗社等團體在漢口黃陂路（今黎黃陂路）基督青年會舉行魯迅逝世週年紀念會。

一九三八年十月十九日，聶紺弩在皖南新四軍軍部舉行的紀念魯迅先生逝世兩週年大會上，作〈紀念魯迅，發揚魯迅精神〉的報告。

一九三九年中秋節，聶紺弩在江蘇溧陽作長詩〈收穫的季節——為魯迅先生三年祭作〉。

一九四〇年八月三日，桂林文化界假青年會舉行魯迅先生六秩誕辰紀念會，聶紺弩發表演講，對魯迅之精神頗多闡發。十月八日，於桂林作〈魯迅——思想革命與民族革命的宣導者〉。十月十九日，文協桂林分會、中蘇文化桂林分會、中華全國木刻協會等文化團體組織的魯迅逝世四週年紀念大會在桂林青年會三樓禮堂舉行，聶紺弩發言說：「魯迅先生告訴我們怎樣做一個人，使中國人像人，過人的生活，要民族解放鬥爭。」

一九四一年十月，為紀念魯迅先生逝世五週年，聶紺弩作〈第一把火〉，載十月一五日桂林《文化雜誌》第一卷第三期。十月一九日，文協桂林分會在三明戲院舉行魯迅逝世五週年紀念會，聶紺弩報告魯迅生平。

一九四六年十月十九日，聶紺弩在自己主持的重慶《新民報・呼吸》推出《魯迅先生十週年祭特刊》，併發表自己所寫的〈魯迅正傳〉。

一九四八年十月，香港舉行魯迅逝世十二週年的紀念晚會，聶紺弩「第一次西裝筆挺、衣冠楚楚、笑容可掬地坐在香港酒樓會場入口處的簽字桌旁，笑迎著絡繹而來的文藝界人士」，並看著來賓們一一簽名，「令人忍俊不禁」。（賴丹〈天門可登〉）

中華人民共和國成立之後沒幾天，聶紺弩就在武漢參加紀念魯迅的活動，並發表講話。

人書定壽五千年

一九八〇年，魯迅博物館魯研室計畫編輯一部《魯迅先生百年誕辰紀念集》，姚錫佩奉命去請魯迅生前好友聶紺弩撰文。此時的紺弩已經是老病纏身，長期住院。所以，姚錫佩說：

> 這次是在郵電醫院的病榻上見到了聶老。時值他連日發燒，看到他那憔悴的病容，我真不忍心約稿了，但聶老明白我的來意後，竟向我投來肯定的目光，用他那抑揚頓挫的湖北口音說：「魯迅誕辰百週年，我是一定要寫些紀念文字的。」
>
> 不久，聶老就實踐了自己的諾言，交給我一篇雜文，內容是讀了報告文學〈啊，父老兄弟！〉後的感想。報告中記敘的事件恰恰發生在聶老的故鄉湖北省，那裡天門縣的鄉幹部為了貫徹「大批促大變」這一口號，竟虛構階級鬥爭，草菅人命，造成六人含冤而死，十七人致傷，一百多人受盡酷刑。面對這駭人聽聞的大冤案，被害者和害人者都無意於挖掘問題的根源，聶老禁不住在他的雜文最後喊出了二十年代魯迅的呼聲「救救孩子！」我們很快發了稿。可是聶老卻發來急信要求退還原稿。原來此時又有了什麼風聲，親友勸他謹慎，以免重遭不測之風雲。紺弩一時也沒了主意，便以一首〈題《魯迅全集》〉的七律舊體詩代替了這篇雜文。過了兩天，他又約我去醫院，交了另外幾首。自此以後，竟然詩興大發，不可遏止，陸陸續續寫了二十餘首，無奈早已截稿，只得作罷。
>
> 在創作這組〈為魯迅先生百歲誕辰而歌〉的舊體詩時，他曾多次手捧《魯迅全集》，重新閱讀，敬崇地讚頌魯迅「人書定壽五千年」；他又懷著對中國封建習慣勢力深惡痛絕的心情，以詩的形式分析魯迅的作品及其人物，驚呼：「古今上下多阿Q，人的覺醒知者誰，文藝復興重來此其時。」他多麼渴望一個振興中華的新時期早日到來！（〈我所認識的聶紺弩〉）

為紀念魯迅，聶紺弩帶病彙集舊作新作成〈為魯迅先生百歲誕辰而歌〉廿二首，可以說是字字血淚，情感真摯。其一即為上文所提到的〈題《魯迅全集》〉：

晚熏馬列翻天地，早乳豺狼噬祖先。
有字皆從人著想，無時不與戰為緣。
鬥牛光焰宵深冷，魑魅影形鼎上殘。
我手曾攤三百日，人書定壽五千年。

首聯出自瞿秋白〈魯迅雜感選集‧序言〉：「魯迅是萊謨斯，是野獸的奶汁所餵養大的，是封建宗法社會的逆子，是紳士階級的貳臣……他從自己的道路回到了狼的懷抱。」頷聯出自聶紺弩〈魯迅——思想革命與民族革命的宣導者〉：「魯迅先生一生的歷史就是戰鬥的歷史」，「自始至終，為『人』而吶喊，戰鬥。」

一九八三年，在林辰提議下，朱正將聶紺弩寫魯迅的十幾篇文章二十多首新舊詩彙集成冊，名《高山仰止》，由人民文學出版社次年出版。朱正在編後記中說：「我想，編這樣一本集子是很應該的。紺弩同志雖然一九三三年從日本回國以後才同魯迅有直接的交往，但非泛泛之交。如同大家所知道的，魯迅曾支持他所編的《中華日報》副刊《動向》，而他也贊同魯迅提出來的『民族革命戰爭的大眾文學』口號。至於他們之間往還的情況，他自己沒有專門寫過文章，但是蕭軍曾在一篇回憶魯迅宴請他們情況的文章中作了十分有趣的描繪。他是始終把自己當作『一個魯迅的小小的門徒』的，敬愛之心，雖老不衰。這些文章所以感人，我想不只因為作者是散文的高手，也是因為作者有這麼一種深摯的感情：情文相生吧。」

一九八五年一月，上海《書林》第一期發表聶紺弩〈雜文：侵入高尚的文學樓臺——《中國新文學大系（一九二七—一九三七）•雜文卷》序〉。關於這篇序文的出爐，郝銘鑒回憶：

上世紀七十年代末八十年代初，社裡（按，指上海文藝出版社）決定續編《中國新文藝大系》。中國新文學到了三十年代，雜文已蔚為大觀，於是決定單列一卷。夏衍力薦聶紺弩任主編。社裡考慮到我是雜文愛好者，便讓我做這一卷的責任編輯。

……（引者略）

《雜文卷》編選告一段落時，作為責任編輯，還剩下最後一項任務，便是催主編的序文。這天我又一次踏進「聶府」，告訴老先生《大系》發稿時間已定，現在進入最後衝刺階段，序文寫作已刻不容緩。……過了兩天，我終於拿到了序文。但讓我哭笑不得的是，一九二七至一九三七整整十年時間，序文只寫了一千多字。短還在其次，全文只談了魯迅。我問老先生：「難道這十年時間，只有魯迅在戰鬥？」老先生反問我：「你以為還有誰？」（〈我和聶紺弩「拍桌子」〉）

夏衍之所以力薦聶紺弩任雜文卷主編，是有其道理的：「當年在《申報．自由談》上，有兩個人的雜文寫得很像魯迅，可以亂真，一位是唐弢，一位就是紺弩；唐弢是刻意學魯，紺弩是隨意為之。紺弩後來有文章說，魯迅死後無雜文。這說得有些過頭。我認為，魯迅以後雜文寫得最好的，當推紺弩為第一人。」（〈紺弩還活著〉）

魯迅研究奠基人李何林評論聶紺弩的雜文，不是和魯迅的雜文「有一點近似的地方」，是有不少「近似的地方」的，比如：「戰鬥性、現實性很高」；「借古諷今，借外（國）諷內（國內），旁徵博引，學貫古今中外」；「如匕首、投槍」；「雖也『隱晦曲折』，和魯迅近似，但大多數是明白曉暢的，直斥中外反動派的思想和言行」。（〈讀《聶紺弩雜文集》〉）

聶紺弩一生敬仰魯迅，踏著魯迅的足跡前進，是魯迅雜文精神的繼承與發揚者。

何人繪得蕭紅影——聶紺弩與蕭紅

「想起了她是蕭紅」

聶紺弩與蕭紅相識是魯迅安排的。時間是一九三四年十二月十九日，地點在上海廣西路三三二號梁園豫菜館。據魯迅當天的日記記載：「晚在梁園邀客吃飯，谷非夫婦未至，到者蕭軍夫婦、耳耶夫婦、阿紫、仲方及廣平、海嬰。」

魯迅安排這次宴席的目的，主要是為胡風（谷非）長子慶祝滿月，其次為來自東北的蕭軍蕭紅夫婦接風，並介紹一些朋友給他們。此前的十二月十七日，魯迅就致信二蕭說：「本月十九（星期三）下午六時，我們請你們倆到梁園豫菜館吃飯，另外還有幾個朋友，都可以談天的。」這幾個朋友包括茅盾（仲方）、聶紺弩（耳耶）周穎夫婦、葉紫，而胡風梅志夫婦因信件被耽誤未能前來。

這次相識之後，聶紺弩夫婦接二連三，主動前往去二蕭處探望，噓寒問暖。一九三五年，蕭軍的《八月的鄉村》和蕭紅的《生死場》均由奴隸社編印出版，被聶紺弩認為是「這一年最值得特筆的東西」，「是這一年來創作上最好的收穫」，「它們的出現，會使中國的創作達到新的較高的水準是無疑的」。（〈一年來的文化動態〉）

一九三六年初，聶紺弩與人合編《海燕》雜誌，蕭紅幫忙做校對。同年七月上旬，蕭紅在東渡日本前夕，到聶的住處向他們夫婦道別。半年之後，蕭紅又重回上海。

上海的這段時期，兩人交往還是較多的。一天傍晚，妝扮一新的蕭紅突然造訪聶家，可她「穿的嶄新藍綢旗袍，頭髮蓬得像雞窩，臉上搽著一臉粉」，乃至屋主人愣住了，沒認出來「這醜鬼」女客是誰。過了恐怕有半個鐘頭，聶紺弩「這才如有天啟地想起她是蕭紅」！

蕭紅，是我們的朋友，是朋友的愛侶，是一個最有希望的女作家，是《生死場》的作者，我們對於她的尊敬是無限的。今天，卻看見她不過是一個女人，一個搽脂抹粉的，穿時興的衣服的，燙什麼式的頭髮的女人！我感到一種無名的悲哀，正像小時候讀〈木蘭辭〉。「女秀才移花接木」，到了木蘭「穿我舊時裳」，「出門見夥伴」，女秀才回到女裝，對丈夫稱「妾」的時候所感到的一樣。我連忙跑上樓告訴她：「你的樣子難看極了！」她惘然離去，以後就不穿那衣服，也不燙頭髮。（〈蕭紅一憶〉）

在一個想贏得讚美的青年女子面前，絕大多數男人都不會吝惜自己的口舌與掌聲。但是聶紺弩畢竟是聶紺弩，他是一個不善恭維、坦率真誠的人，對任何人任何朋友，包括對蕭紅也是如此。蕭紅對朋友的規勸意見也採納吸收了。

一九三七年淞滬會戰爆發之後，聶紺弩隨上海救亡演劇一隊抵達武漢，不久二蕭也到來。據胡風日記記載：

十月四日：三郎、悄吟今天到此。在這吃過晚飯後，一道訪紺弩，談話不大興奮。

按，「三郎」即蕭軍、「悄吟」即蕭紅。

一九三八年初，閻錫山在山西臨汾辦了個民族革命大學（以下簡稱「民大」），希望吸收進步青年去學習，並來武漢招聘教授，一幫青年作家都動了心。一月二十七日這天，聶紺弩與蕭軍、蕭紅、端木蕻良、艾青、田間、李又然等人到漢口乘坐火車，前往「民大」文藝系任教。他們乘坐的車廂是棚車，蕭軍稱之為「五等鐵皮臥車」。蕭紅擔心那地方不好，怎麼請教授卻讓坐貨車呢？

蕭紅的擔心是有道理的，那地方果然不怎麼好。二月十五日，聶紺弩致信胡風說：

> 到此多日，已由蕭君函告想已察及。一路之上據我觀察，端木情緒最劣，處事為人亦有問題。艾青、又然常在私人問題上鬧糾紛，毫無較大眼孔。比較起來，蕭軍夫婦尚有做事能力及意志，且不涉及私人恩怨，實為難能可貴者。現艾青又然均被派負（赴）運城分校，蕭君亦擬於日內赴運。我與端木及蕭夫人在此工作，惟前工作尚未分配，僅出席幾次課外文藝活動指導，情形甚佳。我曾講一次新文字問題，亦似能得聽眾歡迎。日來正從事學生文化團體合併及教授文化人等組織工作，以便對外發生影響。此地書籍刊物太少。僅有《解放》、《新華》，往往一搶而空。……

聶紺弩晚年在一篇回憶文章中又說：「我和蕭紅見面比較頻繁的只是很短的一段時間。一九三八年初，同蕭軍、端木蕻良、田間及她，都在臨汾的實際上是薄一波同志做主的山西民族革命大學，而且住在一個院子裡。這時候，丁玲領導的西北戰地服務團聽說我們到了臨汾，她們也從什麼地方趕到臨汾來了。她們一來就演戲，演過一、兩次（即一、兩日）戲，敵人（日軍）就從晉北南下來了，民大就搬家，縮小，我們這幾個尚未上課的手無寸鐵的所謂教授之類，就隨西北戰地服務團渡河，去了西安。」（〈序《蕭紅選集》——回憶我和蕭紅的一次談話〉）

另據端木蕻良在一篇回憶聶紺弩的文章中寫道：

> 臨汾失守前夕，丁玲要我們和她一起到西安去搞宣傳活動。紺弩這時有個新想法，看樣子，大革命的場景又再現在他的眼前了。有一天，他突然對蕭紅、塞克和我幾個人說：「目前正是時候，我們可以成立一個『蕭

紅服務團』，到各省市去開展抗日活動。」蕭紅當即說她身體擔負不了這個任務。紺弩說事務性活動，可以由大家來幹，只要她擔個名就行。蕭紅說，話是這麼說，那些必然要臨到頭上的聯繫，都是擺脫不了的。她說：「我的任務，還是要寫出東西來！」這事就作罷了。（〈「山陰道上」〉）

不要往下看，要向上飛

二月二十三日晚上，聶紺弩和蕭紅、端木蕻良到臨汾車站，準備和丁玲的西北戰地服務團去西安，不願一起走的蕭軍前來送行。蕭軍托丁玲照顧蕭紅，丁玲建議蕭軍要打遊擊就去五臺山找八路軍。蕭軍還與聶紺弩單獨在月臺上踱步了好一會兒，有過一段對話：

聶紺弩與蕭紅、端木蕻良、塞克等人在西安（1938年）

「蕭紅和你最好，你要照顧她，她在處世方面，簡直什麼也不懂，很容易吃虧上當的。」

「以後你們……」

「她單純、淳厚、倔強、有才能，我愛她。但她不是妻子，尤其不是我的！」

「怎麼，你們要……」

「別大驚小怪！我說過，我愛她；就是說我可以遷就。不過這是痛苦的，她也會痛苦，但是如果她不先說和我分手，我們還永遠是夫婦，我絕不先拋棄她！」（〈在西安〉）

三月四日，聶紺弩和蕭紅、端木蕻良等人隨同西北戰地服務團抵達西安。「在西安過的日子太久了，什麼事都沒有，完全是空白的日子！日寇占領了風陵渡，隨時有過河的可能，又經常隔河用炮轟潼關，隴海路的交通斷絕了，我們沒有法子回武漢。」一天晚上，聶紺弩陪著蕭紅在馬路上來回地走，隨意的談。蕭紅說的多，聶紺弩說的少。

朦朧的月色布滿著西安的正北路，蕭紅，穿著醬色的舊棉襖，外披黑色小外套，氈帽歪在一邊。夜風吹動帽外的長髮。她一面走，一面用手裡的小竹棍兒敲那路邊的電線杆子和街樹。她心裡不寧靜，說話似乎心不在焉的樣子，走路也一跳一跳地。臉白得跟月色一樣。她對我講了許多話，她說：

「我愛蕭軍，今天還愛，他是優秀的小說家，在思想上是同志，又一同在患難中掙扎過來的！可是做他的妻子卻太痛苦了！我不知你們男子為什麼那樣大的脾氣，為什麼要拿自己的妻子做出氣包，為什麼要對妻子不忠實！忍受屈辱，已經太久了……」

……（引者略）

我想起蕭軍的囑託。我說：「飛吧，蕭紅！記得愛羅先珂童話裡的幾句話麼：『不要往下看，下面是奴隸的死所！』……」

她的答話，似乎沒有完全懂得我的意思。當然，也許是我沒有完全懂得她的意思。（〈在西安〉）

到了月底，丁玲約聶紺弩同她到延安去打一轉。反正閑著無聊，就到延安去看看吧。一連幾天都和丁玲在一塊接洽關於車子的事情。直到臨行的前一天傍晚，在馬路上碰見蕭紅。蕭紅自己吃過飯，得知聶紺弩還沒吃，一定要請他。她幫聶紺弩點了兩樣最愛吃的菜，並且要了酒。她自己不吃也不喝，隔著桌子望著聶紺弩。聶紺弩邊吃邊說：

「蕭紅，一同到延安去吧！」

「我不想去。」

「為什麼？說不定在那裡碰見蕭軍。」

「不會的。他的性格不會去，我猜他到別的什麼地方去打游擊去了。」

吃飯的時候，我沒有說話，她也不說話，只默默地望著，目不轉睛地望著，好像窺伺她的久別了的兄弟姊妹是不是還和舊時一樣健飯似的，在我的記憶裡，這是她最後一次和我只有兩人坐在館子裡，最後一次含情地望著我。我記得清清楚楚，好像她現在還那樣望著我似的。我吃了滿滿的三碗飯。（〈在西安〉）

最後，聶紺弩說了這樣一句話：「蕭紅，你是《生死場》的作者，是《商市街》的作者，你要想到自己的文學上的地位，你要向上飛，飛得越高越遠越好……」

第二天啟行，在送行的人群中，聶紺弩向蕭紅做著飛的姿勢，又用手指天空，她會心地笑著點頭。

十多天後，聶紺弩和丁玲從延安回到西安，當中多了一個蕭軍。他在去五臺山的中途折到延安，讓聶紺弩他們給碰著了。

隨即，蕭紅和蕭軍徹底決裂，之後和端木一起回到武漢。

聶紺弩則在蕭紅之前已經先期回漢。不久，受周恩來指派前往皖南新四軍軍部工作。臨行之前，七月二日，聶紺弩到武昌小金龍巷看望蕭紅，勸她去延安，她說舒群也勸她去延安，但她不想去。她後來去了重慶、繼而香港。胡風一九四二年初從香港撤退到桂林之前，去看過一次蕭紅，「無論她的生活情況還是精神狀態，都給了我一種了無生氣的蒼白印象。只在談到將來到桂林或別的什麼地方租個大房子，把蕭軍也接出來住在一起，共同辦一個大刊物時，她的臉上才露出了一絲生氣」。（《胡風自傳》）

「蕭紅是天下第一美人」

一九四二年一月二十二日，蕭紅在香港瑪麗醫院病逝。此時，聶紺弩正在桂林編報紙副刊。也就是說，聶紺弩與蕭紅的武漢一別，實際成為永訣。

得知蕭紅去世的噩耗，聶紺弩當時有無詩文紀念，尚不可知。但是，為紀念蕭紅逝世四週年，聶紺弩一九四六年一月二十日作〈在西安〉一文，載一月二十二日《新華日報》。此文又以〈和蕭紅在西安的日子〉為題，在天津《魯迅文藝月刊》創刊號發表。也許言猶未盡，聶紺弩還寫了篇短文〈蕭紅一憶〉，回憶上海時期的生活片段。

一月二十九日，中蘇文化協會舉辦蕭紅逝世四週年紀念會，聶紺弩在會上高度評價蕭紅，說：「蕭紅是天下第一美人，因為她能在人性中發揮出人的美來。」

五年之後，天下大變。一九五一年三月，聶紺弩辭去香港《文匯報》主筆之職，北上出任人民文學出版社副總編輯。臨行之前，他去淺水灣蕭紅墓地憑弔，並作〈浣溪沙・掃蕭紅墓〉：

淺水灣頭浪未平，禿柯樹上鳥嚶鳴。海涯時有縷雲生。
欲織繁花為錦繡，已傷凍雨過清明。琴臺曲老不堪聽。

再過十年。一九六一年九月二十六日，聶紺弩致信香港友人高旅（邵慎之），附錄七律〈柬慎之謝寄罐頭〉，其尾聯云：「問淺水灣無恙否，幾時同上小紅墳。」

遠在北京的聶紺弩不知道，蕭紅骨灰在有關部門和朋友的幫助下，已於一九五七年八月十五日遷葬於廣州銀河公墓。每年清明時節，蕭紅墓前的鮮花總是多於他人。她並不寂寞。

在暴風雨來臨的前一年，聶紺弩忽發奇想，要南下走一遭。在廣州，他與曾敏之、胡希明、陳蘆荻等文友相聚後，沒忘記去銀河園為蕭紅掃墓。後來一口氣寫了六首七律：

一

千里故人聶紺弩，南來微雨吊蕭紅。

聶紺弩與駱賓基於香港淺水灣，蕭紅的墓地（1949年）

遺容不似墳疑錯，碑字大書墨尚濃。
生死場慓起時懦，英雄樹挺有君風。
西京舊影翩翩在，側帽單衫鬢小蓬。

二

流離東北兵戈際，轉徙西南炮火中。
天下文章幾兒女，一生爭戰與初終。
狼牙齧敵詩心蠱，虎膽修書劍氣虹。
蔣敗降倭均未見，恨君生死太匆匆。

三

黃河滾滾怒而東，去日山川動盪中。
有寇追蹤千里月，與君橫渡八方風。
萬倭其奈天生德，一艇輕飛地母宮。
回憶此情猶未遠，如何人說鳳臺空。

四

奇才末世例奇窮，小病因循秋復冬。
光線無錢窺紫外，文章憎命到紅中。

本書作者在廣州銀河園蕭紅墓前（2018年2月）

太平洋戰軒窗震，香港人逃碗甑空。
天地古今此遙夜，一星黯落海隅東。

五

聞近彌留絮語中，一刊期與故人同。
悠悠此恨誠終古，渺渺予懷忽廿冬。
淺水灣頭千頃浪，五羊城外四山風。
年年虎吼龍吟處，似以新篇傲我儂。

六

霓雌不礙以文雄，雋語長思魯迅翁。
刊物兩期同海燕，龍門一品進蕭紅。
我人寧信靈魂說，叟女終無地下逢。
果爾春來亦何覺，亂搔華髮向空濛。

這六首七律語言樸實、情感真摯，表達了聶紺弩對亡友蕭紅的無限哀思。第一首寫出了至今無法相信蕭紅去世的悲傷，並對其人品文章作了高度評價。第二首嘆息蕭紅逝去太匆匆。第三首追憶了抗戰初期與蕭紅一道去臨汾途中過黃河的烽火歲月。第四首對亡友死於戰亂和貧困的境遇寄寓了深切同情。第五首表達了對亡友的無限懷念。第六首既希冀蕭紅在泉下能和魯迅先生相逢，又知不可能。由此可見聶紺弩之至情至性、至真至純，乃俠之大者。

高旅讀了聶紺弩寄贈的這組詩後，回信建議他為蕭紅作傳，而紺弩思考此事後反倒認為高旅更適合。一九六四年十二月五日，聶紺弩致信高旅云：「元旦將屆，例當獻禮，有瘦石畫蕭紅像、邇冬書拙作吊詩條幅，已裱好，並另題拙作一首。」所謂「拙作」即〈慎之見吊蕭紅詩後，動議我為蕭紅作傳。我思此事慎之自為尤佳，因將瘦石所畫蕭紅遺像下題邇冬書拙句寄贈，藉促命筆，並繫以詩〉，詩曰：

與君曾近五千里，乃有斯篇持寄君。
畫與書詩惟兩絕，人同爾我早終分。
友朋情意何生死，今昔江山迥舊新。
大任誰勝蕭女傳，港中高旅最高文。

不過高旅接信不以為然，也沒把事情放在心上，「蕭女傳」自成幻影。聶紺弩隨後運交華蓋作楚囚，到山西坐牢去了。一去就是十年。

一九七七年十月二十七日，蕭軍到寓所看望「特赦」歸來的聶紺弩，「他以手抄詩稿示我，其中有贈蕭紅及我諸詩。」（《人與人間——蕭軍回憶錄》）

進入八十年代，已近耄耋之年的聶紺弩，長期為疾病所困擾。一九八〇年八月十五日，他躺在北京郵電醫院的病床上，為人民文學出版社將要出版的《蕭紅選集》作序。因「無力把《蕭紅選集》通讀一遍」，「就把這與蕭紅同志的三段談話回憶出來，聊以充數。這些談話，一面雖是言猶在耳，景猶在目；一面究竟也相去四十多年，不免有些記不完全了，但有的地方，由於現在加了一些補充，或者反而比當時更完全了」。

第一段談話，「說明蕭紅雖然是我們大家公認的才女，她的著作，全是二十幾歲時候寫的。但要以為她是不學而能，未曾下過苦功，卻是錯的。這種錯誤看法，很容易阻礙青年學習寫作。」第二段，「可以看出蕭紅是怎樣推崇魯迅，尤其是魯迅的雜文。她用了舊小說上的某些陳詞濫調，簡直像開玩笑似的。但那些陳詞濫調經她一用，都產生了新意，而且十分貼切真實，而又未經人道。」第三段，是對蕭紅的作品《生死場》和《商市街》的看法。

所以，與其說是這一篇序文，不如說是對一個文友逝世快四十年的紀念。

開門猛訝爾蕭軍——聶紺弩與蕭軍

聶紺弩與蕭軍的情誼之深並不遜於蕭紅，且交往時間更久，長達半個世紀。他們第一次見面的時間地點，與蕭紅相同，都是一九三四年十二月十九日，在上海梁園魯迅安排的晚宴上。蕭軍對此次宴請印象深刻，曾有大篇幅的回憶，現節錄如下：

在梁園的晚宴上

吃酒的冷菜擺上來了，魯迅先生提來了一只較大的黑色的玻璃瓶放在了桌子上，許廣平先生拿起瓶子，在每人面前的玻璃杯裡倒進了半杯近乎黑紫色的汁液，他解釋著說：

「這是一位朋友由外國帶來的葡萄汁，送給周先生的。太濃了，需要摻上一些冷開水……」接著他又把一只暖水瓶由另外一張桌子上提過來，每個杯子裡注上了冷開水，說：「這冷開水，……也是從家裡自己帶來的，怕他們這裡沒有，……有能喝白酒、老酒的，……自己斟罷，不會喝酒的可以用這葡萄汁來代替，……」

那位穿深藍色長袍、瘦長個子、有些駝背的人，先伸出一條長胳膊把一只盛白酒的酒壺抓過去，在自己面前另一只杯子裡注滿了一杯白酒，接著就旁若無人地深深呷了一口……。

這時許先生出去了一下，回來向魯迅先生耳邊輕輕地說了一個「沒」字，魯迅先生才以主人的身分開始在介紹客人了。首先他指一指他自己身邊左側那位說上海話戴眼鏡的人說：

「這是我們一道開店的老闆，……。」魯迅先生並沒有說出這位「老闆」的姓名。……

接著就介紹了那位喝白酒的長個子：

「這位是聶先生！」這位聶先生連身子也沒欠，只是哼了一聲，因為他的嘴裡已經在咀嚼著什麼東西了。接著是介紹那位女士，魯迅先生說她姓周，是聶夫人。那位穿西裝的青年姓葉。最後介紹到我們頭上來，魯迅先生指一指我和蕭紅：

「這兩位是劉先生，張女士，他們是新從東北來的。」

……（引者略）

在席間，他們之間的談話我是有些莫名其妙的，在我聽起來似乎用的是些「隱語」或「術語」之類，因此我只能說吃了又喝，喝了又吃……。同時我也注意到了那位長身駝背的人總在不停地向他的那位「夫人」碗裡挾這樣、那樣的菜，而那位「夫人」也並不客氣，這倒使我感到怪有趣的，我也就學他的樣……也開始向蕭紅的碗裡挾取她不容易挾到的，或者不好意思把手臂伸得太長才能挾到的菜，……。這卻使蕭紅有些不好意思了，暗暗用手在桌下制止著我……。（《人與人間——蕭軍回憶錄》）

初次見面，聶紺弩在蕭軍面前的形象似乎欠佳——「臉形瘦削、面色蒼白，具有一雙總在諷刺什麼似的在笑的小眼睛，短髮蓬蓬」，「個子雖近於細長，但卻顯得有些駝背」，可並沒有妨礙他們成為終生摯友。

這次相識之後，聶紺弩夫婦隔三差五就上蕭軍住處串門，問候他們小倆口。一九三五年一月二十一日這天，聶紺弩問蕭軍為什麼不寫稿子去換錢？蕭軍說寫了也沒辦法發表。聶說：「你找老頭子（按，指魯迅先生）啊！他總有辦法……你總得要生活下去呀！——老頭子介紹去的文章如果不是太差，他們總是要登的。太差的文章老頭子也不肯介紹的……。」（《魯迅給蕭軍蕭紅信簡注釋錄》）

在聶紺弩的鼓勵、慫恿下，為了在上海生活下去，蕭軍開始寫些短篇小說和散文，並打算請魯迅審閱、介紹。同年八月，蕭軍的長篇小說《八月的鄉村》由上海奴隸社出版，由魯迅作序。聶紺弩寫了一篇推薦文章，在上海《讀書生活》半月刊（一九三五年十一月）第三卷第一期發表。聶紺弩高度評價說：「《八月的鄉村》是一部十五萬字的長篇小說，寫的是為民族生存的戰鬥的一角，是同類題材中間的最好的一部，也是整個現中國文壇上最值得誇耀的收穫」，「就中國自己的文化程度說，《八月的鄉村》在中國文壇上，就說不滅於《鐵流》或《毀滅》之在世界文壇，似乎也不算十分誇張。未來的中國是未可限量的吧，比《八月的鄉村》更有力量更純熟的作品大概不會沒有。但是此刻現在，我們卻還只有這樣一部，而對這一部對於未來更好的作品，一定會給與良好的有力的影響。」（〈八月的鄉村〉）

同為魯迅抬棺人

一九三六年初，聶紺弩致函魯迅，說要辦一個文學刊物。恰好此時蕭軍、胡風等人也有這個願望。經魯迅和胡風、蕭軍、蕭紅、吳奚如等一起商定，決定創辦《海燕》雜誌，由聶紺弩主編。蕭軍回憶：《海燕》「主要編輯人有：胡風、聶紺弩、吳奚如，我也是編者之一」。蕭軍還是主要作者，他在僅出的兩期《海燕》上以「田軍」為筆名，發表了散文〈大連丸上〉、小說〈江上〉，以及詩歌〈我家在滿洲〉、〈獻詞〉等。

這年十月十九日，魯迅病逝。聶紺弩夫婦和蕭軍都是治喪辦事處人員。二十二日下午，魯迅出殯，棺材由十六個人抬著，其中包括蕭軍、聶紺弩、孟十還等青年作家。他們輪流把魯迅安穩地送到萬國公墓。他們還要把魯迅的精神用筆寫下來，傳承下去。

魯迅逝世一個月以後，《中流》半月刊、《作家》月刊和《譯文》月刊都出版了。這三個刊物不獨是魯迅生前所支持的，而且全刊有魯迅逝世時的各種照片和紀念文章。所以蕭軍把這三份刊物帶到了萬國公墓魯迅墓前焚燒，作為祭奠。想不到竟被張春橋一夥中的什麼人看見了，接著就在他們所辦的小報上刊載了一篇文章，諷刺蕭軍是「魯門家將」，魯迅的「孝子賢孫」，焚燒刊物是一種迷信的幼稚行為云云。這使蕭軍很氣憤，就找到他們編輯部所在地，當時張春橋也在場。蕭軍當即問他們：

「那篇侮辱魯迅先生和我的文章是誰寫的？」

「是我寫的。」一個和張春橋合辦小報的名叫「馬蜂」的人承認說。

「好。我也沒工夫寫文章來回答你們，——我們打架去罷。如果我打敗了，你們此後可以隨便侮辱我，我不再找你們；如果你們敗了，如果你們再寫這類文章，我就來揍你們！……」（《人與人間——蕭軍回憶錄》）

他們接受了蕭軍的建議。選定地點是法租界的拉都路南端，「河」南面一片已經收割了的菜地上。時間是一九三六年底、一九三七年初的某天夜晚八點鐘。

馬蜂（一說「馬吉峰」）的見證人是張春橋，蕭軍選的見證人則是蕭紅和聶紺弩。聶紺弩曾經給耿庸講述過決鬥的情形——

「決鬥一開始，剛看到他們兩人抱到一起，還沒看清動作，馬吉峰就倒在地上了，蕭軍蹲下去一隻腿壓在他胸脯上，一隻拳頭在他的左眼瞼邊上晃來晃去，說，你有種你就說不服，我就讓你爬起來再幹一場，馬吉峰唧唧喃喃，蕭軍還問他以後還敢不敢胡說八道侮辱魯迅，他說不敢啦，蕭軍這才放了他，叫他們自己向魯迅道歉去。」紺弩還說，他和蕭軍回頭走時，問蕭軍「你想他們會去嗎」，蕭軍說，馬吉峰會去，張春橋就會跟著去，但是「這個混帳東西去了也是強盜假正經，在那裡想他的拳經」。說罷卻哈哈大笑，說這件事其實做得太傻，魯迅活著的話會不贊成的，「但是，我痛快了，真的，痛快了！」——這個蕭軍故事，後來還聽到看到幾次，其中還有蕭軍自己寫出來的，然而「版本」不同，內容有殊，我覺得還是紺弩敘說得充分而且有勁。（〈的確是蕭軍〉）

天各一方的掛念

淞滬會戰打響之後，聶紺弩、蕭軍先後從上海轉移到武漢。一九三七年十月十九日下午，武漢文化界與七月社等團體在漢口基督青年會舉行魯迅逝世週年紀念會，聶紺弩和蕭軍作為主席團成員雙雙出席大會，蕭軍還作了講演。

在武漢的幾個月裡，聶紺弩與蕭軍，還有胡風、奚如等一幫朋友寫稿子、下館子，過得也算充實。到了一九三八年一月份，國民政府第二戰區開辦的民族革命大學在山西臨汾開學，並在武漢延聘青年作家當教授，蕭軍動心了。據胡風一月二十二日的日記：

> 飯後，同奚如夫婦、紺弩回家，坐了一會兒，一同到蕭軍那裡，談了一會閑天。蕭軍想拖我和紺弩等一同到臨汾去，好像沒有《七月》一樣。端木則如有所待似地。

最終到臨汾去的是聶紺弩、蕭軍、蕭紅、艾青、田間、端木蕻良、李又然等，胡風、馮乃超則留在武漢。到了臨汾之後沒上一次正式的課，日軍就要打來了，民族革命大學必須搬遷。除了蕭軍之外，聶紺弩、蕭紅等人則跟隨丁玲的西北戰地服務團去了西安。蕭軍獨自投奔延安。

三月二十四日，蕭軍在延安致信胡風：「我於三月二十日到延安，二月廿六日從臨汾隨學校退出，這近乎一月中盡在跑路和躲炸彈了。還算平安，居然到了此地。於此地大約停留一、兩月左右，待蕭紅到此，再作行止。」

蕭軍到達延安後，住進陝甘寧邊區政府招待所。不久，聶紺弩和丁玲從西安來到了延安，碰到了蕭軍。據蕭軍夫人王德芬講述：

（蕭軍）渡過黃河，步行了二十多天，於三月二十一日到達延安城，先去照像館拍了一張照片，留下了風塵僕僕的疲憊形象，之後就住進了陝甘寧邊區政府招待所。一打聽去五臺的路上有戰事，通不過去，只好暫時在延安停留下來。剛巧「西北戰地服務團」的負責人丁玲和聶紺弩從西安來向黨中央彙報工作，也住在招待所，見到了蕭軍。毛主席從丁玲那裡得知蕭軍來到延安的消息，很想見見這位魯迅的學生、《八月的鄉村》的作者，就派祕書和培元先到招待所去看望蕭軍，問他願不願意去見見毛主席？蕭軍說，「我打算去五臺打遊擊，到延安是路過，住不了幾天，毛主席公務很忙，我就不去打擾了！」和培元走了以後，丁玲對蕭軍說：「既然到了延安，難得的機會，毛主席熱情相邀，還是應當去見見！」蕭軍同意了。還沒等蕭軍前去拜訪，一天上午毛主席親自到招待所看望蕭軍了，同時還會見了何思敬、丁玲、聶紺弩幾位同志，並請大家在招待所共進午餐。（〈蕭軍在延安〉）

四月五日，蕭軍接受丁玲勸說，願意到西安參加「西戰團」做抗戰宣傳工作，遂和丁玲、聶紺弩一同離開延安前往西安。四月七日，他們返回西安梁府街女子中學「西戰團」駐地。這時，蕭紅、端木蕻良也在該團。

接著，聶紺弩離開西安回到武漢，繼而去皖南，又到桂林、重慶、香港；而蕭軍則在西部地區的蘭州、成都、延安。兩人可謂天各一方，相互的掛念與關注是必然的。

一九三八年十二月八日，蕭軍自成都致信胡風，問：「老聶到哪裡去了？」一九三九年七月二十日，蕭軍在成都致信胡風說：「偶然在什麼報上看到紺弩，在江浙某處編一個刊物，不知你有確息否？周穎還是沒有消息嗎？念念！」一九四二年七月二十七日，蕭軍於延安致信胡風，云：「近來我卻很想念你、紺弩、曹白、柏山等人，但不知再相見於何時何地？」

一九四九年一月二十日，聶紺弩於香港作〈由蕭軍想起的〉一文，再次讚譽《八月的鄉村》等作品，還說：「比如我自己，就常有有蕭軍在，我們的文章還到哪裡討生活的感覺。」接著又對蕭軍在東北解放區發表的一些所謂「謬論」進行了毫不留情地批評與剖析，最後語重心長地說，「作為他的朋友，至少不希望他有太多的跌跤的機會」。當然，紺弩的這個跟風式批評並非正確，大概是堅信組織的思想原則使然吧。

千言萬語從何說

西安一別就是十多年！聶紺弩與蕭軍再次相見已是共和國成立前夕。一九四九年八月十七日，聶紺弩隨全國文代大會代表參觀團到東北參觀，於撫順遇見了在煤礦總工會工作的蕭軍。蕭軍在日記中說：「我們從西安一別，已經十一年不見了，他還不見老。我心情微微有些酸楚和興奮，但馬上就平靜下來。」接著，蕭軍為老朋友寫了一首詩：

十年小別足風波，渭北江南兩地過；
侵鬢有絲心自在，低眉無那骨難磨！

漫漫長夜光初曉，凜凜霜晨寒正多！
松柏芝蘭期遠路，風風雨雨盡如何。

第二天，聶紺弩回贈一首〈答蕭軍〉：

一九四九年八月十七號參觀東北，於撫順遇到蕭軍蒙以詩件贈，成此答之
人皆欲殺我憐才，伯氣縱橫鬢未摧。
四十餘年何足數，奇書開卷第一回。

從胡風的日記和書信看，五十年代初期、胡風被逮捕之前，他們這幾個老朋友往來還是頻密的。《胡風日記》：「（一九五二年八月十四日）紺弩引蕭軍來，一道到東安市場吃飯後，到蕭軍家，十時過回來。」

這則日記雖然簡略，但當天胡風在致上海梅志的家書中，談及聶紺弩與蕭軍的境況卻頗為翔實。節錄如下：

……老聶引蕭軍來了。到東安市場吃了晚飯，又一道到蕭軍那裡。他自己租居一棟大樓房上面一間，家裡住在同一胡同另一處。他到北京一年，每天早上跑小市場，搜買各種小古董，裡面有很名貴的東西。房子裡各處擺的都是。他自己，寫廿八萬字的一個長篇，前天送人民文學出版社審查，要求出版。寫完後，寫信周揚，要求介紹一個工作，且提出了他能做的各種工作。結果由他挑選，到北京文物局古物組當研究員，已做了一個月左右云。他這門本事，是跑了一年小市場跑出來。談起來，還是那一副氣概，但怨氣沖天，如這部小說不能出版，就要大鬧一場，云。後來又到他家裡坐了一會，已有五個孩子，大的今年上中學。

兩種人物，兩種生活，得意者與失意者。這個文壇，就是這樣毀滅人的！

《胡風日記》：「（一九五三年十月十二日）聶紺弩、蕭軍來。」

《胡風日記》：「（一九五四年十月十八日）聶紺弩、蕭軍、呂熒來。」

聶紺弩養女吳丹丹曾經回憶說：「（五十年代）我們家有幾位常客，蕭軍、陳邇冬、張友鸞、戴浩等。」有一次紺弩請蕭軍外出吃飯，丹丹也嚷著跟了去。「在莫斯科餐廳落座後，父親點了好多菜。待到杯盤狼藉，服務員來算帳時，父親才發現口袋裡的錢不夠。他為難地望著蕭叔叔，而蕭叔叔卻把雙手一攤，表示毫無辦法。這時的我，別提多高興了，報功似地嚷著：『我有錢，我有十元錢！』」（〈一束小白花〉）

世事變幻莫測。在一九五五年「肅反」、一九五七年「反右」兩次政治運動中，蕭軍被報刊公開點名，又被《文藝報》連年批判；聶紺弩先是被隔離審查，撤銷職務，留黨察看，後被打成「右派」，發配北大荒勞動改造，直到一九六〇年冬天回到北京。

回京之後至「文革」之前這幾年間，聶紺弩朋友中「有來往的有黃苗子、戴浩、向思賡、陳邇冬、鍾敬文、蕭軍、王次青等人」（一九六七年五月十七日接受公安局預審口供）。

一九六二年四月八日，聶紺弩在致高旅信中附錄了一組新作的舊詩，其中有〈軍過〉（後改為〈蕭軍枉過〉）詩曰：

剝啄驚回午夢魂，開門猛訝爾蕭軍。
老朋友喜今朝見，大躍進來何處存？
八月鄉村五月礦，十年風雨百年人。
千言萬語從何說，先到街頭飲一巡。

千言萬語從何說啊！一九六五年秋，聶紺弩和蕭軍一道看望受「胡風案」牽連的呂熒，結果被呂熒誤認為是來抓他的人而拒之門外。一九六六年一月，胡風回京候審，聶紺弩第一個前去看望，「告訴他蕭軍也想來，並且還提議三人同照一張像，『他說我們三人是魯迅先生身邊的最後三人了。照張像留一個紀念吧』。胡風考慮後沒有同意。因為他覺得自己是判了刑的，目前還有人監視著，可不要連累了他。」（梅志〈友誼長存〉）

嘆惜垂老剩三拳

一九七六年，聶紺弩特赦回京，蕭軍寫下兩首〈「紺弩獲釋」有贈〉：

一

又是相逢一破顏，十年囚羈兩霜天！
煙蓑雨笠寒江月，孤嶺蒼松雪地蓮。
鶴唳晴空哀九皋，猿啼三峽過前川。
濯纓濯足渾閒事，流水高山韻未殘。
（首聯自注：彼被囚於山西獄中，我被「關押」、「改造」於京都。）

二

蕭蕭白髮兩堪驕，猶愛彎弓射大雕。

狐鼠跳梁閑歲月，楊花逐水去迢遙。
恢恢天網終無漏，滾滾滄江未盡潮。
萬仞臨風一俯仰，閑將石火教兒曹。

蕭軍的舊體詩，體現了他那雄渾深沉、氣勢磅礴的藝術風格。在七十年代末、八十年代初，詩詞家、書法家吳丈蜀曾言，「現在尚健在的老一代作家中，能以詩詞擅長者應推蕭軍和聶紺弩」。（李興輝〈心香一瓣奠靈前〉）

一九七七年十月二十七日上午，蕭軍在紺弩出獄後第一次到他寓所去看望，「他人雖變得瘦弱可憐，而精神尚佳，不減當年。他以手抄詩稿示我，其中有贈蕭紅及我諸詩，當時錄而存者。」回首「近於終身的友誼」，一九七九年三月，蕭軍在回憶錄中寫道：「我今年七十二歲，他（按，指紺弩）已經七十六歲了，我們之間的這種友誼，是經過各種風風雨雨考驗的，證明是並無任何變化。儘管我們之間對待某一問題，某一思想，某一見解……有時有爭論，有爭執，有爭吵……甚至到了『面紅耳赤』的地步，但這些情況對於我們基本的友情來說，並無任何妨礙和損害以至影響的。因為我們全是喜歡一切習於『真』的人！」（《人與人間——蕭軍回憶錄》）

一九八〇年二月，出獄後的胡風病情加重。當時，他尚未平反。三月，在其女兒張曉風和蕭軍的書信請求下，中共中央組織部將胡風接到北京醫治。正好聶紺弩在北京郵電醫院住院，四月十一日，蕭軍弄了一輛車把胡風拉到聶紺弩的病房，總算完成了「三人同照一張相」的夙願。後來聶紺弩在合影上題詩云：

近態狂奴未易摩，仙人島上借吟哦。
孫行者出火雲洞，豬八戒過子母河。
天上星辰曾雹擊，人間歲月已硎磨。
三人同照一張相，所失文章共幾多？

上世紀三十年代的三個朋友終於聚會了，同照一張像的夙願也達到了，「但是中間坐著的胡風只是茫茫地望著前面說不出一句話來，過去那麼瀟灑的老聶雖然精神看上去還好，卻已是彎腰曲背，只有蕭軍仍不減當年的豪邁氣概，但已滿頭白髮了」。「在這短短的幾年裡，蕭軍是由於忙，胡風、老聶是由於病，三個朋友想在一起聚首就再也沒有了可能。」（梅志〈友誼長存〉）

一九八四年三月六日，慶祝蕭軍文學創作五十週年大會在京舉行，胡風抱病參加，並撰文說：「只有憑著誠實的追求和辛勤的勞動才能走過這麼長的五十年的道路」，「這是很不容易的，應該祝賀。」（〈我與蕭軍〉）聶紺弩因病未能與會，於是賦詩一首：

瀟家今年七十七，何年何月拿起筆？
馳騁文壇五十年，晚曾寒蟬早辟歷。
魯迅墓前稿件燒，世傳痛打張春橋。
暮色蒼茫看未准，道是打死一切妖。

蕭軍、胡風、聶紺弩合影（左起至右）

恨天無把地無環，扛天提地有何難。
今世想無鄭屠了，嘆惜垂老剩三拳。

聶紺弩自稱「灑家」，起筆氣勢昂然，不過他當年並非七十七歲，實際已逾八十。接著回憶當年與馬吉峰約架的往事，末尾感嘆懲惡之心意猶未了。

忽然想起，前幾年香港城市大學出版過一本曉風等編的胡風、聶紺弩、蕭軍合集，書名叫做《逆風而立三俠客》。他們的確是二十世紀中國文壇的「文俠」。

絕筆留詩祭雪峰——聶紺弩與馮雪峰

駱賓基曾經拿聶紺弩與馮雪峰進行對比說，「紺弩與馮雪峰同樣，不是我們同齡人而是我們同代人當中的長者，但在我來說，紺弩又和馮雪峰不同，前者隨心所欲般任性縱情，而後者律己嚴，且慎於情」。然而這樣兩個性格迥異的人，卻是一對交情很深的朋友。

口號的爭論

一九三六年四月，參加過長征的馮雪峰作為中共中央的特派員從陝北來到上海，尋覓、恢復、領導中共地下黨組織，還要完成「附帶管一管」文藝界工作的任務。

大約在一九三五年十一月間，左翼文藝界的周揚等人，一方面在醞釀解散「左聯」，一方面提出「國防文學」的口號（相繼出現的還有「國防戲劇」、「國防音樂」、「國防電影」等口號）。在口號的提倡和實踐過程中，他們還在籌建「作家協會」（後名「文藝家協會」）的組織。魯迅對這一系列活動，均採取觀望、懷疑，甚至抵制的態度。這就招致了「戰友」們對他的不滿和指責。這是馮雪峰抵達上海後所面臨的嚴峻情況。

馮雪峰堅定地認為，魯迅是左翼文藝運動的旗手，也是左翼文藝界內部團結的核心，而他所肩負的宣傳共產黨的抗日民族統一戰線的任務，在文藝界，也只能通過魯迅才能完成。所以他到上海不久，就和魯迅、胡風商量後提出了「民族革命戰爭的大眾文學」的口號。關於這一口號的產生過程，胡風有過回憶：

（五月）七日上午，如約去看他（按，指馮雪峰）。他已於頭天晚上住進魯迅家三樓後樓了。他提到「國防文學」口號，覺得不大好，並說，漢年也覺得不妥當。後來知道，潘漢年是從蘇聯回來的，可見，他到魯迅家之前是見過潘漢年的。他要我提一個口號試試看。我想了想，提出了「民族解放鬥爭的人民文學」。他說，不如用「民族革命戰爭」，這是黨中央早已提出了的口號：「人民文學」不如用「大眾文學」。我想到，「大眾文學」在日本是指類似中國鴛鴦蝴蝶派和武俠小說的。但他說，我們在正確的意義上用慣了，群眾不會誤解的。

八日上午我去時，他告訴我，口號確定為「民族革命戰爭的大眾文學」，周先生也同意了，要我寫文章反映出去。我當晚翻閱了手頭有的有關材料，寫了〈人民大眾向文學要求什麼？〉。

九日上午，我送給了雪峰。十日上午我再去，他交還了我，一字未改。說周先生也看過了，認為可以，要我找個地方發表出去。我交給了聶紺弩，拿給光華大學學生，左聯盟員馬子華，在他們編的《文學叢報》第三期上發表了。

（《胡風自傳》）

聶紺弩曾是左聯指派領導光華、交通等大學的「滬西片」大組長，還是《文學叢報》創辦的倡議人、不掛名的組稿編輯。聶紺弩也在六月十五日出版的《夜鶯》

馮雪峰一家與魯迅一家合影

月刊第一卷第四期（「民族革命戰爭的大眾文學」特輯）發表〈創作口號和聯合問題〉一文，積極投入「民族革命戰爭的大眾文學」與「國防文學」兩個口號的論爭。七月一日出版的《現實文學》第一號又發表他的〈創作活動底路標〉。後來，他接受周文傳達馮雪峰的意見而退出論爭。

特殊的任務

是年夏秋間，馮雪峰根據中央的指示，多次將經過審查的一批知識分子，輸送到陝北根據地去，其中有被國民黨軟禁在南京而設法救出的丁玲。丁玲回憶說：「一九三六年夏天，我終於能和黨取得聯繫逃出南京，也是曹靖華受託把我的消息和要求及時報告給魯迅，由魯迅通知了剛從陝北抵達上海的中央特派員馮雪峰同志。是馮雪峰同志派張天翼同志到南京和我聯繫並幫助我逃出的。」（〈魯迅先生與我〉）

九月下旬的一天，聶紺弩忽然接到黨組織聯絡人周文的通知，讓其到一家旅館會見馮雪峰。原來馮雪峰是要他完成護送丁玲去西安的任務。這在聶紺弩一九五七年「肅反」期間所寫一份反省材料中有所反映：

> 馮雪峰，我在魯迅逝世前半月許才會見，以前不認識。會見他，是在周文通知我的一個旅館裡，談的是關於派我送丁玲到西安的事。這事，本來已由周文和我談妥，他和我談，不過「以昭慎重」之意，並無新內容。具體的話不記得，也沒有談幾句就分手了，我得到的印象：第一，話難懂；第二，架子很大。
>
> 我入黨，在這一年半以前，關係在軍委，跑關係的是吳奚如；兩個口號論戰之後，關係才轉到雪峰這邊，跑關係的是周文。
>
> 我以前編《中華日報》副刊，編《海燕》，都在入黨之前，與雪峰無關，那時他還未到上海。

兩個口號論戰時，我從胡風口裡知道雪峰從延安到上海的事。聽胡風的說法，雪峰是延安特派來領導文化的，周揚、夏衍他們是抗拒領導的（具體的話不記得）。所以我也參加了口號論戰。但我發表了一篇文章之後，胡風告訴我說，雪峰說我的理論是錯的，叫我寫一篇自我檢討的文章。但我等候告訴我，我的意見如何是錯的，如何檢討，卻一直沒有告訴，也沒有再談檢討的事，所以檢討也沒有寫。論戰文章也再沒有寫。

我沒有看見雪峰和胡風或魯迅的來往。胡風和魯迅的住處我都不知道。

魯迅死後，曾由周文通知我，到王任叔家裡開過一次會。參加的是任叔、雪峰、胡風、夏衍、周文、我。是否還有別人，記不起了。會上談了些什麼也不記得，總是關於文化方面的。並且說這會以後要繼續開。但以後也沒有開，也不知為什麼。我和雪峰在離開上海以前，只見過這兩次。（〈關於馮雪峰〉）

抗戰初期，聶紺弩除了在金華邵荃麟處與馮雪峰有過短暫交集外，兩人都是天各一方。直至一九四四、一九四五年間，兩人都到了重慶。聶紺弩說：「他（按，指馮雪峰）住在姚蓬子的作家書屋，和韓侍桁常有來往，但不知搞些什麼。有一次，我在他那裡碰見胡風。他們兩人在談周揚，怎麼談不記得，總之不是什麼好話，我提醒他們一句：無論你們怎樣看不起周揚，周揚的理論總是和毛主席一致的。胡風問：你怎麼知道？我說這很簡單，如果不一致，周揚就不會在延安搞得這麼好。雪峰為什麼搞不好呢？雪峰跳起來，把手裡的一本書向桌上一碰，大聲說：周揚有什麼理論！」

一九四五年初，聶紺弩在重慶創辦《藝文志》，馮雪峰提供了〈談被推與推人到歷史上去〉、〈機巧〉、〈對光明的擁抱力〉等文稿發表。

共事人文社

一九五一年四月初，人民文學出版社（簡稱「人文社」）成立，馮雪峰出任社長兼總編輯。在馮雪峰的要求下，把從香港回京的聶紺弩調到人文社任副總編輯兼古典部（二編室）主任。馮雪峰後來對副社長樓適夷說起原因：「紺弩這個人桀驁不馴，人家嫌他吊兒浪當，誰也不要，我要！」（樓適夷〈說紺弩〉）聶紺弩在一份交代材料中說：「五一年下半年起，我到文學出版社工作。他（按，指馮雪峰）對我說，不必管事，好好研究馬列主義。後來又說，找一個副主任，把編輯室的事交給他，我自己專門研究馬列主義。這些話很投合我。」（〈關於馮雪峰〉）在另外一份寫廢的檢討中，聶紺弩說：「……我就是以上述的精神狀態和認識水準到社來工作的。但有幾件事又使我背上更多的包袱。其一，我說我不懂古典文學。馮雪峰說，你還懂文言，比別人還好（這話我後來說過，但被揭露時，則變成『黨內只有我懂古典文學』）。馮又說，其實是給你一份供給，讓你去好好研究馬列主義。後來又說，你花五年十年時間，去研究幾種古典小說，如《水滸》、《紅樓夢》也好。具體工作，不必管（那時也很少具體工作）。我說我早上起不來。馮說沒有什麼關係，我也起不來。後來又說，找一個好的副主任，把具體事交給他（這是以後關於我對於副主任問題被揭發為封官許爵的張本）。其二，最初幾天，丁玲曾對我說，馮是不會做行政工作的，蔣天佐有病，勸我做副社長，把行政擔負起來，把馮解放出去多做點別的事。我一向就怕做首長和行政工作，當時堅決拒絕了。」（〈檢討〉）

事實上，聶紺弩和馮雪峰都為人文社古典部作出了很大的貢獻，為後來的發展奠定了堅實的基礎，這已是古典部老一輩人心中的共識。舒蕪說：「這個班子（按，指古典部）不像別的室，不是從某個編輯室或出版機構集體轉過來的人，而是東找一個西找一個拼湊起來的。大概是由馮雪峰、聶紺弩到處物色來的。……直到今天，在社會上、在古典文學界，都還站得住。這跟馮雪峰的眼光很有關係。」（《舒蕪口述自傳》）顧學頡也說：「他（按，指聶紺弩）和馮雪峰同志一起，經常想方設法羅致人才，充實古典部的編輯力量。他們從各方面陸續約請到不少對古典文學研究有成績的同志到編輯室來工作（其中有好些人，當時和後來都成為古典文學界的專家、名人，著作不少）。」（〈「輸贏原不定，對弈兩三場」〉）周汝昌回憶：「一九五二年至一九五四年，在成都華西大學、四川大學外文系當了兩年講師；因一九五三年之秋《新證》問世，聶紺弩先生見之有致賞之心，遂煩林辰先生函邀我到人民文學出版社去工作。我當然願意進京。川大不放行，馮雪峰社長請中宣部下調令，幾經力爭，方得如願。」（《紅樓無限情：周汝昌自傳》）

至於具體業務工作，潔泯（許覺民）說：「雪峰當時提議對幾部古典小說用注釋條目並加上有分析的出版前言予以編輯加工出版，以為普及。這個計畫決定後，紺弩首先把七十回《水滸傳》的編輯工作承擔起來，他組織人手作版本的校勘，親自動手作每回的注釋條目，集體討論審議後定稿。」（〈回憶聶紺弩〉）在馮雪峰的支持下，聶紺弩還親自前往傳說中的施耐庵故鄉蘇北興化及揚州等地進行實地調查。紺弩陸續在報刊上發表他的研究成果〈《水滸》五論〉，影響極大，他被全國各地邀請前去演講達五十餘次。馮雪峰也在百忙中撰寫了長文〈回答關於水滸的幾個問題〉，陸續在他主編的《文藝報》發表，起到了極好的先期宣傳效果。因此當一九五四年作家出版社出版重新校訂、注釋並有聶紺弩撰寫〈前言〉的七十一回《水滸傳》時，《人民日報》發表短評，把它視為新中國出版界的重大成就。

一九五四年四月，王任叔調入人文社，擔任黨委書記兼副社長、副總編輯，並插手古典部的事情。比如，王任叔撰寫了一篇談如何整理古典文學作品的文章，要印了拿出去散發；聶紺弩看到了，覺得寫得並不怎麼高明，卻又不知如何說，只好送給馮雪峰，請他再看看。馮雪峰閱後，大概也覺得不怎麼好，但也不好說什麼，於是採取了一個折中的辦法，「在社內列印參考」。

王任叔來社前，人文社上下班並不是很嚴格。馮雪峰表示過，編輯可以遲到，可以晚來一個小時。王任叔就任後，特別強調嚴格遵守勞動紀律，要求準時上下班，有段時間還搞了簽到簿，派人事科的人在大門口察看員工何時進門，核對和察舉其與簽到簿不符之處。這種做法，激起了更大的意見和不滿。聶紺弩自己不簽到不說，還主張遲幾分鐘也不必計較。在社黨支部會議上，王任叔指責聶紺弩「抗拒他」，說古典部「聶紺弩能領導，黨不能領導」。肅反運動之後，整個古典部被王任叔打成「聶紺弩搞獨立王國的小集團」。馮雪峰十分反感對聶紺弩等人的打擊，但他已無發言權，一股「用人不當，脫離政治，脫離實際」的炮火早已投向他，更何況其時他正在為《文藝報》的一條按語而大受責難。

由於《紅樓夢》研究問題遭到批判，馮雪峰被迫在全國文聯大會上做了檢討，《人民日報》上也發表了他的〈檢討我在《文藝報》所犯的錯誤〉，隨後被撤銷主編一職。而到人文社年終總結之前，王任叔竟專門讓馮雪峰到社裡，參加支部會，就此事再做檢討。聶紺弩以為，這是王任叔在搞「逼宮」，想自己當社長。兩人的對立和衝突，於是乎愈演愈烈了。

在歷次的政治運動中，聶紺弩都站在馮雪峰這一邊。人文社負責行政工作的潔泯回憶：「三反」運動時，「那時社內有極少數人，用反對官僚主義為口實，對社長馮雪峰大肆攻擊起來，言詞難堪，有點居心叵測，那時紺弩仿佛洞若觀火，站起來用著既平心靜氣又具雜文風格的語調，把對方誇大之詞，不實之情，非善意的氣度，批駁得淋漓盡致，一乾二淨，使對方啞口而無言。」（〈回憶聶紺弩〉）

我是雪峰派

一九五七年初，組織上對聶紺弩做出結論和處理，給予留黨察看二年處分，撤銷副總編輯職務。六月二日上午，馮雪峰托樓適夷約被處分的聶紺弩到他家吃午飯，這是反省結束後兩人第一次會面。後來，聶紺弩說：「馮向我表示，在肅反期間，我似乎對他有些不滿，其實他和王任叔都曾向組織替我講過話，最後都曾向組織表示：最好不要開除我。似乎是要我諒解。我告訴他，這意見，王任叔早告訴過我。即使沒有告訴，我推想大概也是如此的。馮又說，他和邵荃麟商量過，請作協介紹我去外面旅行，問我願不願意。我表示願意。此外，問我寫了一些什麼稿子，說可以拿到社來出版，以前的小說集（原在社內）也可出版。最好還是搞幾部東西出來。他以後也將埋頭寫作云云。」（〈關於陳企霞〉）

同年八月四日，中國作協黨組舉行第十一次擴大會議，在對丁玲、陳企霞進行批判的同時，開始批評馮雪峰。八月二十七日，《人民日報》頭版發表〈馮雪峰是文藝界反黨分子〉的報導。九月，文化部黨組將馮雪峰定為「右派分子」。聶紺弩雖在人文社沒有任何言論或行動，但因替周穎的一份報告作為修改，也被牽連成為「反右」鬥爭對象。

一九五八年二月，中共人文社黨支部通過「開除馮雪峰出黨」的決議。接著，又撤銷其人文社社長兼總編輯職務。當聶紺弩驚聞馮雪峰所遭到的毀滅性打擊時，他只能以散誕的語言和行為表達自己的悲憤：「既然馮雪峰是『右派』，我自然也是『右派』，我是『雪峰派』嘛。不過我不是資產階級右派，而是無產階級右派，雪峰願意去北大荒接受改造，我也去，雪峰走到哪裡，我跟他到哪裡。」（王培元〈馮雪峰：一只獨棲的受傷的豹子〉）牛漢回憶：「王任叔在送聶紺弩到北大荒之前，在後二樓開了一個會，劉峴也在，雪峰沒有參加。聶紺弩在會上說，我一生非常信任雪峰同志。我當年在蘇聯待過幾年，蘇聯的鬥爭十分凶，後來事實證明，『右派』不一定不革命，『左派』不一定真革命。如若雪峰同志是右派，我也願成為右派，他是左派，我也是左派，堅定地追隨他。」（《我仍在苦苦跋涉：牛漢自述》）可是，組織上又以照顧年老為由要將他們留在社裡。紺弩卻再也不願看已變了顏色的「故舊」的面孔，也不願做愚弱國民的「示眾」教材，毅然去了北大荒。

六十年代初中期，東北歸來的聶紺弩，大量時間用於練字作詩。綜觀現已收集到的聶紺弩舊體詩中有關雪峰的詩，共有九組十八首，在贈友人詩中無論是數量和內容上都最為豐富。這些詩作，大部分寫於暴風雨之前。

一九六三年馮雪峰六十歲時，聶紺弩曾作〈雪峰六十（四首）〉，足見他們感情之深：

一

早拋小布方巾去，時有普羅靈感來。
剛見論爭通俗化，忽驚名列索維埃。
長征五嶽皆平地，小飲三江一酒杯。
回想西湖湖畔社，九天閶闔一齊開。
（「論爭通俗化」是指一九三四年關於「文藝大眾化」問題的討論。「名列蘇維埃」指一九三四年初，馮雪峰在瑞金當選中華蘇維埃政府中央執行委員會候補執行委員。）

二

小帽短衣傲一時，靈山獻頌見襟期。
頭顱險在上饒砍，名姓豈惟中國知。
揚州明月茅臺酒，魯迅文章畫室詩。
他人有此或非樂，我老是鄉將不辭。
（馮雪峰一九四一年二月二十六日被捕後，即囚於上饒集中營。在集中營有作詩〈靈山歌〉。「畫室」，為馮雪峰發表文章所署筆名。）

三

荒原靄靄雪霜中，每與人談馮雪峰。

天下寓言能幾手，酒邊危語亦孤忠。
鬢臨秋水千波雪，詩擲空山萬壑風。
言下挺胸復昂首，自家仿佛即馮翁。
（稱讚馮雪峰寫了一兩百篇寓言，說明了馮一生對他自己所信仰的事業的耿耿孤忠。）

四

舉酒邀花花面酡，以花撾馬馬歡歌。
隔年風雪都晴了，如此江山奈老何。
津惜漁人歸一棹，弈嗟樵子爛千柯。
太平天國多才傑，臣力猶堪施與羅。
（「施與羅」即施耐庵、羅貫中。馮雪峰劃為右派後，依然壯志滿懷，決定寫一部太平天國的長篇小說，為此花了十五年時間收集大量史料，可惜終未實現。）

一九六五年，「四清運動」開始。樓適夷回憶：「（紺弩）聽說我們要上安陽搞四清，忙托我去搞幾塊殷墟出土的甲骨片……可是見不到甲骨，只好馬二先生遊西湖，空手而歸了……就只好把紺弩的重托置之腦後了。倒是雪峰，大概也受了托咐，他並不忘記，一同去岳飛老家湯陰去參觀岳廟，就買了幾張碑文的現成拓片，他說：『找不到甲骨，拿回去可以送給紺弩的。』後來，我又上半壁街，果然見到紺弩屋子裡已高高張貼了岳飛〈滿江紅〉碑文的拓片了。」（〈說紺弩〉）很快，狂風暴雨來臨，悠閒的日子不復存在，聶紺弩被卷了進去。

一九六九年十月，馮雪峰隨人文社全體人員，到達湖北咸寧「五七」幹校勞動。一九七一年夏，又被當作老弱病殘轉送湖北丹江口勞動。次年十月，由丹江口回到北京，安排在人文社魯迅著作編輯室工作，但是只准他在家看稿。

一九七五年九月二日，在山西監牢中的聶紺弩，忽然給馮雪峰寫了一封信，說：「我想買一本《資本論》第四卷第三冊，即《馬恩全集》第廿六卷第三冊。這部書的四卷二冊以前的各卷冊都讀到了（一卷讀了十遍，其他都在兩、三遍以上），惟有這最後一冊買不到，你或適夷兄是否可以買到？真買不到，是否可以借到，看完兩、三遍後還他？此外，請找一本現在出版的哲學講座之類（不是哲學史，不是中國哲學）的權威本！《資本論》第四卷，即《剩餘價值學說》，是近幾年來才整理出來的，幾十年前，考次基曾把它偷工減料參加己意，當作自己的著作出版過，記得商務印書館曾出版過一種《剩餘價值》，作者『柯祖基』，如果能找到這本書參看一下，當是大樂。又大革命時代，曾出版過一本博洽德編的《通俗資本論》（譯者李季？）如果能找來參證一下，該能得多少啟發！各書找到後交周穎寄來！廿年前，你叫我專研馬列主義。這願望，現在才得到若干程度的實現。近幾年來，不只讀了《資本論》，這就不必羅索了。你想我的心情多麼愉快。祝好，祝全家都好，小明長成了一個怎樣的美少年啊！」按，末句係誤記。雪峰之女雪明才是「小明」，他想像中的「美少年」，應是雪峰之子夏熊。至於馮雪峰有沒回信或找書，已經不得而知了。

最後的絕筆

一九七六年一月三十一日，大年初一。馮雪峰因肺炎引起併發症在首都醫院去世，享年七十三歲。他沒有留下遺囑，只是在彌留之際，痛哭流涕地一再表示希望能讓他回到黨的隊伍。

同年十月，聶紺弩被特赦生還。當他得知可敬的雪峰已死，悲從中來，痛惜知己。痛定思痛，在這一年的十二月二十一日手錄〈輓雪峰前輩四首〉定稿，以志紀念。輓詩一經傳出，便廣為流傳。茲錄二首如下：

一

狂熱浩歌中中寒，復於天上見深淵。
文章信口雌黃易，思想錐心坦白難。
一夕尊前婪尾酒，千年局外爛柯山。
從今不買筒筒菜，免憶朝歌老比幹。

二

天色有陰必有晴，物如無死定無生。
天晴其奈君行早，人死何殊睡不醒。
風雨頻仍家國事，人琴一慟輩行情。
枕箱關死千枝筆，憶魯全書未著成。

一九七九年二月五日，人文社終於作出〈關於馮雪峰同志右派問題的改正決定〉。四月四日，中共中央批准同意恢復馮雪峰的黨籍和政治名譽。四月十六日，樓適夷致信黃源說：「這裡馮雪峰已經中央批准，全部改正，恢復黨籍，恢復名譽，擬再次舉行追悼會，登報，正在請示中。又聶紺弩的問題已平反昭雪，右派問題也最後改正，並恢復組織生活，正在安排工作。他是在『文化大革命』初聽人閒談江青與林彪搞鬼，隨便說了出去，以反革命被捕，判了無期徒刑，整整坐了十年牢，可見『西太后』威權之可怕。」

一九八二年初，裘沙和馮夏熊受中共浙江省義烏縣（今義烏市）委宣傳部委託，邀請在京的聶紺弩和丁玲、胡風、樓適夷等人出任馮雪峰研究會的顧問。

一九八五年冬，為了人文社古典室事，室主任林東海要去拜訪聶紺弩。副總編輯陳早春說要同林一起去，想請聶老寫一篇紀念馮雪峰的文章或詩歌。轉年春是馮雪峰逝世十週年，現代文學界正組織一個紀念馮雪峰的學術討論會，並出版會刊，紀念集不可缺少紺弩的詩文。

到了聶家，陳早春把雪峰逝世十週年紀念活動的設想和計畫詳細地介紹一通。介紹過程中，紺弩目不轉睛地注視陳早春，並側耳諦聽，真恨不得把「三耳」都豎起來。紺弩突然冒出一句：「我不認識馮雪峰，寫什麼？怎麼寫？」林東海說：「你們是老同事老朋友，總有話可說，寫文章也行，寫詩也行。要方便一些就寫一首詩吧！」紺弩不說話了，略有所思，似乎開始構思了。

十一月十日，周健強遵紺弩之囑將兩首紀念雪峰的詩送到林東海辦公室，讓他代轉給陳早春。詩是周健強抄寫的，題為〈雪峰十年忌〉，詩曰：

一

月白風清身酒店，山遙路遠手仇頭。
識知這個雪峰後，人不言愁我自愁。

二

幹校曾經天地秋，脫離幹校病添愁。
相逢地下章夫子，知爾乾坤第幾頭。

「月白風清」、「山遙路遠」二詞形象地寫出了名如其人的雪峰嚴於律己、不畏艱險的高風亮節。第二首以「幹校」喻「文革」，雪峰深刻地感受到由內部派系鬥爭延及社會的自相殘殺，達到了史無前例的高峰。聶紺弩想起當年反清志士章太炎鼓勵同牢鄒容的詩句：「臨命須摻手，乾坤只兩頭。」雪峰在地下見到章夫子，就可以知道自己說乾坤第幾頭了。另據周健強回憶，當紺弩解釋其二首句初稿時，「他忽然頓住，四處找圓珠筆。說：『這兩句要改。』」於是，將「曾使」改為「曾經」，使平仄諧協，意亦較勝；次句「鬼神愁」改為「病添愁」，化奇險為平實，可少去許多誤解。

一九八六年三月七日，中國作家協會、人民文學出版社聯合舉行的馮雪峰同志逝世十週年紀念座談會在政協禮堂召開。隨後，又召開馮雪峰學術討論會。病入膏肓的聶紺弩自然無法與會。

三月二十六日，聶紺弩油幹燈盡，平靜地走了，〈雪峰十年忌〉便成了他的絕筆。

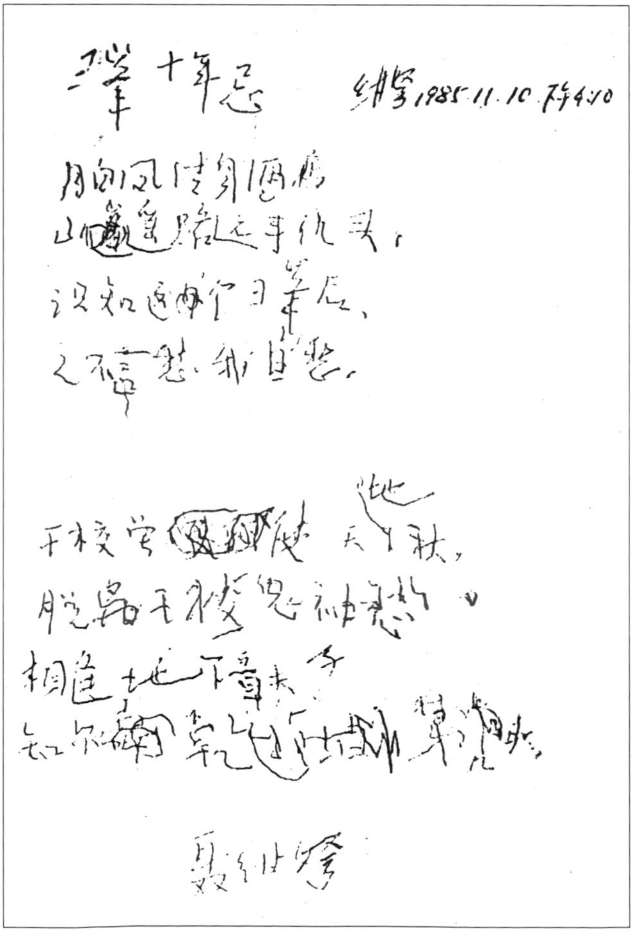

聶紺弩絕筆，〈雪峰十年忌〉

港中高旅最高文——聶紺弩與高旅

從《力報》到《文匯報》

《聶紺弩全集》第九卷「序跋書信」卷，搜羅聶紺弩給四十四位親友的信。若按信箚數量多少排名，冠軍非香港作家高旅莫屬，高達一百四十一封，比亞軍舒蕪（六十四封）多兩倍還多。高旅把聶紺弩的信件和詩稿保存了幾十年，後捐贈給香港中央圖書館收藏。

紺弩與高旅通信始於一九六一年，止於一九八五年。但是，他們早在抗戰之前就打過交道了。

高旅，原名邵慎之，江蘇常熟人。一九三六年，十八歲的高旅和朋友在蘇州的兩家民營報紙上編兩個文藝週刊，以團結文藝青年，參與救亡活動。為《吳縣日報》編《文學週刊》時，曾輾轉請了不少名作家賜稿，聶紺弩就是其中之一。他反應最快，支持高旅，寄來了一首詩，寫的審強盜。強盜說，殺了他之後，還請把他肚子剖開看看。一看，全是樹皮草根。

全民抗戰開始後，高旅改行從事新聞工作，又參加敵後遊擊隊，還到大學去讀書，肄業於北平民國學院經濟系。一九四〇年，桂林《力報》創刊後，受邀任新聞編輯。而此前，紺弩已從金華來到《力報》社，編副刊《新墾地》。兩人在桂林第一次見面了，高旅就談起在蘇州向他索稿的事，聶紺弩第一句話是：「原來是你呀！」可見他記得很清楚。

高旅說：「紺弩是看我長大起來的，不嫌幼稚淺薄，我覺得他有一種『父兄的感情』。他喜歡說『以友為師』，這裡可以代他補充一句，他又是『以青年為師』。他愛與青年接近，愛護他們，卻又討厭他們有『左傾幼稚病』。我經歷過一場白色恐怖的驚濤，有二百多人被殺害，做了漏網之魚，這是切身的經驗與教訓。那時說『昏話』，犯『左傾幼稚病』，一應俱全。紺弩大概見得多，常說：青年可以說『昏話』，列寧說過的；但是不可犯『左傾幼稚病』。」

事實上，聶紺弩有時也「激烈」。太平洋戰爭爆發後，包括紺弩的朋友在內的不少文化人被困在香港，一時不能脫身，大家都很擔心。有一天，高旅到紺弩的屋子裡，見他正在「咆哮如雷」，還是第一次見他如此「冒火」。屋子裡另有一位朋友在，紺弩拍了一下桌子說：「把啟事登出去，闢謠！如果真有這回事，我們甘願殺頭，我們一起具結！」高旅問是什麼事，紺弩憤憤地說：「你不會明白的！」但隨即就知道了，原來胡風尚滯留在香港，桂林卻無中生有地起了謠言，說胡風已在香港附敵，所說「你不會明白」，大概是指其中有什麼曲折。不管怎麼樣，商量的結果，終於沒有登這個啟事。不久，胡風逃出香港，到桂林來了。

一九四九年夏秋之交，高旅在上海遇到當時香港《文匯報》的負責人。對方說：「找你也找不著，來得正好，到香港《文匯報》來寫社論吧。」一個月後，高旅就到了香港。聽說聶紺弩已從北京回到香港，便去看他。一別五年，這時才見了面，十分高興。

紺弩說：「給《文匯報》寫社論吧。」

「你在《文匯報》嗎？」

「沒有，正在談，即去任總主筆，你不要走，走了我就成了光杆兒總主筆。報社裡都是你認識的老朋友。不過沒有地方住，連辦公桌子也沒有。也沒薪水發。」

「這樣筆路藍縷也虧得你在當領導。」

「大家真的當了褲子在支持，薪水掛著發不出，不過有個辦法，外面的稿費是不欠的，可以從稿費中撥一筆錢出來作你的薪水。沒有見到宿舍中那種擠法，空氣污濁，對你不適宜，不如租一間房子在外面住，也不必去上班。待有了頭緒再說。」（高旅〈最後和最早〉）

紺弩為朋友竟想得如此周到！

香港《文匯報》創刊初期，經濟十分拮据，有時連房租也付不出。所以聶紺弩每週到高旅九龍寓所來一、兩次，說是「開會」，談社論的方針。幾句話說完，便一起去吃飯，或去看一場電影，或過海到香港的一家茶樓聽清唱粵曲。清唱的粵曲，原是舊文人的作品，「鴛鴦蝴蝶」氣味很濃厚。高旅問紺弩：「你也喜歡聽這種東西？」「聽的是唱，內容是什麼，一般人都不怎麼注意的。這中間有不少大牌，為廣東人所傾倒，如小明星、徐柳仙等人，戰前風靡省港，現在此風不廢，你看不是有很多茶客嗎？」「我們也來做茶客？」「想多聽幾回，寫一篇文章，談談這種粵曲清唱，登在副刊上。新聞版的政治性已強了，副刊的『政治噪音』太多，要放低調子，也要談談這些為市民喜見樂聞的東西，來帶個頭。」不久，文章果真出來刊登了，讓看慣了紺弩尖銳潑辣雜文的人，有些愕然。

紺弩在《文匯報》每晚上班，為新聞版寫「編者的話」，就是當日新聞的短評。那時朝鮮戰爭方起，每天總是頭條新聞，「編者的話」多以此為題材。一九五一年二月，高旅也去當夜班，紺弩就叫他來接手寫「編者的話」。這時，紺弩已準備赴京任新職了。

香港捎來兩罐頭

十年之後，北大荒歸來的聶紺弩開始了和高旅頻繁通信。

筆者曾經做過一個統計，從一九六一年五月至一九六六年四月，聶紺弩給高旅寫了七十五封信，平均每年十五封。這些信的內容歸納起來，主要有以下幾點：

一是談文論詩，切磋技藝。包括傳遞自己的寫作近況，表達自己的作詩心得和觀點，還虛心聽取高旅的意見和指教。比如：「寫了《水滸》研究的文章廿萬字（已發表七萬）、《聊齋》研究八萬字，均未發表。計劃從明年一月份起開始寫一部小說史之類的書，說是說三年完成，恐未必能如期完成。」（一九六一年七月）「我學舊詩，是在無聊之際，君當無意於此。但君詩實有善於眼前事物隨采入詩之長。如有意為之，略加格律化，便不可及。我則頗不擅此，倒喜舍眼前事物而采現成詞句或視句中需要何物，隨之而行。故所謂即事亦非完全即事。」（一九六一年十月五日）「舊詩是個背時貨，不經過憂患之類，不有和社會肉搏之處，很難可人意。」（一九六一年十二月）「詩有打油與否之分，我以為只是舊說。作詩有很大的娛樂性，吸力亦在此。截然界線殊難畫，且如完全不打油，作詩就是自討苦吃；而專門打油，又苦無多油可打。以爾我兩人論，我較怕打油，恐全滑也。君詩本澀，打油反好，故你認為打油者，我反認為標準。又，我認為澀者，並非意思難懂，而在字句彆扭，亦即未照格式鍛煉。」（一九六二年三月十五日）

再如：「論詩大箚讀後極快，所指短處痛切。未經指出，茫然無覺，指出深知此病之源。五六年來，諸事顛倒，感情思想拘滯抑塞，旁皇不知所之，自譴自挖，為之太過，不免矯飾，致形之於詩。然非此際遇，我亦無意為詩。所謂一利一弊也。」（一九六一年十一月七日）「關於我的詩，你的意見很對，特別是整體觀念，對於我的益處很大。我向來寫文章之類，總只把意思說完就算，不懂文章作法，也不願去管，所以文章不能成大氣候。」（一九六二年一月十三日）

聶紺弩每有新作，第一時間寄給高旅指教，有時連自己都沒有了底稿。一九八一年六月，聶紺弩舊體詩集《三草》由香港野草出版社出版。詩作大半是從友人處收集和自己回憶的舊作，其中高旅從香港抄寄的貢獻最大。高旅在「序言」中云：「不聞『生活為文學藝術之源泉』乎？詩人以刑獄流放，頗歷坎坷，豈非『這也是生活』（魯迅語）？於是有此詩有此集，在此作證。」

二是代購物品，投桃報李。計畫經濟時代，特別是六十年代初期，內地物質匱乏，所以紺弩時常托高旅從香港購買東西，如稿紙、藥品、香煙、食品之類。第一次寫信就是要買醫生開的幾樣藥品，並說「需款大概不會太多，請你先墊。錢是有的，可不知怎樣給你，俟打聽到好辦法時再說。如果你情況很好，我就小敲你一下，想你也不會吝嗇」；又，「香港如有五百字裝的小稿紙請寄個幾百張來，如沒有，普通橫線箋亦可，大小略如此箋。」（一九六一年五月二十九日）「《文匯報》准進口麼？能否設法寄一份給我。」（一九六一年七月）紺弩還說對高旅「有無窮的物質欲望，說來慚愧殺人」。究竟是啥欲望呢？「主要的是香煙、煙草之類，其次是吃的，糧食和肉類的製成品至上，其次什麼都好。」（一九六一年七月）「白糖不缺。奶粉自是好東西，但每日亦吃半磅鮮奶，無之亦可。罐頭，到館子裡可吃，味道欠佳。要你遠道寄米，想想也很無聊。」（一九六一年九月五日）「聽說香港豆豉不錯，價極廉，稅亦不多，請寄點來。」（一九六一年十一月二日）看信上要這要那的，高旅真以為他經濟窘迫，紺弩趕緊發表聲明：「你把我的情況想得太窮，其實不是那麼回事：除了沒有高級待遇，錢也少了一些外，別的都一樣。我有幾千塊錢存著，公債也不少，目前夫婦收入（按，指每月）共二百六十元，女兒自己負擔有餘，哪裡會窮！問題是有錢沒東西買，又不能寄給你。」（一九六一年九月二十六日）

高旅不斷給郵寄東西，紺弩何以為報呢？俗話說，秀才人情紙半張。且看：

中秋寄高旅

丹丹久盼過中秋，香港捎來兩罐頭。
萬里友朋仁義重，一家大小聖賢愁。
紅燒肉帶三分瘦，黃豆芽烹半碗油。
此腹今宵方不負，剔牙正喜月當樓。

東慎之寄罐頭
終朝驢背祭詩神，萬里豬肝累使君。
塞北音書杳鴻雁，江東父老隔泥雲。
燕山細語含羞草，南海微風織錦紋。
問淺水灣無恙否，幾時同上小紅墳。

此外，紺弩也回贈過甲骨拓片、沈尹默書法和尹瘦石畫作之類。三是家常閒話，婚姻兒女。比如力勸高旅結婚，謂「獨身對身體不一定好」，「遲婚自有好處，但現在實為大好時光，五十以後便索然矣」。（一九六一年十月五日）幫他分析原因：「兄婚事變化，聞之甚惜，然此事最不可勉強，所謂塞翁失馬也。我不知對方為何如人，以意度之，年齡太差，恐是一問題，以兄年資，不應找太年輕對象，因往往彼此不相理解，甚至無話可說，而主要的則在知識水準。」（一九六二年十一月二十八日）甚至傳授經驗：「我知道你功敗垂成已不止一次了。裡面當有複雜微妙非外人所能理解者，但是否有由於你總有羞怯因而坐失機宜之處？這種事不但處士，就是老手也會有的。女性總是勇敢的，不過她不說，只是用種種方法來表示。你要把她想得太高潔，認為不一定是表示，而不敢行動，就失掉機會了。」（一九六三年一月）

也說自家情況：「我住的屋子是所謂司局長級幹部宿舍，洋樓，樓上，共一廳三房，一廚房一衛生間。人口少，勉強夠住，惟書擺不開，廢物無處放為恨耳。我的家庭，以前當屬於頭等的。一家四口，三人拿工資共六百元左右。現在是差些，也還不錯。不然，哪能替別人養女兒。」（一九六一年十月五日）「小外孫已八月矣，家中因之增加樂趣不少。」（一九六六年四月四日）

最有意思的是，紺弩還請高旅算過卦。「偶與人談看相算命之事，以兄所算例實之，其人聽後即追問何人何地，堅托請為他算一個。推辭不掉，只好將他八字寄上，希兄暇時一算，倘無暇或不願算，請於來信時帶一筆，說不算就行。八字為『乙未、己卯、庚午、己卯』，另一命則其新添一孫，六五年七月一日（陰陽曆未說）早晨一時。老者能活幾歲，小者能否養得？以直言為佳。」（一九六五年八月七日）

一九六六年四月四日，紺弩給高旅寫了暴風雨來臨前的最後一封信，祝賀他將要結婚，希望「寄一雙照」；又說「拙著久擬出版，後因方針之類有所變更，致受影響，然非我一人如此也」。之後，就此中斷。

忽奉京書覺曉光

劫後歸來，法院的判決還未撤銷，紺弩於一九七八年二月十九日給高旅寫了一封信：

「幾月來，見過余羅二公（按，指香港報人余鴻翔、羅孚），也談過幾句，對兄事或避或不詳，故知者幾等於零。我擔心你的生活。羅說你能很好地生活，有自己的房子。看來你可能成為巴爾扎克似的人物。這使我寬心大放。」「前所寄詩如有存者，乞檢還，頗想看看舊日心情。寄敏之、三流或羅，想均可轉到。又，港地聞有拙著，倘買得到，乞賜一、二種。」「我患喘及他種老人病，都不算重。有一近百歲人，需用中藥『救心丹』，他我均無法自買，你如有此力，乞買多少，托余羅二公轉給我，無力也就罷了。韶公（按，指桂林時期結識的友人梁國韶）尚在港否？住何處？老所想和他通信。敬頌時好！結婚未？巴爾扎克結過婚沒有的？」

高旅曾經回憶過收到這封信的情景：「忽來一信，信封面上只寫香港某大廈名稱，沒有第幾層幾號字樣，也沒有街道名，居然為郵政人員送到，我看了字跡，立刻知道是誰寫的。可是手指發起抖來，竟不能拆開，待用剪刀剪開，裡面只幾句普通的話，如何懷想之類。其實是一點不普通。十幾年中，朝夕在念，生死不知，忽得一書，哪怕只幾個字，讀後會有怎樣一種心情？又看郵戳，北京香港，路上走了十天，不是十天，而是十二年啊。」（〈最後

和最早〉）

過了幾天，高旅寫詩一首：

十年長夜夢存亡，忽奉京書覺曉光。
手跡似人仍款款，郵期於我信茫茫。
陡然身熱生悲喜，久矣膽寒仰典章。
急待開封偏未許，心隨顫指倏低昂。

他們又開始通信了。從一九七八年二月至一九八五年一月，七年時間紺弩給高旅寫了六十六封信，很多還是在醫院病床上寫的，殊為難得。信的內容更多是關於一些老朋友們，如羅孚、梁羽生、曾敏之等情況的交流。至於代購物質則大為減少，但也有一些，多是治病藥品而已，還一次是買電子計算器。有意思的是，由於兩地隔閡，高旅以為紺弩還很窘迫，想給予金錢支持。孰知紺弩回信說：「你想寄錢給我，看了有點發笑。我正愁你無法存活，想托夏衍與金堯公商量。前問你願否回《文匯》，你似不願，我又曾問四維（按，指羅孚），他說你自力更生，可以過。這樣，我心裡一塊石頭才放下。只要可以混，就不必去找罪受了。」（一九七八年九月五日）又說：「我已改正（恢復黨籍、級別待遇和名譽）平反（補發工資二萬，可惜無用，買不到什麼如意的東西），工作安在哪裡尚未確定，但在我都一樣，反正在家裡，工資自送來。」（一九七九年六月十九日）還說：「你來京如恐床頭乏金，我可助二、三千元人民幣。」（一九八二年三月）

還有兩件事讓筆者印象最為深刻：

一是找關係幫高旅解決歷史遺留問題。記得夏衍在一篇回憶文章中說：「（紺弩）一九七六年受到『特赦』，拖著病體回到北京，每個月只能向派出所領取十八塊錢不夠生活支出的生活費，正是自顧不暇，我見到他時，他提出的卻是幫助解決遠在香港的作家高旅的問題，而不是要求幫助改善他自己的生活。」（〈紺弩還活著〉）原來，高旅作為香港《文匯報》主筆，對報紙建設有重要功績，因不滿「文革」中的一些錯誤做法而憤然辭職。從一九六八年至一九八一年，他輟筆十三年，不再發表任何文字。「四人幫」垮臺後，聶紺弩夫婦倆為高旅的事仗義執言，積極奔走，最後在胡耀邦的過問下批准平反，每月給他津貼港幣兩千元。所以，紺弩給高旅的很多信就是涉及這方面問題的：

「不知何人曾說費公去年年底就要給你落實政策，我曾囑周婆向李子誦仔細詢問懇切商談。但周婆是粗枝大葉有腿無腦之人，似未談出結果。我與李公關係不夠，又未與會（民革），自然談不上。」（一九七九年十二月七日）「我不認識廖公，一時也托不著人。但已托與連貫同志有關的人去找連公，尚無回信。前夏公說對有關人說過，想是金公，又聽說費公要替你落實，想是館中有相當阻力，故未實現。這回看連公有無辦法。我又曾囑周婆致書誦公懇談，周婆恐不足重。」（一九八〇年六月十日）「兄之落實政策事，近已向胡喬木同志提出，請他向有關方面瞭解，並促成之。此公做事負責，近對我頗好感，曾見訪一次，並自動為《三草》作序，謂其特色也許為過去現在將來詩史上獨一無二的。溢美不論，對我有此興趣，故趁其詢我有無問題要解決時，專函提兄一筆，想會有下落也。我亦提兄小說等等，惜手頭無書可給。想他亦無暇讀書。」（一九八二年八月二日）「賈公曾打電話給周婆，說事在辦，大概如兄所云。我想，兄運極乖，恐未自算。所遇如誦、鐵之類俱是一般惡棍，很難對付。但一般落實問題，均障礙重重，賈公說已與許、李諸公談好，月給港幣二千，為研究員，請你接受，不提異議，發表文章另酬。」（一九八四年九月三十日）

再看紺弩致信胡喬木的信：「尊函讀過。國事鞅掌中有此逸豫，所謂指揮若定者非耶。似此，以後還可向您談些閑天。高旅事，想不易。因年多，當時負責或有關之人多離休，新人又不知究竟，此亦一礙。」（一九八二年八月十日）

二是為高旅在內地出版著述牽線搭橋。

「你曾寄給我一張李審言遺作的原稿目錄之類……現在我寫一張介紹信給你，介紹你直接寫信給上海古籍出版社編輯部陳落，他會直接回信給你的。」（一九七九年十二月二十五日）「記得羅高吧，現在相當大的人物了，大概是中華的第一、二把手，在李侃之上。你似和他關係很好，可以直接寫信給他（北京王府井大街三十六號中華書局張先疇）。」（一九八〇年五月十三日）「有一人名張翅翔，曾在桂林《力報》當過校對，認識彭燕郊（彭說他原名什麼，忘了），現在在湖南人民出版社當編輯，我的短篇集是他來要去出版的。你說該社黎公曾向你接洽出版小說事，我想他可能認識你，自然也認識黎公，所以寫了一信給他，從旁瞭解瞭解。湖南是省出版社名譽較好的之一，出的書都不錯，如來接洽，不妨答應。」（一九八二年二月十三日）「我覺得《金剃刀》很有趣，也很緊張，可一直看下去。想少年兒童也會有同感，是可以出版的，已交人民文學出版社有關方面去了。……前提及之張翅翔來信說認識你，你的《杜秋》他已讀過兩遍，湖南人民出版社可接受出版。」（一九八二年二月二十五日）「花城（？）聽說是個好地方。我只向它的刊物投過一次稿，一首七律，稿費二十元人民幣，為此種稿費之最大者。《秋娘》交之很好。《金剃刀》交人民文學出版社，至今無消息。此社名氣大，派頭大，但自十年什麼以來，舊朋雲散盡，新友水準低，架子大，難相與。《玉葉冠》方看完（兄言載四百日，現有似僅百餘日、餘稿《新晚》上未見。此稿我擬寄湖南，叫張翅翔兄直與兄打交道，因交一部分稿定還有交道也。」（一九八二年三月）「兄書《金剃刀》，人民文學出版社云將在《朝華》八月（？）先發表，然後出單行本，可望得兩次報酬。《秋娘》為花城，《玉葉》為湖南，想均無改變。」（一九八二年八月二日）「你的《持故》小品，恐怕三聯和文學都可出，屆時再說。」（一九八二年十月一日）

再看聶紺弩給出版社朋友推薦高旅的信件。致人民文學出版社牛漢信說：「友人高旅的雜文集稿托朱正兄送上一閱。我以為是很好的，可與周老二並美。你看看，可用則用之，否則退回，送到三聯去碰碰，我想它會要的。」（一九八〇年十二月十六日）致上海古籍出版社何滿子信說：「高旅，介紹你給他，叫他和你通訊，你也不妨和他通一下。……《持故二集》已齊稿，約廿萬字，你社可出版麼？」（一九八五年一月三十日）

在聶紺弩的推薦下，大陸出版了高旅如下著作：

小說《杜秋娘》，花城出版社一九八二年八月出版；

雜文集《持故小集》，北京三聯書店一九八四年二月出版；

小說《玉葉冠》，湖南人民出版社一九八四年三月出版；

小說《金剎刀》，人民文學出版社一九八四年六月出版；

小說《金屑酒》，花城出版社一九八六年三月出版。

著述出版了，還得有銷售。「前幾天有個都樂書店與我有點小關係（難友），想把書送到那裡賣，才知都沒有了。適其主持人李四來，我跟他講，他說《持故》已販賣了，銷路不錯，賣了幾十本。他書因不知未要，我叫他向人文要《金剎刀》（某兒童文學家處已送書去，並告以兒意），《花城》要《杜秋》，湖南要《玉葉》，他記下了，會辦的。鐵飯碗使書店什麼也不動，也可恨！」（一九八五年一月二十七日）真是操碎了心！

一九八五年二月四日，聶紺弩給高旅寫了最後一封信，說：「忽然想起，你的著作應以一部分送到戲劇電影界，可惜手頭無書了。不知待問湘累還有沒有。你在港和這種人接觸一下。我在此認識王平（宋之的夫人，北影導演）、周偉（曾是周鋼鳴夫人）、許之喬（電影學院教授）等等，有無成就不可知，我覺得是個好想法。我叫都樂書屋向花城和湖南去要《杜秋》、《玉葉》，要多少由他決定。我手頭幾本《持故》和《彩鳳》也拿去了。儘量向各方擴大影響，能多少是多少，我已寫信給鑄成、滿子叫他們介紹。」

已經病入膏肓的紺弩，還在為朋友出版的書籍設法宣傳，以擴大影響！

一年之後，紺弩逝世的噩耗傳到香港，高旅止不住心中悲痛，躺著（因坐骨神經炎等疾病纏身），做了幾首悼詩：

一

至痛無言信有之，悼文五易不成詞。
何堪舊夢翻新話，忍令前車作後師？
未詑唐臣聞赦泣，曾知漢官用讒窺。
孤燈同坐論天下，但說流光不我欺。

二

五十年來傾膽肝，盛名賤處赭衣寒。
宋慈能洗方成錄，羊角論交豈問官。
漏屋偏逢連夜雨，孤篷復對塞江盤。
篋中千首北荒草，剩有頭顱掩淚看。

聶紺弩與高旅（1982年）

不與D.M.睡一屋——聶紺弩與端木蕻良

從見面到間隙

淞滬會戰打響之後，上海的文化人紛紛撤退。一九三七年十一月二十二日，端木蕻良來到武漢，和蕭軍、蕭紅一起住在作家蔣錫金租賃的武昌小金龍巷。不久聶紺弩來這裡找二蕭，認識了端木。據端木回憶：

> 我和紺弩第一次見面，是在武漢蔣錫金租賃的小金龍巷住所。那時正是抗日戰爭開始的階段，許多從上海撤出的文化人，都到了武漢。我因為腿風溼性關節炎犯了，行動不便，半路在蒿壩停留了一個時期。在上海辦《七月》文學刊物的朋友們，都先到了武漢，來信催我快去，並告訴我，在武漢不單可以先起爐灶來辦刊物，還有條件去當戰地記者。我便不顧病的好壞，急忙趕到武漢。朋友們都熱情地接待我，也安排我住在小金龍巷，新朋舊友很快就融匯一氣了。
>
> 當天，一位穿著半舊長袍的瘦高個兒，來到小金龍巷，朋友們高興地招呼他，並把他介紹給我：原來他就是聶紺弩。
>
> 那時，我穿著皮夾克，燈心絨褲子和長筒皮靴，他上下打量了我一眼，便像老相識一樣和我聊起來了。

他說著湖北口音較濃的普通話，當他知道我的腿犯有風溼性關節炎時，便告訴我用熱酒塗敷患處，加以按摩，就會好得快些。我談到到武漢沿途所見的情況，特別是乘汽車路過東陽一帶，才體會到「山陰道上，應接不暇」八個字的真實味道。我還說一路上看到不間斷的烏桕樹，枝葉好像擦過我頭頂似的，樹葉都被秋風染的，煞是好看……。他笑了，嘴裡重複說著「山陰道上」這一句。從他的眼神中，看出他的思想也跑到「山陰道上」去了。

第一次見面之後，兩人在武漢會面的機會就多了。一幫舊雨新知聚在一起，常常作詩唱和。端木剛到武漢時，就寫了一首七律，最後兩句是引用劉禹錫的成句：「從今四海為家日，故壘蕭蕭蘆荻秋。」一寫完，他覺得過於樂觀，隨即丟開了。可是聶紺弩看了卻說這最後兩句用得好，用得貼切。可見他對時局是樂觀的，他內心有一種激情，因此有特殊感受。那時的聶紺弩對寫舊體詩沒啥興致，別人寫得很起勁的時候，他欣賞評論居多，動筆很少。「也許他認為雜文更能起到直接抨擊時弊的作用，那時，他給我印象較深的，是他喜歡莊子的文筆恣肆，和神遊天地的氣概。我們自然而然，也會說到〈馬蹄〉、〈秋水〉等篇上來，仿佛內心有一種默契似的。」（〈「山陰道上」〉）

兩個月之後，一九三八年一月下旬，端木也和聶紺弩、二蕭等人去了臨汾。據其回憶：

我們聯袂去山西臨汾民族革命大學教書時，他（按，指聶紺弩）便經常和一些搞文字改革的同學接觸、研究。記得他還和學生們一起辦過壁報，開展過拉丁化活動呢。通常，學生找我們談文藝的最多，談文字改革方面的問題，大都去找紺弩；田間則經常和史輪、袁勃等幾個人在一起寫詩、論詩。大家都和同學們打成一片，紺弩精神也顯得格外振奮。（〈「山陰道上」〉）

由於日軍迫近臨汾，民族革命大學要搬遷，聶紺弩去西安、延安打了一轉後於四月上旬先行返回武漢。接著，端木自西安致信在漢的胡風，說：「我，蕭紅，蕭軍，都在丁玲防地，天天玩玩。紺弩一定帶去許多我寫不出來的消息。」

四月十六日，端木再次致信胡風，於信末特別寫上：「紺弩兄周穎先生暨小寶寶問好。」同一天，蕭紅和蕭軍徹底決裂。

五月九日，端木和蕭紅坐火車回到武漢。六月下旬，兩人在漢口舉行婚禮。

七月二日，聶紺弩準備去皖南工作之前，到小金龍巷與蕭紅道別。至於有無和端木道別，那就不得而知了。

一九四〇年一月十七日，端木和蕭紅在重慶乘飛機抵達香港。四月，聶紺弩由金華抵達桂林。

一九四一年六月一日，由周鯨文和端木主編的香港《時代文學》月刊創刊號發行。創刊號內頁登有「特約撰述人」，共六十七人，包括聶紺弩、丁玲、胡風、舒群等。

一九四二年一月十二日，蕭紅病重，呼吸困難。端木將其送至跑馬地山村道養和醫院，後又轉至瑪麗醫院。二十一日，蕭紅突然臉色紅潤，情緒甚好，能和端木、駱賓基談話。沒料到翌日上午，蕭紅便與世長辭。三天之後，端木和駱賓基將蕭紅的骨灰葬於香港淺水灣。

二月初，端木離開香港，去澳門逗留月餘之後，經廣東江門、肇慶、廣西梧州來到桂林。此時，聶紺弩正在桂林編輯《力報》副刊。

時隔四年，兩人再見，究竟是怎樣一番情景？一時無從查考。不過在端木所寫悼念聶紺弩的文字中，涉及桂林的部分只有寥寥數十字：

> 在桂林，他寫的雜文〈韓康的藥店〉，得到廣泛的讚譽。我覺得雜文寫到這個地步，才是上乘，因為突破了套路。（〈「山陰道上」〉）

僅僅是談作品，並不涉及交往。但在彭燕郊的文章中就可看出兩人已經有了嫌隙：

有一位也很有名氣、很寫過一些引起廣泛注意的作品的小說家，也是老熟人，紺弩很不喜歡他。在桂林，我和他一度同住在一棟小樓上。一天晚上，紺弩到我這裡來聊天，忽然下起大雨，回不去了，我在中間小廳上給他搞個地鋪，「就在這裡過一夜算了」。住對面房的那位小說家這時也被雨阻還沒回來，紺弩想了一下，說：「還是回去，我不能跟他同睡在一個屋頂下。」原來，這位小說家和也是老朋友的另一位小說家的伴侶，也是小說家的一位女作家曾經有過一段讓人議論紛紛的共同生活，整個過程紺弩十分清楚。人們都認為這位小說家在這件事情上私德有虧，不過我知道紺弩不全是從「挖老朋友牆腳」這個角度看的，男女間事，在他看來，關鍵在於有沒有愛情，問題是如果出於愛情以外的什麼目的，那就是失德，而這位小說家和這位女作家的結合，到她病終前已經很難維護下去，人們同情她而責難他，也是情理中事。（〈我所知道紺弩的晚年〉）

儘管沒有點名道姓，但是十分明顯，「這位小說家」就是指端木，「女作家」則是蕭紅。對端木的人，聶紺弩可能「很不喜歡他」（紺弩曾在寫蕭紅的文章中用「D.M.」代替端木），但是對端木的文，卻未必不喜歡了。筆者遍覽過聶紺弩在重慶《商務日報》期間（一九四六年三月至十月）所編《茶座》副刊，發現了端木發表的好幾篇詩文（曹革成《端木蕻良年譜》均未提及）：

〈白草〉（詩），載一九四六年三月十二日《商務日報‧茶座》；

〈不能想像的事〉，載一九四六年三月十三日《商務日報‧茶座》；

〈小小的畫面〉，載一九四六年三月十四日《商務日報‧茶座》；

〈荒野情歌〉（詩），載一九四六年三月十五日《商務日報‧茶座》。

可見聶紺弩並不因人廢文。

頗有意思的是，一九四六年二月份，端木蕻良等作家到了重慶，「文協」於三月三日舉行歡迎茶話會，聶紺弩等二十餘人出席會議。

紺弩的箭與信

一九四八年初，聶紺弩到了香港；同年十一月，端木蕻良也到了香港。兩人同在香港屋簷下，不可能沒有故事，且看時任香港《大公報》副刊編輯羅孚的〈紺弩端木香港一段緣〉：

對於端木蕻良，紺弩好像一直有些情緒。這情緒來自蕭紅。紺弩三十年代在西安，和蕭紅有過感情。就是那一回在西安，蕭紅最後決定願意跟著端木走。後來和端木到了香港，有些人認為端木在蕭紅最後的日子裡對她不夠好，因此對端木頗有意見，紺弩就是其中之一。兩人和陳邇冬都是好朋友，晚年在北京，兩人有約到陳家，往往是一個去了一個就先走，避免同時在一起的不愉快。

端木的〈真自由書〉顯然是從魯迅的〈偽自由書〉而來，剪貼本的小書中有這樣幾篇：〈擬岡村寧次致何應欽書〉、〈擬莫德惠致張學良書〉、〈第五度空間——擬雞蛋致愛因斯坦書〉、〈擬蕭伯納致中國人民書〉、〈擬畢加索致×××書〉（從文字看來×××可能是張大千）、〈擬畢加索宣言〉、〈擬畢加索給蒙田先生一點更正〉。一共是七篇。

但從紺弩的《馬桶間寄居者文錄》中卻可以知道還有一篇〈擬端木蕻良與蔣介石論紅樓夢書〉不知道為什麼遺漏了，沒有剪貼進去。此刻我只能從紺弩的文章看到一句，蒙田先生也就是端木蕻良說：「蔣介石是賈政和王熙鳳的私生子。」

紺弩又是怎麼說起的呢？

紺弩的《馬桶間寄居者文錄》中有還幾篇文章：〈人與非人〉、〈音樂牛談〉、〈三人坐〉、〈迎駱賓基〉、〈魚水篇〉、〈由蕭軍想起的幾件事〉、〈談「擬致」〉。和《文錄》一樣，也是七篇，我懷疑實際不止，沒貼全。

〈談「擬致」〉就是對端木放的冷箭。「擬致」就是有些文章的題目，「擬……致……書」。紺弩說：他自己也寫過一篇「擬致」，是〈擬聶紺弩先生向……書〉，還注明了，這是「仿蒙田先生〈擬端木蕻良與蔣介石論紅樓夢書〉」。他的文章作者署名就是紺弩，這就是紺弩擬「紺弩先生」，這就無異於揭發出，蒙田先生擬端木其實就是端木擬端木，自己擬自己。

紺弩實際上是在反對端木這些「擬致」體的文章，認為沒有意思，其實不作過高的要求，也就不必反對。有些趣味，沒有什麼意思，但也沒有什麼惡劣的意識，也未嘗不可以；能有一些意思更好，卻也不必要求過多。不過，當年大家思想都過「左」，這樣嚴格要求，也不足為奇：本來就對那個人有些情緒，因此容易流於嚴、流於苛，就更不足為奇了。

紺弩的箭是這樣射出的。他說：「『擬致』用得最多的，恐怕是蒙田先生了。比之於題目，我覺得他的文章倒是值得談談的。那些文章可以使讀者震驚他的機智、淵博、才氣、勤快，以及一百種同類的好東西，可是缺乏一種更重要的對於文章則是生命的見解，也就是意見，意思。魯迅先生嘲笑過作古文的祕訣，即說了一大陣，等於什麼都沒有說。以〈蕭伯納致中國人民書〉為例，蒙田先生的文章，不幸而類是。也許沒有意思，正是文章的難能可貴處。趙元任的〈阿麗絲漫遊奇境記〉的序文裡，你看曾有這樣的名句：『誰不能把文章寫得有意思呢？但是你能寫得沒有意思麼？』誠然，我們不能寫得沒有意思；但是有人能的，例如蒙田先生。蒙田先生的文章也有點意思的，可惜比起文章來，卻少得出奇。以〈論紅樓夢書〉為例，意思只有一句：『蔣介石是賈政和王熙鳳的私生子』。凡此往往，如果有人願意談談，至少，要比寫俏皮題目有意義些。」

在羅孚看來，「端木蕻良這蒙田，這些『擬致』體的〈真自由書〉似乎並沒有收進他後來出版的集子中，也許認為那是一時的遊戲文章吧」。

羅孚文中所說「晚年在北京，兩人有約到陳家，往往是一個去了一個就先走，避免同時在一起的不愉快」，可能是道聽途說，不足為憑。因為晚年的聶紺弩進入一種人生的境界，沒有什麼過節不能釋懷的。事實上，端木就有過這樣一段關於聶紺弩的回憶：

一九六三年，我得了腦血栓後遺症，左半邊身子輕度偏癱。聽說紺弩也得了半身不遂的毛病。有一天，黎丁找我，說要請我和紺弩在他家吃飯。那時黎丁好像住在花園大院，我到黎丁家時，紺弩已經在座，黎丁家也沒有別的客人，我們談話漫無邊際，想到那兒，就扯到那兒。紺弩很關心我的病，並且傳授我一些對病理的經驗。不過，有一條，後來證明並不準確，他說，得了心血管病的人，一旦好了，就不會再犯。這個論點，對那時的我，是起了鼓舞作用的。我雖然半信半疑，但還是欣然接受了。他還向黎丁要了紙筆，用毛筆寫好一封文言的介紹信，為我介紹一位老中醫舜耕先生，因為他就是服用這位老中醫的藥見效的。

由於代步、煎藥等等都有不便，我沒有去找這位老大夫，但那封介紹信，卻一直保留著。直到「十年浩劫」才被毀了。（〈「山陰道上」〉）

「十年浩劫」結束之後，聶紺弩寫舊體詩多了起來。端木每一讀到，「都能體會到他特殊的風格。詩律限制不了他，如果說，把雜文的性質納入詩裡表現出來，應該說正是紺弩的風光。從他的詩裡，也可以感到他的一些生活狀況，從詩句的蒼勁氣概裡，也感到他生命的剛強」。一九七八年二月九日，聶紺弩致信黎丁說：「前些時，端木有信自東北來，說是您談到我並告以通信處，我還未寫回信，就把他的原信和通信處搞丟了，真是抱歉。他似乎說春節後可回京，也不知是否。我近日身體因喘和痔瘡很覺不適，但尚無他病，甚堪告慰。」

生命再剛強的聶紺弩，最終難敵病魔的吞噬。一九八六年三月，聶紺弩去世。端木自己也在病中，送去一詩為悼：「以詩作誄已尋常，未吊遺容欲斷腸。天殞繁星空月冷，緇衣紺裹大弩殤。」緇衣紺裹，正是聶紺弩的文俠本色。

在聶紺弩逝世之後的一次座談會上，蕭紅生命中的三位關係密切之人：蕭軍、端木蕻良、駱賓基，一起與會並相繼發言。目睹此情此景，與會作家李輝感嘆道，「文壇前輩之間的情感糾結或者恩怨，在上世紀八十年代的氛圍中不是花邊談資。度過劫亂的人們有太多新的面對，往事早已如煙飄然而去。」（〈駱賓基：與黑土地的不解情緣〉）

比鄰而居的情誼——聶紺弩與辛勞

同一個院落

一九三八年秋，聶紺弩經周恩來介紹，從武漢到達皖南新四軍軍部。最初任政治部宣教科科員，不久調到戰地服務團創作組，創作組成員還有辛勞（陳晶秋，一九一一至一九四五）、林果（林琳，一九一九至二〇〇四）和菡子（羅涵之，一九二一至二〇〇三）。

林果和菡子都是南方人，只有辛勞是東北人，祖籍黑龍江，出生於內蒙古海拉爾。九一八事變後，辛勞與其他東北文學青年一起流亡到上海，加入中國左翼作家聯盟。一九三三年八月一日與師田手等參加「左聯」舉行的集會被捕，關押半個月後釋放。一九三四、一九三五年間在上海私立江蘇中學任教。一九三五年四月，首次在上海《太白》半月刊（第二卷第三期）發表小品文〈索倫人〉，署名辛勞。爾後寫了許多作品，散見於上海《小說家》、《文學》、《中流》、《創作》、《文學大眾》、《時代文藝》等刊物，主要作品有隨筆〈與詩人們商量〉、小說〈饑餓的朋友〉、〈自由以後〉等。一九三七年前後曾被捕，押往國民黨中央黨部直接操縱的蘇州反省院。抗戰開始後，致力於詩歌和散文創作，熱情宣傳抗日救亡，呼喚人們的愛國之心。

一九三八年下半年，辛勞到皖南新四軍軍部工作。聶紺弩是在上海還是在皖南與辛勞相識的，已不可考，但他

詩人辛勞

們在新四軍成為好朋友卻是事實。並且兩人同住一個院落，比鄰而居。一九三九年初，王元化隨上海慰問團訪問新四軍，就住在辛勞的那個院落裡，「這個院落很小，只有幾間屋子。一進院門，左右各有一間，辛勞住一間，另一間是聶紺弩住的」。（王元化〈《捧血者》序〉）

一九三九年冬春之間，辛勞創作了一首一千行的抒情長詩《捧血者》。它由〈序詩〉和另六章組成：〈行人〉、〈月黑的夜〉、〈我愛〉、〈奧祕〉、〈林雀〉、〈古歌〉。〈序詩〉下題著：「獻給家修和在炮火中走散的人們。」詩前則引了裴特斐（即裴多菲）的詩：「為了祖國／不捧著生之鮮血，／那是／不愛國的人們！」三月二十日，金華《東南戰線》半月刊第五期刊發了辛勞〈《捧血者》序詩〉，並加編者按說：「……這類長詩在抗戰以後，還是很少見過，在結構與表現方法上都很成功，並由聶紺弩先生為之作序。長詩全部將在本刊下期發表，這裡先將其序詩及聶紺弩先生序文刊載，希讀者注意。」由於《東南戰線》是中共浙江省文委主辦的救亡刊物，經常揭露國民黨分裂統一戰線的行徑，乃至出到第五期時被當局查封，也就無法再刊登長詩全部內容。

匪夷所思的是，這樣一首充滿戰鬥激情、「在結構與表現方法上都很成功」的長詩，在新四軍中並未受到歡迎。據時任新四軍《抗敵》雜誌編委的黃源回憶：「當時新四軍中也有一些作家，如詩人陳辛勞，寫了一首長詩《捧血者》，但他們不是結合皖南戰鬥的實際寫，結果陳辛勞這首詩在服務團裡被幾個領導一句一句地批。」（《黃源回憶錄》）

然而，聶紺弩卻很認可辛勞和他的詩。大概是一九三九年七月間，聶紺弩在給溫州文學青年莫洛（馬驊）寫信拉稿時，向他介紹了詩人辛勞。據胡今虛回憶說：「辛勞姓陳，黑龍江人，很有才華，正患病住醫院，肺上已經有三個洞。聶紺弩很器重、愛護辛勞，把他的長詩介紹給金華即將出版的《怒火文藝》雜誌，並寫了評價文字；又把他的長詩〈望家山〉寄給莫洛……莫洛立即把〈望家山〉編入詩刊《海燕》。」（〈聶紺弩與溫州〉）

聶紺弩還以詩一般的語言，為辛勞的長詩《捧血者》寫下三、四千字的序文：

哦！你幻美的姑娘呵！請別用你那夢一樣的眼睛望我！一個流浪人，應該「那娟娟的萬里的流去」（〈行人〉）——「流雲是他勇敢的遊跡」（〈月黑的夜〉），應該「挑戰的流浪的天下」（〈我愛〉）；現在是我不能不離開你的時候了，你不能讓我的心像「山溪平靜地流響山間」（〈月黑的夜〉），向你輕輕地說一聲「再會」麼？

哦！你熱情的姑娘呵！請別用你那火焰一樣的眼睛望我！我愛高山，我愛大海；我愛看那「金紅的海水」（〈行人〉），「黃色變成碧綠，黑色又變得白如銀」（〈月黑的夜〉）；我愛看「檳榔花紅在山上」（〈月黑的夜〉），愛看「迷山頂上一片白霞」（〈我愛〉），「月黑的夜」，我愛看「在高山跳躍的野火的光芒」（〈奧祕〉）；我還愛看黃河「奔放，流向天野」（〈古歌〉）。別了，姑娘！並不是你繫不住我的心，一個流浪人的天性和運命，連他自己也無法理解，無法安排！在高山大水面前，我將永遠懷念著你；正像在你面前，並沒有忘掉它們。你不能像「山溪平靜地流響山間」，輕輕地向我說一聲「再會」麼？

哦！你青春的姑娘呵！請別用你那朝日一樣的眼睛望我！我永遠記得和你在一塊兒的時候的幸福。你「霞震飛灑，那般美麗」，「珍珠會顯得暗淡，黃金你不必提起」（〈奧祕〉），「你曾用歌頌自然的喉嚨」，「清幽的唱起歡樂的曲子」（〈林雀〉），像「夜鶯染著玫瑰」（〈奧祕〉）；「一個熱情的擁抱」的時候，我聽見你的心「這般跳躍」（〈奧祕〉）！但是「天空沒有不散的雲彩」，姑娘，我「還得行旅長途」！把過去的事都忘記了吧，因為「記憶就是痛苦，不管昨日曾經歡喜，有誰能捉住飛去的雲霞」（以上〈行人〉）！我們不是只需要像「山溪平靜的流響山間」，輕輕地，輕輕地說一聲「再會」了麼！

……（引者略）

別了！我至愛的姑娘！讓我們「粗野的拉手」（〈古歌〉），「我有個崇高的願望」（〈奧祕〉）：願你「永保有顆孩子的心」；我將永遠為你祝福，「以一個少有的親切的微笑」（以上〈序詩〉）！可是唉唉，你別望我呀！

這篇別具一格的「串串燒」序文，儼然就是一篇優美的散文詩，在聶紺弩的文章中是不多見的。不過在筆者看來，聶紺弩似乎在向皖南告別，向辛勞說再會，要去「行旅長途」！

小河口分別

在新四軍部隊中，副軍長項英「執行統一戰線政策是右的」，「執行知識分子政策是左的」，「他不能很好地團結、使用知識分子，他要求知識分子、文藝工作者和部隊的幹部、戰士一樣，絲毫不照顧他們的工作和生活的特點」；而聶紺弩「習慣在夜間工作，常在豆油燈下備課、看書、編稿、創作，第二天起遲了，不能按時出早操……這使項英副軍長不高興，煩言嘖嘖，說他『吊而郎當，有文化人的臭習氣……』有時，還在會上不點名的批評他，弄得紺弩心緒煩亂，萌發離開皖南的打算」（朱微明〈柏山和胡風及胡風事件〉）。他計劃應胡風的邀請到重慶去編《七月》。

一九三九年十月十六日，聶紺弩乘上離開皖南的小船。第二天，病中的辛勞用飽滿深情的筆寫下一首送別詩，發表在紹興《戰旗》週刊上。鑒於該詩不易見到，不妨抄錄如下：

渡船前——送紺弩兄

我知道今天為何沒有晨霧，／那是怕遮掩了離別的面龐，／再珍惜的看一看吧！／誰知道相聚在那一年？／我是正在患病，／你又去得這樣遼遠！／在河邊，／竹篙已經提起，／你站立在渡船頭，／馬兒依在你的身旁。／別了，在小河口的河邊！

我沒有勇氣，／把這當個夢寐；／我不敢看你，／也不敢看遠山……／在炮火中別了，／我咒罵那日本頑敵使我們分散！／在河邊，／竹篙已插入水裡，／船兒緩緩地離了岸，／河水繞船蕩著漩渦，／漩渦，／我心中的漩渦！

那山頭的草半枯了，／綴著紅葉如花的樹木，／願比那蒼松吧，永遠記憶——那麼長住的青蔥！／春去了，春會再來的，／我們戰鬥，向酷冬！／渡船上，／那撐船手喲！／慢慢的划，慢慢地，／別這麼急，／帶去了我親切的朋友！

什麼呢？我無言語，／那句話該說？那句話該埋起？／秋花向誰紅呢，／為什麼開得這樣慘澹？／我們希望著麗日，／追求並且奔跑著向前……！／已經到了河中了／那渡船，你／半低著頭，也沒向我看；／一滴滴水從提起的竹篙流下，／流下來了！／流下來了！

為了祖國的嬌豔，／要在風暴中鍛煉；／更堅強一點吧！／這風暴會把我們鍛煉得更好！／你去了！你去了！／再見在希望的晴麗的天！／渡船，／那載著別離的重載的船，／漸漸遠了，遠了！／淚在我的眼邊，／抑止著，／怕流入河水泛起波瀾，驚你的渡船！

雖然明知明天會來，／若不死，我們明天會見，／企望著那歡聚的時刻吧！／但我病著，／我憂傷並且悽愴，／隱隱的炮聲響了……／望著對岸的竹林，／鬱蔚的招引著船。／你在揮手了，／渡船已近了對岸；／你又在揮手了，／我看看那／雲霧覆滿的秋天！

再見了，我揮著藤杖！／（那此後，將陪我攀山入海的手杖。）／不要牽記我——明白麼？／為了光明的原故，我原諒一切，／一切將為了芳香的田園。／也向外邊的朋友說：「辛勞問候」！／船靠近了河那岸，／我轉進叢莽，／悄悄彈去淚點，／隱約的看見了／你上岸，你騎馬，／你轉入竹林，不見了……

你騎上那棗紅色的馬，／你坐在金皮的鞍，／你拉緊馬嚼環；／你揚起我送你的櫟木杖，馬蹄馱你向前！……／祝福著馬，／在窄狹的山路，／不要過分的飛奔；／在斜陡的山崗，／蹄子要沉重的放穩，／野草絆塞的路畔，／不要為枯草，小樹誘惑！／更不要失路……在天雲蔽蔭下，／我的朋友，願你平安！

聶紺弩本來是要去重慶的，結果路過金華時留下了。不久，辛勞也離開新四軍到了金華，一起住在柴場巷十五號國際新聞社金華分社辦事處邵荃麟那兒。曾經到過金華與辛勞見面的彭燕郊回憶說：「看來他（按，指辛勞）在金華生活得不錯，他和荃麟、葛琴，紺弩及和他同居的C女士、麥青住在一起，荃麟是個十足的忠厚長者，葛琴是個十足的賢慧主婦，紺弩為他的長詩寫了〈序〉，長詩就發表在荃麟主編的《東南戰線》上。他和紺弩還去過江西上饒和弋陽，演劇七隊在弋陽……」

一九四〇年春，聶紺弩要去桂林編《力報》副刊，就此與辛勞告別。

遲到的詩集

同年五月初，辛勞為擬出版的詩集《捧血者》撰寫〈後記〉，不忘感謝聶紺弩。他說：「這部詩能夠寫出來，得感謝我已離開的那個軍隊，給我那麼多閒暇的時間，更感謝紺弩兄，那時候我們偶然地相逢，並且住在一個小房子裡，——我所以對紺弩的感謝加個『更』字，並不是因為他給我寫了序，而是因為在荒僻的山村中，他給我的慰解和鼓勵。」

一九四一年以後，辛勞去江蘇鹽城再次參加新四軍，與鄒韜奮、范長江、丘東平等人一起工作。

一九四二年，桂林詩創作社計劃出版辛勞詩集《捧血者》，廣告也登了，因故未果。但是同年《詩創作》月刊第十期刊登了〈《捧血者》後記〉。

一九四三年九月，聶紺弩為文藝界抗敵協會桂林分會所編《二十九人自選集》由桂林遠方書店出版發行。其中收有辛勞〈《捧血者》序詩〉，「也算是慰情聊勝於無了」。十一月，辛勞出版油印本詩集《柵欄草》，收〈在月夜〉、〈五月十四日〉、〈小夜曲〉及〈插秧女〉四篇。

抗戰末期，蘇北新四軍與國民黨韓德勤部隊遭遇，辛勞被俘，死於獄中。

一九四六年九月三十日，聶紺弩負責的重慶《商務日報》文藝副刊發表〈駱賓基來信〉。信曰：「來信早收到，辛勞稿已交書店，並希望：捧血者序詩，早日寄來。如能在你這序詩前加以記憶之類的東西，尤佳。弟當草一後記之類的短文，如何？」由此可知，駱賓基在為亡友辛勞的詩集《捧血者》出版操勞，需要聶紺弩當年寫的序文。

一九四八年五月，辛勞遺著《捧血者》終於由上海星群出版社出版（列入森林詩叢）。卷首有詩人的〈序詩〉，卷尾有東平〈給《捧血者》的一封信〉及辛勞生前所寫〈後記〉。但令人不解的是，集中並未收入聶紺弩所作〈序《捧血者》〉。是聶紺弩當初沒有寄給駱賓基，還是其他什麼原因呢？

一九九七年四月，珠海出版社推出《世紀的迴響》叢書第一輯十種，其中收有辛勞的詩文合集《捧血者》，這讓我們更多的人從歷史塵封中感知一位熱血詩人。值得一提的是，合集序文為辛勞生前的友人王元化所作，而紺弩序作為附錄收入。王元化在序中特意指出：「看出辛勞詩的真正價值的是紺弩。他們兩人在服務團那個小院落裡比鄰而居的時期，結下了深厚的情誼。」

二〇二二年六月二十三日，由內蒙古文聯、內蒙古社科院、內蒙古出版集團聯合主辦的《捧血者——詩人辛勞》新書首發式暨學術研討會在內蒙古文學館舉行，書中收錄了王元化、聶紺弩、吳強等名家對辛勞的回憶性文字。這位被歷史塵封的熱血詩人再次走進人們的視線。

辛勞《捧血者》1948年初版封面

戰友師徒如兄弟——聶紺弩與彭燕郊

聶紺弩去世之後，朋友們公推彭燕郊寫傳記，「因為他是最有資格和可能寫好紺弩、為紺弩傳神寫照的人選」。重慶出版社曾鄭重請彭燕郊寫聶紺弩傳，他本人也很重視這件事，下決心寫十萬字的紺弩傳（他認為寫十萬字就可以了，關鍵是要傳達「神」），但後來終於沒有動筆，不能不說是一個遺憾。

皖南拜師

彭燕郊比聶紺弩小十七歲，但彭燕郊參加新四軍的軍齡卻比聶紺弩早半年左右。

一九三八年三月，彭燕郊（本名陳德矩）在福建龍岩參加新四軍，編入第二支隊政治部宣傳隊。參軍第二天開始北上抗日，由閩至皖行軍，六月到達軍部駐地岩寺，宣傳隊編入司令部戰地服務團。「戰地服務團裡愛好文學的小青年特別注意新來的文學家，聶紺弩、吳蕾（吳強）來了，王淑明來了，加上先來的柏山、黃源，隨先遣支隊到敵後去的東平，已經有好幾位文學家成為新四軍戰士了。」（彭燕郊〈回憶辛勞〉）十月，經軍報《抗敵報》主編張孤梅介紹，彭燕郊拜聶紺弩為師，但彭燕郊一直在駐地周圍做民運工作，很少有機會向紺弩請教。一九三九年初，彭燕郊調軍政治部敵軍工作部工作，後來因患病被送到後方醫院治療。

一九三九年十月，《七月》第四集第三期發表了彭燕郊組詩〈戰鬥的江南季節〉，聶紺弩看了高興的不得了，馬上給彭燕郊寫了一封信。

一九四〇年初，彭燕郊離開新四軍，轉移到浙江金華。承邵荃麟、葛琴夫婦關照，住了下來，「先期到金華的紺弩、辛勞也給了很多幫助」。「我到了金華，又和辛勞重新聚首了，那是一九四〇年的初夏（按，應為初春）。看來他在金華生活得不錯，他和荃麟、葛琴，紺弩及和他同居的C女士、麥青住在一起，荃麟是個十足的忠厚長者，葛琴是個十足的賢慧主婦，紺弩為他的長詩寫了〈序〉，長詩就發表在荃麟主編的《東南戰線》上。」（〈回憶辛勞〉）很快，聶紺弩經邵荃麟推薦前往桂林，主編《力報》副刊《新墾地》。

五月，邵荃麟、葛琴夫婦按上級命令撤離金華，在福建永安停留半年後，於一九四一年初輾轉到達桂林。經聶紺弩介紹，他們夫婦也進入《力報》社工作。四月，聶紺弩受壓離開桂林去重慶。六月間，彭燕郊也來到桂林。十月，聶紺弩重回桂林《力報》社，並介紹彭燕郊當助理編輯，和他一起編《新墾地》和一個新副刊《半月文藝》。並支持彭燕郊在副刊版面創辦《半月新詩》，讓他獨立編輯。「做編輯，對於彭燕郊來說，是一塊處女地。聶紺弩對彭燕郊的引導所產生的意義和價值十分巨大。這不僅僅因為它暫時解決了彭燕郊沒有工作的窘迫和無助，讓彭燕郊獲得了生存的支柱，而且更因為編輯工作在未來的歲月裡轉化成了彭燕郊對中國新詩和民間文化去作出積極建設的巨大資源。」（劉長華《彭燕郊評傳》）

一九四二年五、六月間，由於受到國民黨特務點名威脅，聶紺弩與彭燕郊一起離開力報社。有一天，彭燕郊到府後廳遠方書店去看望聶紺弩：

> 他被《力報》解聘後，連個住處也沒有了，暫時借住書店的一間小屋，他正坐在那間僅有一床一桌的小屋的床上，冥想著，我問他是在想些什麼。他說：
>
> 「我在想：天上會不會掉下一點錢來！」
>
> 貧窮！為廣大讀者熱愛的我們的優秀作家竟然貧窮到這種程度！我說：「你又寫雜文了。」然而，這是

多麼辛辣的憤懣的雜文！

紺弩離開報館時，他的「行李」是一只舊小皮箱，一床薄棉被和一件大衣，胡亂地用一床舊被單包起，簡單得真可以伸手一提就走，這是相當有代表性的。（〈「貧病作家」〉）

桂林作序

是年夏天，彭燕郊把他的詩集《第一次愛》編好了，聶紺弩翻了一翻，說：「你不寫篇序什麼的嗎？」「我沒話要說，我是留給你寫的。」也許彭燕郊真沒有話說，甚至不知道怎樣說，因為他是「第一次愛」。那麼就讓聶紺弩來「饒舌」，他十分坦白地從記敘他自己的第一次戀愛起筆，然後過渡到彭燕郊：

彭燕郊在戰爭開始的時候，還是個十七歲的天真未鑿、至多也不過「情竇初開」的毛頭小子，然而戰爭使他加速地成長而且壯大了；戰爭使他離開了那渾渾噩噩的家庭生活和學校生活，使他走到戰場：參與了戰爭，和成千成萬的戰士們生活在一起，戰爭給予他以生命，意志和才能，給予他以嘹亮的歌喉和歌唱的情緒與欲望。於是他成了戰爭之子……（引者略）

但是戰爭不僅使他歌頌戰爭本身，而且化腐朽為神奇，使他對於戰爭以外的一切，都好像初次看見一樣，有著無窮的驚異與興奮。這《第一次愛》就是驚異與興奮的表現。我和彭燕郊住在一個屋子裡頭，他的抽屜裡有一個小孩們玩的萬花筒，似乎已經破爛得不能再玩了，他用各種顏色的紙片把它捆好，從黃金龍和銀河牌的煙盒上剪下它們的商標，貼在上頭，使它美觀。如果天晴，如果他又沒有事，我們就會看見他坐在床上，閉著一隻眼睛，睜開另外一隻，兩手捧著萬花筒朝窗外瞧，一面瞧，一面轉著拍著那玩具，口裡不住地叫：「好看極了，美極了，這個更好，怎麼這樣好看呢！這個醜，醜，不要！媽的，滾開……」

這世界，在彭燕郊看來，也就是一個大萬花筒。這裡面許許多多的事事無無，我們大家都見過，可是很少人覺得稀奇，很少人發生興趣，甚至看慣了，雖然天天看見，也和沒有看見一樣。彭燕郊卻不同，他看什麼東西都是新奇的……（引者略）他不斷對於我們常見而漠然了的東西發生興趣，還能從大家共見的東西上看出我們所不能看見的東西來。……（引者略）

戰爭如果能改造我們的民族和國家，它必是從我們人改起，從人與人之間的關係改起，從人民的生活改起。它需要新的人，需要對人和事物的新的看法；需要把潛伏在人民的生活底層，心的底層，為一般人所不能看見的東西掘發出來；需要人民的聲音；需要人民毫無掩飾，毫無顧忌，傾心吐膽地說出他們的樸質的希望。戰爭把這任務交給這時代的詩人們，要他們迅速地完成它。彭燕郊就是其中的卓越的一個。他歌頌戰爭，用戰爭的眼觀察一切；他是農民之子，他的詩就是農民自己的語言：他暴露著農民最隱祕的東西，而歌唱著農民和他自己對於未來的希望。所有這些力量都是戰爭給予他的。戰爭誕生了他，教育了他，使他陷於一種第一次愛的興奮與沉醉的狀態，在這狀態中，他寫出了甚至連自己也不充分理解的感人的詩篇。他將終生擺不脫這種神聖的戰爭的影響，正像別人永不能忘記各自的第一次愛。

這篇序文是彭燕郊寫詩半個多世紀中，對他的詩歌最深刻也最深摯的一篇論述，觸及並洞察到了彭燕郊其人其詩的本質特徵。龔旭東說：「關於彭燕郊詩歌的評論，目前所見最早也最重要的，是聶紺弩為彭燕郊詩集《第一次愛》寫的序言……他的這篇序言對彭燕郊的獨特藝術氣質和彭燕郊早期詩歌創作特徵的敏銳把握與犀利剖析，為彭燕郊研究樹立了一個最基礎而又扎實的座標點，可謂彭燕郊研究的奠基之作。」（〈彭燕郊研究的現狀與展望〉）由於種種原因，《第一次愛》延至一九四六年五月才由桂林山水出版社出版。但令人遺憾的是，聶紺弩所作序言被書刊檢查官抽去。不過該文早已發表在一九四二年十月十日桂林《文化雜誌》第三卷一期。

一九四三年秋冬間，聶紺弩離開桂林，前往重慶。

山城重逢

一九四四年八月，日軍開始進攻廣西，桂林文化人紛紛撤離，彭燕郊也不例外。他說：

一九四四年我隻身輾轉到了重慶。紺弩早幾個月已經先離開桂林到那裡了，相對淒然，他給我看新寫的一首七律〈題〈金石錄後序〉〉，這是我看到的他的第一首舊體詩（彭引此詩從略），寫的是李清照和趙明誠「琊嬛」也使人想到當時被稱為文化城的桂林，也已付劫灰。但詩寫得實在說不上好，沒有什麼特色。「你也寫起舊體詩來了？」我說。「好玩嘛！」他用他那特有的滿不在乎的神氣回答。我以為他在偷懶，要寫，就該寫新詩或散文。」（〈千古文章未盡才——聶紺弩的舊體詩〉）

在重慶，彭燕郊一度與聶紺弩等人同住張家花園文協「作家宿舍」。

一九四七年秋，聶紺弩離開重慶，並於翌年初輾轉到達香港。一九四九年六月，赴北平參加第一次全國文代會。彭燕郊也於一九四九年五月潛赴香港，然後轉赴北平參加文代會。

彭燕郊晚年在與青年學者易彬對話時說：「一直到解放前，紺弩，還有胡風、邵荃麟、雪峰給我幫助都很大。可以說，我一直跟著他們。金華、桂林、重慶、香港，再到北京，一直在一起。從生活上說，紺弩和我，比我跟胡風還要親近。紺弩瞭解我還更多一些。他對我的評價是，我感受到了很多別人沒有感受到的東西。這一點，他認為是最主要的。因為作為一個詩人，感覺很一般的話，就很難寫出有個性的東西。紺弩的這個講法其實主要是認為我的視角比較獨特，很多視點是別人沒有的。在這一點上，他對我有很大的鼓勵。這個鼓勵是很重要的。」（《我不能不探索——彭燕郊晚年談話錄》）

一南一北

中華人民共和國成立之後，彭燕郊長期在湖南工作，與聶紺弩一南一北，更多是書信往來。特別是「文革」結束之後，一九七九年、一九八〇年間，聶紺弩與彭燕郊開始了頻繁的通信。

一九七九年四月二十三日，聶紺弩致信彭燕郊，說：「我的詩是野狐禪，不值一提，偶印幾本分贈友人，以免抄寫，談不上注。我以為詩不必注，也不必懂透，懂透了反如嚼蠟。常看外國電影，看其男女交談，心羨不已，及看譯製片，則覺得不過如此。……（引者略）但我想在你那裡印一個第三小本，名曰《南山草》，要和前兩本格式和大小一樣。（相近）約七十首詩，印一百本。你願意代效此勞再好沒有。需款多少，先核算一下，免臨時慌張。我現在頗有幾文，決不會賴皮或半賴皮。」「末了還是談拙詩吧。我寫了一些詩，只為無聊消遣，不計工拙是假，不知工拙是真，無人可問，更無人肯面談，只好胡寫下去，不料有人在背後談了，甚至有人找上門來要詩了。人們背後說我別開生面，獨闢蹊徑，開七律未有之境，漸漸我也聽說了。可憐我連熟面，正道，已有之境一概不知，那能談到這些。這回你說我的詩達夫作不出，但達夫詩我也作不出，誰的詩我也做不出，你說用典而不為典所用，咱們老友，斤兩悉知，我總共知道幾個典？平生每笑魯、郭、茅、達……一面反對文言，一面作舊詩，自詡平生未如此矛盾，不料活到六十歲時，自己也作了，比他們更作得厲害了。看來你比我懂詩得多，那麼何不多談一些，也免我七、八十歲老人常（鬧？）笑話！」

四月二十四日，又致信彭燕郊：「既然你下月就要來京，等你來面談印詩事亦可。反正非急事，不必忙。謝您關懷！我的女兒叫吳丹丹，卅二歲。您的女兒想是叫彭或陳丹丹，吳丹丹囑候彭叔父叔母尤其問丹丹（姊或妹）。敬禮！你在『文革』中未坐牢吧，如其是，我比你幸運，我坐了十年牢，平反後，補發了部分工資，生活上要寬裕些。」實際上，彭燕郊的女兒既不姓彭也不姓陳，而是隨母姓張。

六月十九日，致信彭燕郊，云：「今寄上《南山草》草稿，請設法印出一百本，格式開本，須與前二草相近，至於三草合訂，如何印法，以後再說。此草內容須仔細推敲，務請細讀一遍，以合乎政治標準為佳。此意兄定領會，不必多談。」

七月十八日，致信彭燕郊，云：「我在醫院住了廿多天，前天才出院。沒有大病，心胸尚可，體衰而已。在醫院曾囑老伴寄五十元給你作印寫紙張之用，不足再補。我無錢，自會揩油，今無須此，是我比你有錢時，故用不著客氣。《北荒草》已罄，《贈答》亦剩無幾，看來《南（山）草》可印一百二十乃至一百三十本，文代會延至十月開，印事進行不必太快。」

八月三日，致信彭燕郊，云：「現在暑假，你在忙些什麼？何以好久不見來信？托印之事，有無進展？若干日前曾寄小款伍拾元以為紙張費用，亦不知收到否？並曾去信詢問，亦未見答，均不知何故。見信後務請賜覆，以免懸念。」

八月六日，致信彭燕郊，云：「你的高足來，帶來了茶葉。他說曾帶有一信，一到京就投郵了，但我未收到。我怕你身體不健康，正又發了一封信給你，並托別（人）打聽。他一來才放心了。因他說你並無不健康或別事。他說你說收到五十元感到不好處理，因為刻字不需花錢。但我想不通，難道紙張蠟紙之類，也不要花錢嗎？他說你說要印《三草》，我意只印《南山》，《三草》等過些時咱們見面，商談一下，不必忙。說不定還會有印《第四草》的希望哩。怕《三草》已付印，趕寫此信，不及多談。」

八月十一日，致信彭燕郊，云：「信和印品均收到，謝謝！原稿變成印品，這就進了一大步。以後會被百多人看見，為害百多倍，奈何！有些錯字，是原稿之過，無關工作者，工作者都是應該致謝的，而尊夫人的精裝，尤當叩頭，因為太精美了。」

十二月二十五日，致信彭燕郊，云：「……長沙鄭公題《南山草》詩甚佳，惜我愧不敢當，有機會替我道謝。人有說我非唐非宋者，鄭公獨說亦唐亦宋。其實我知唐宋為何物？又買這買那，想是口袋過於麥克，有些東西，在長沙買恐亦不賤，再加寄費，豆腐變成肉價錢了。以後不必如此，寧可在有需要時向你去討，比較實際。」

好了，打住。從上面一些通信可看出，聶紺弩晚年與彭燕郊交往的主題，就一個字：詩。也可說兩個字：詩集。畢竟兩人都是詩人。

一九八四年四月，《彭燕郊詩選》由湖南人民出版社出版，收入聶紺弩四十年前所寫〈彭燕郊的《第一次愛》〉作為代序。

梅志傳信

在聶紺弩去世前一、兩年，梅志在與彭燕郊的通信中不斷傳遞著聶紺弩夫婦的資訊。

一九八六年一月二十八日，梅志致信彭燕郊：「周婆病已痊癒早出院了，但就是太早了點，身體還不太好，現在家療養，哪兒也不敢去了。老聶仍昏睡，精神不佳，吃得也少，可說身體衰竭之至。幸好沒有感冒發燒，過了冬可能好些吧！」

二月二日，彭燕郊致信梅志：「……計劃五月間到京，住個時期。我現在不但擔心老聶，也擔心周大姐，她這人太要強了，不肯休息，還在搞許多事情。」

三月八日，梅志告訴彭燕郊：「老聶仍然是沒精神，老昏睡，好在還能吃。周大姐已康復了。」

三月二十六日，聶紺弩病逝。

三月二十七日，學生陳耀球於北京致信彭燕郊：「……晚上才去看丹丹，馬上又拖著丹丹一起去看周健強同志。聽周說才知道聶老於昨日去世。周為理後事忙了一天。周給您的信已經寫好，明天將以航空寄出。聶老是您的摯友，我也請您節哀。」

彭燕郊為參加追悼會，四月六日自長沙到北京住在聶家，「直住了二十三天」。張丹丹老師告訴筆者，「聶伯伯去世之後，父親也會帶我去看望周穎周伯伯」。

一九八七年，何滿子到北京看望周穎，推舉彭燕郊為紺弩作傳的人選，周穎認為合適。彭燕郊義不容辭地答應了，後來何滿子、梅志、周穎等友人多次督促此事，他總是說「我不能急就」「不能隨隨便便寫」，一拖二十年都沒寫出來。不過留下了一些回憶文章，也彌足珍貴。

1985年，彭燕郊和女兒看望聶紺弩夫婦（圖由張丹丹提供）

流亡路上忘年交——聶紺弩與駱賓基

聶紺弩和駱賓基在友誼上「屬於忘年之交，神魂一致」，但他又是駱賓基心中「年輕氣勝的友人傾心依戀的人物」，「在他那瀟灑不羈的風度裡，總有魏晉賢達那種脫俗的竹林氣息，可以說處處閃現著自唐詩宋詞以來我們華夏民族的優秀的文化傳統的光澤：重於如德、如才、如『道』的精神，而輕於如珠、如金、如玉的物質」，「這種屬於精神貴族的『名士氣』」，實質上是對當時市儈世態的一種輕蔑的表現。

「給你刻了一個圖章」

一九四〇年一月，身為浙江省第三專員公署《戰旗》報主編的駱賓基，從紹興到金華組稿，在國際新聞社金華分社辦事處與見到了「時常所懷念的」「名士」聶紺弩。他後來回憶說：

> 我似是在一九四〇年元旦之後到達金華的。這是我第三次來訪，街面上卻已不是初次流亡來浙江到建設廳報到時的情景了，那時所有商店都半關著，從上海、杭州逃出來的過客又特多，空襲警報也頻繁，人人行色匆匆，一派戰時緊張模樣。
>
> 柴場巷十五號（？）是座木料門面建築，那江浙式兩層樓的樓窗以及漆著土紅色的欄杆，在白粉院牆

之外就看得清清楚楚了。這木料門面的兩層小樓西廂還各有一間角樓，因而從院門到帶樓道長廊的前廳是日常不見陽光的陰涼小院，磚鋪過道，石縫間長著綠苔。對我說來，雖是第二次來作客，但卻說不出的親切，真是歡欣如歸，彷彿邊防哨所的戰士回歸大本營駐地一般。因為當時在這東南半壁，我說過，金華已成為如武漢一般的左翼文化重鎮，而它的大本營，就是在這並沒高挑帥旗的柴場巷十五號。那白院牆門側，卻掛了一個「國際新聞社金華分社辦事處」的方型標牌。這個木面結構的兩層樓小院的主人，就是來著上海的兩位左翼作家：男主人就是十年以後曾任中國作家協會黨委書記的邵荃麟同志，女主人就是三十年代為魯迅所賞識的介於丁玲之後蕭紅之前出現的女作家葛琴，可以說他們夫婦兩人都是魯迅先生周圍的中共黨員。還有一個著名的雜文家聶紺弩同志，就住在這座小庭院的角樓上，另有樓梯出入。我們就是在這個角樓上第一次相識，而他同樣可以說，是來自魯迅身邊的左翼作家……我當時想到要見面的這位「名士」，就不禁要自笑，他是那麼才氣橫溢，詼諧有趣，而且是為我時常所懷念的。

……（引者略）

自然，在這有名的柴場巷十五號，我也見到了我們不但初識就感到心心相通、且相悅的長我十三歲的聶紺弩同志。這是我們第二次見面，他仍然穿著那件為新四軍戰士所繳獲的日本校級軍官黃呢大衣，彷彿戰地記者一般，但已不似初識那麼隨隨便便，那麼放縱無忌，那麼名士派頭了。他文質彬彬，舉止也出奇的優雅，顯然這是由於他身旁有一位柔情的女伴挽臂相陪的緣故……我必須說，我要為我這位第二次會面的忘年之交的友人慶倖的，為他們的幸福而慶欣！紺弩同志說：「我給你刻了一個圖章。」準備以後帶給我。但我呢？竟沒有想到應該為他們兩人的結合，送一點有紀念意義的禮物。在社會交往方面，我是完全無知的。雖然很高興得到這顆出於左翼才子之手的篆刻名章，但也同樣不知珍藏，為了帶到上海去支取稿費交給我的妹妹，而終於失落，這之後才感到它的珍貴。（〈一九四〇年初春的回憶〉）

從上文可以推測，聶紺弩與駱賓基第一次相見就是在金華柴場巷十五號，時間應該是在一九三九年某月。

「你何必這樣揮霍呢？」

第二次相見不久，聶紺弩就去了桂林，駱賓基去了皖南。分別之前，他們祕密參加了一個紀念高爾基的活動。據駱賓基回憶：「一九四〇年六月，我離開浙東應邀去皖南新四軍之前……在中共浙江省文委邵荃麟同志支持下，筆者與聶紺弩、林淡秋等人祕密參加了一次紀念高爾基逝世四週年晚會，舉行了正式的悼念致哀的儀式。由邵荃麟同志作了關於高爾基生平的報告，朗誦了〈海燕〉，集體合唱高爾基作詞的〈囚徒歌〉！參加這次紀念活動的還有張（杜）麥青、計惜英、彭燕郊以及葛琴同志。次日，我伴同林淡秋等同志離開浙東，邵荃麟與葛琴夫婦去福建工作……張（杜）麥青同志則去屯西協助駱耕漠同志工作。而聶紺弩同志與詩人彭燕郊也先後去廣西桂林，應《力報》之約任編輯去了。」（〈抗戰初期到浙東〉）

一九四〇年底，駱賓基聽從馮雪峰建議，也來到桂林從事文學創作，友人聞訊相迎。聶紺弩陪同駱賓基拜見《救亡日報》總編夏衍，隨後將他帶至《自由中國》主編孫陵處，即在該雜誌社暫住下來。

回想桂林時期的生活，駱賓基說：「那時紺弩已是年近四十歲的中年名家了，卻和我們一樣，時常是褲袋裡空空如也，沒有足夠買盒強盜牌的中檔紙煙錢。一九四一年在我第一次流亡桂林時期，我們常常去的廣東酒家是『文園』。一壺附帶牛奶和方糖的紅茶，是五分錢，廣東有名的蛋撻、蝦餃之類點心，也不過一角一碟。有時我們卻約好，茶點不能超過的碟數，但就是進門以前根據付帳單能力，約好了零買小吃的碟數，卻往往還會在熱中於文學藝術、音樂之類的探討中完全忘記了兩人訂的『協約』，就是說，吃過了頭超過了我們口袋裡的支付能力。於是不管當初是誰答應作東了，兩人湊，湊不足，只得留一人在『文園』獨自坐候，一人到附近的《自由中國》之類的出版社去找人借錢了！自然，以後不管是誰拿到稿費，還是相約去『文園』喝酒的！當時廣東有名的稱作『龍虎鬥』的蛇貓合燒菜，單價是一元二角。幾次我都主張，豁上一個星期吃素不吃葷了，一定要嘗嘗這個南方名菜，但是幾次都為紺弩所阻擋。他總說，『何必這樣揮霍呢？省下這一元二角，明天再來吃它的蠔油豆腐、咕嚕肉嘛！』當時那種只求『今朝有酒今朝醉，那管明日無米明日饑』的浪漫詩人的作風，今天看來實際上也是反映了在國民黨統治下的抗日鬥志不得舒展的政治苦悶。尤其是一九四一年一月『皖南事變』慘案發生之後，我們談著在雲嶺新四軍總部為兩人所共同熟習的朋友，談著我們尊敬的葉挺，猜測著我們老軍長未來的命運！也談項英、談出身於創造社的宣傳部長朱鏡我，談黃源與詩人戈茅，尤其是關心著那個曾為詩人辛勞熱戀過而在金華仍念念不忘的教導隊女友的命運。我們雖是作著遙遠的祈禱式的祝願，卻無法寫懷念的文章。因為國民黨反動派的勢力當時已伸入廣西。」（〈又是一年春草綠〉）

一九四一年夏秋間，駱賓基離開桂林，轉赴香港。十二月八日，太平洋戰爭爆發。駱賓基當即決定去探視一下蕭紅，再決定自己的行止。端木蕻良考慮到駱是單身，就請他留下來，幫助照料重病中的蕭紅，將來一起離港，駱賓基同意了。四十四天之後，蕭紅病逝，駱賓基與端木一同將其安葬。之後，重返桂林。

差不多在同一時間，胡風也從香港來到桂林，住了整整一年（一九四二年三月至一九四三年三月）。後來胡風回憶說：「算起來，在桂林一年，到我家來得次數最多的可以說是老聶、彭燕郊、駱賓基和伍禾。」（《胡風自傳》）聶紺弩在五十年代整風期間的交代材料也說過，「（在桂林）我倒是經常和駱賓基、秦似、伍禾這些人的過從要密得多。」

一九四二年夏，由於受到國民黨當局點名威脅，聶紺弩離開《力報》，一度失業。後來在胡風的支持下，與駱賓基攜手合編《文學報》。可惜刊物只在一九四三年出了一期，即被圖書審查委員會取締。

在香港迎接老朋友

一九四三年秋冬之間，聶紺弩離開桂林，前往重慶。第二年春，駱賓基也在國民黨湘桂大撤退之前，轉赴重慶。在重慶，聶紺弩與駱賓基、彭燕郊等友人一度同住張家花園六五號文協「作家宿舍」。再後來，駱賓基去一家中學任教（期間曾被軍統逮捕關押一個多月），聶紺弩相繼在幾家報社編副刊。

一九四六年初夏，駱賓基聞訊家人在徐州遭遇困境，決定立刻前往。離開重慶之前，他去看望了住在回龍寺周穎處的聶紺弩，並告訴文協將要開會選舉理事的消息。在回龍寺住了一宿，第二天和聶紺弩一起下山。之後前往徐州，爾後又到滬杭一帶逗留。

不在一起的日子裡，他們用書信互通消息。聶紺弩曾在他主持的重慶《商務日報》副刊發表過駱賓基的一篇作於上海的〈罪證後記〉（一九四六年八月十九日），一通寄自杭州的〈駱賓基來信〉（一九四六年九月二十二日）。這封信是這樣寫的：「來信早收到……現在杭州改劇本之後，寫蕭的傳。你編的副刊，如可用此傳稿，當能抄一份寄上，稿費可由可羽支作旅費，望來示一提。又因宣傳，是需渝一月廿二日那張四週年紀念的報紙，因為那上你我兩篇文章，弟都未收存也。千萬找一找，早日寄下，萬謝萬謝。另《客觀》上有我寫的〈發表欲小論〉，也希能剪一份寄來。」

一九四七年春，駱賓基在返回東北途中被國民黨逮捕入獄。瀋陽易幟前夕，被解往南京，直至一九四九年初獲釋。之後，轉赴香港。而聶紺弩已於一年前來到香港。

為迎接老朋友的到來，一九四九年四月四日，聶紺弩寫了篇雜文〈迎駱賓基〉（載四月七日香港《大公報》）。文章說：

「駱賓基（這裡姑且止限於駱賓基），一個現中國的優秀小說家，為什麼一再地被捕，一再地幾乎被虐殺掉了！但駱賓基終於未被虐殺掉，終於勝利地脫離了虎口（或者說『人狗』口）！這是人民的勝利；人民的力量強大了，不可抵禦地勝利了。」

「得到駱賓基在東北被捕的消息的時候，我在重慶。那天，帶著沉重的心，買了一本《悲多芬傳》（羅曼・羅蘭著，傅雷譯）。翻開扉頁，上面有譯者加上的這幾句話：天將降大任於斯人也，必先苦其心志，勞其筋骨，空乏其身，行拂亂其所為，所以動心忍性，增益其所不能……（孟子）我好憤怒！瞧，我的朋友駱賓基，被萬惡的統治者捉去『苦其心志，勞其筋骨，空乏其身，行拂亂其所為』去了。」

「駱賓基，我的朋友，他是堅強者，他會在被虐殺中，即在『苦其心志……動心忍性……』的全過程中，更堅強起來！縱然不是堅強者，他也曾在被虐殺中，即在『苦其心志……動心忍性……』的全過程中，堅強起來；只要他不倒斃，不真被虐殺者吞掉！然而那『苦其心志……動心忍性……』的全過程是艱苦的，不拿出力量來，不把自己的生命的意義發揮到最高度，是不能戰勝的！我一面相信我的朋友，一面又擔心過大的災難不是人力所能抵禦；一面明知他通過了那全程，就會成為千錘百煉的英雄，一面又深感到在錘煉中，究竟太過痛苦。因此，我說，在那時候，我的心情不止是陰暗。」

文章結尾時，聶紺弩寫道：「新社會來了，我們要大踏步迎上前去，瞧啊，多少人和我們走在一起，人這麼多，駱賓基，別跑開了。咱倆靠近些！」

兩個月後，聶紺弩和駱賓基、呂熒等人一起北上，參加第一次中華全國文學藝術工作者代表大會。

給紺弩寄肉鬆和燒雞

一九四九年十月一日，聶紺弩和駱賓基應邀參加中華人民共和國開國大典。五天之後，駱賓基舉行婚禮，聶紺弩夫婦、胡風等朋友參加婚宴，鬧酒。從《胡風日記》來看，一九四九年之後到胡風被捕之前這幾年間，駱賓基和聶紺弩夫婦、胡風三家人往來是很頻密的：

一九五二年九月二十一日：到周穎處喝酒，駱賓基在。

一九五三年一月十八日：到周穎處，呂熒、駱賓基亦來。打撲克，晚飯後玩到十時過。

二月一日：到紺弩處，一道到他家。駱賓基來，玩撲克，吃晚飯，玩到十一時。

二月十五日：到老聶處，駱賓基、呂熒在。吃晚飯，打撲克，玩到十時過。

一九五四年四月二十七日：紺弩、駱賓基來。

一九五五年二月十三日：周穎。駱賓基來。

三月七日：周穎、駱賓基來，玩到夜九時。

不過，駱賓基在紀念聶紺弩的文章中卻說，「（五十年代）我們，雖說同在北京，一年也不過見面一、兩次，而且多是陪人趨訪，情雖如舊，卻也不似往日心魂相融般的膠著了！尤其是在對於古史及青銅文學的斷代方面，他是拘於『殷墟為甲骨文字之始』的否古（殷商之前的五帝、唐虞之古）觀點，且又固執己見，我們是很難如舊日般共話了！」

一九五五年六月，駱賓基因胡風問題受牽連，持續審查一年之久。

七月，聶紺弩也因胡風問題被隔離審查。反省結束後，聶紺弩很長時間都有著情緒，不願同任何人往來。偶爾來往者也都是三十、四十年代的老朋友駱賓基、何封、向思賡等人。

到了五十年代末期，聶紺弩成為「反右」鬥爭對象後，「駱賓基也有半年多沒有來往，他到郊區去體驗生活，來往就少了，搬到頤和園去後，絕未見面」。（〈關於周穎的發言〉）

一九五八年六月，駱賓基下放黑龍江；七月，聶紺弩遣送北大荒。兩人可謂近在咫尺，卻並未相見。駱賓基說：「我沒有去看他！我是下放牡丹江地區，也還沒有戴上政治帽子。雖然十年浩劫當中，在『漏網右派』的橫幅大標語之下曾經受過鬥爭，但當時確乎是行動自由，可以去蘿北（按，聶紺弩實際上是在密山）探望他。而且也不是沒作過朝思暮想的夢。但機會來了，卻又為我謝辭了。因為考慮到，見了面，免不了一番牢騷，那就會為以羅織人罪為政治攀登階梯的偏見者所誤解、所疑忌，或更有甚者故作誤解而網羅，那會給彼此帶來更大的不幸！」（〈又是一年春草綠〉）

聶紺弩夫婦與駱賓基（右一）、徐光霄

當大風暴雨來臨之後，聶紺弩以莫須有的罪名被捕入獄。他的朋友也是關的關，死的死，靠邊的靠邊，誰也救不了他。就在一九七四年，駱賓基的問題剛剛得到解決，領到了第一個月的工資，就立刻跑到聶家，第一件事便是要周穎給紺弩寄肉鬆和燒雞。事後駱賓基被領導批判道：「你關的是國民黨監獄，他關的是共產黨監獄，你送什麼東西？」但是，這絲毫沒有嚇住駱賓基，甚至找到茅盾，想托他帶信給周恩來總理。在非常歲月裡，敢於為一個「反革命分子」說上幾句話的，可謂鳳毛麟角。

一九七六年十一月二日，聶紺弩終於「特赦」回京，但政治問題並未解決。當時到車站迎接的只有三五人，包括朋友戴浩、駱賓基。

聶紺弩去世一週年後的春三月，駱賓基寫了篇紀念文章，說：今天的讀者可以想像到，「紺弩由於心臟及筋絡老化而安然壽終，在我們這些金華、桂林、重慶與香港等地長期流亡相處的友輩之間，形成一種什麼樣的哀思了！它的衝擊力是緩慢的，卻波及我們半個世紀的歷史性回憶」，這種哀思勝於一般的哀念，「它是深含淡淡悲戚之疼的」！

駱賓基等友人在北京車站迎接聶紺弩出獄（1976年）

奇肥怪瘦話連床——聶紺弩與秦似

聶紺弩比王力小三歲，算是秦似（王力之子）的父輩，卻和秦似稱兄道弟，顯得有點滑稽，但也說明兩人的良好關係。

秦似升帳，好事就來

一九四〇年四月，秦似應夏衍之約前腳剛到桂林，聶紺弩後腳也到了桂林。一天黃昏時分，在太平路《救亡日報》社，秦似看到一個氣宇軒昂，身穿一件日本軍官黃色絨大衣，卻又當胸打開扣鈕的人，邁著雄步走進來找夏衍同志。因夏衍不在，他就要了一張紙條，在上面留言。寫畢，還重看一遍，便霍地站起來，昂然走了出去。秦似第一次看到那個簽名——聶紺弩，字體工整而有一種文人書卷氣。

很快，秦似由於向紺弩主編的《力報》副刊投稿，以及籌辦「野草社」，兩人便熟悉起來了。宋雲彬桂林日記記載：「（五月二十日）午後五時進城，應夏衍之邀也。在東坡酒家小飲，商談出一專載雜文之期刊，座有王石城、秦似及聶紺弩。」又據秦似回憶：

特別夏衍同志，他對文章的洞察力很強，總喜歡看到生動活潑、有新意的文字，他自己寫文章，那怕寫的是社論，也總要注意及此的。因此，當我向他建議辦一個力求活潑，專刊短文的雜文雜誌時，立即得到他的贊同和支持。那時紺弩剛由皖南來到桂林，於是由夏衍同志約集了幾個人，共同商議辦刊物的事。不久就籌備第一期的稿件了。編輯一共五人：夏衍、宋雲彬、聶紺弩、孟超、秦似。這也就確定了它是同人刊物的性質。

記得是一面在集稿了，一面商議刊物如何定名。對於刊物的內容與方針，似乎大家都比較一致，沒有多大分歧，但刊名叫什麼，卻費一番斟酌。我們相約各人都想一兩個名字，然後公議采擇。夏衍同志想了兩個，其一是《短笛》，取「短笛無腔信口吹」的意思；其二是《野草》。其他各人想的，則都記不起來了。大家贊成用《野草》。那理由，倒不少為了因襲魯迅，而是覺得在那樣的時局下，這個刊名可能給社會和文壇帶來一點生氣，引人略有所思。（〈回憶《野草》〉）

聶紺弩晚年在懷念孟超的文章中說：「四十年前，咱們五人同在桂林編一個小小的雜文刊物《野草》。其實是剛露頭角的秦似掛帥，他每升帳，除了前面還有兩名大將之外，輪到你我『起霸』。咱倆做完規定的功架，把手一拱：『俺（假定秦似是諸葛武侯的話）——龍驤將軍關興』；『俺——虎賁將軍張苞』。其威風不下於包大人的王朝、馬漢。然後大家一齊說：『各位將軍請了！丞相升帳，你我兩廂伺候！』雖不必真這樣做，只在想像裡閃過一下，不也很有趣麼？何況秦似一『升帳』，好事就來了。他把提包往廣東酒家或老正興的餐桌上一擱，大家坐下來點了菜，一面喝酒，一面聽他編這一期《野草》的經過的報告，有問題就討論，有特殊文章就傳觀。」（〈《水泊梁山英雄譜》外序——懷孟超〉）

《野草》自一九四〇年八月二十日創刊後，在頭一年，最有影響的文章是夏衍的〈舊家的火葬〉和紺弩的〈韓康的藥店〉。那是在皖南事變之後，全國彌漫一片白色恐怖，桂林的生活書店於一九四一年春也忽然被封了。正是人們蘊藏著心頭的怒火，卻敢怒不敢言的時候。一天，秦似在科學書店（《野草》由該書店出版）辦點什麼事，忽然看見紺弩走進來，手裡拿著未封口的信，那裡面就是〈韓康的藥店〉。他說了聲：「巧得很，文章，你細看去吧。」說完便走了。「我立即讀這篇用毛筆寫在粗糙的土紙上的文章，真是令人擊節。我雖看懂了其中的含義，而且也預計到它將引起的轟動，但韓康是什麼時代的人，出於何書，並不知道。那時，夏衍同志已經去了香港。我立即帶到宋雲彬那裡給他看。他邊看邊發出會心的笑聲，口裡不住叫『妙！妙！』他告訴我，韓康出自《後漢書》什麼傳，是東漢人，紺弩把一個東漢人拉來和西門慶作陪襯，這種寫法真是奇絕的。惟獨這樣，人們便有點像看《山海經》或《聊齋》那樣，把鋒芒暗藏起來。果然，這篇文章連國民黨的書報原稿審查處的官員也嗅不出什麼來，竟給通過了，後來只有後悔不迭。」

桂林時期，聶紺弩和秦似常常一高一矮，走在那燈光暗淡的破爛馬路上。天南地北，無所不談。有一天晚上，兩人躑躅在街頭時，紺弩忽然說：「我要寫一篇詩人節和豆腐。」

「什麼？」秦似詫異了。

「詩人節和dòu fǔ。」紺弩的湖北口音很重，經常把杜甫說成「豆腐」。但他還是耐心地重複了幾遍，秦似這才聽懂了。

那時，在桂林文化界中，柳亞子、田漢等人是愛寫舊體詩詞的，似乎胡風也寫過，但紺弩總是見而遠之，但這不等於他不欣賞中國的詩詞。有一天，他們來到麗君路旁一間小木屋，那是跛子畫家余所亞的「家」。那天恰好他桌上有筆墨和宣紙，紺弩高興極了，給秦似和所亞各贈書一條幅。寫給秦似的是——「王郎酒酣拔劍斫地歌莫哀，我能拔爾抑塞磊落之奇才。豫章翻風白日動，鯨魚跋浪滄溟開……青眼高歌望吾子，眼中之人吾老矣」。秦似若干年後才知道這是杜甫的雜言體〈贈王郎司直〉，在當時只能勉強能念得斷句。紺弩之所以寫這首詩贈秦似，是知道他姓王，在下筆之前似乎想了好一會兒才想到這首詩。可是秦似那時不但對杜詩瞭解太少，對書法也無興趣，過幾個月，就不知丟到哪兒去了。也是在桂林，紺弩開始同秦似談音韻學，談到他看過秦似父親王力的《漢語音韻學》。並說，他在延安見到毛主席，也是談音韻學。秦似驚嘆道：「天，那時我知道什麼音韻學？頂多只是略知四聲平仄而已。萬想不到，今天我也靠音韻學吃飯。」

秦似還感嘆，紺弩對中國戲曲的欣賞情趣和欣賞水準，是驚人的。他說：「有一次，湘劇以鼎盛的陣容來桂林演出，頭一天，我們恰好在街頭遇到田漢，田便拉我們去看湘劇的演出。已無座位，我們幾個（還有誰忘了）便坐在樓上直廊的一角上。當徐初雲的《造白袍》上來時，這是個十分冷的戲，演張飛的徐初雲聽到夜風吹動竹林，彷佛是關羽的影子來近了，『二哥』一聲，全場鴉雀無聲。突然，我的身邊爆發了一陣有力的掌聲，那是紺弩鼓的掌。我一看他，情緒少有那樣激動過。當然，田漢和我們也都跟著鼓掌了。若干年後，當我讀到杜甫的〈觀公孫大娘弟子舞劍器行〉時，每次都浮現紺弩那次給我的印象。使我懂得，我國不少大作家、大詩人，是從我們民族文化的精華的浸染下成長起來的。植根於民族，植根於人民，這是紺弩之成為紺弩一個主要的方面。」（〈友情難忘錄〉）

秦似未死，《野草》復刊

一九四三年六月一日，《野草》出版第五卷第五期後停刊。九月，由於廣西省政府查封了在桂林出版的將近二十種刊物，加之桂林市出版業的排版費、印刷費漲價，大多數文化人生活每況愈下，一批文藝工作者為了生活被迫離開桂林。邵荃麟葛琴夫婦和司徒慧敏、聶紺弩等人去重慶，王西彥去湖南鄉間養病，秦似則到良豐道慈中學任教。

俗話說：「秀才造反，總是不成。」一九四五年初春，秦似參加了中共廣西省工委黃彰等領導的桂東南抗日武裝起義，起義悲壯地失敗，很多人犧牲了。不久，重慶等地的報刊出現了秦似夫婦遇害的報導。著名詩人柳亞子見報很傷心，寫了兩首痛悼秦似夫婦的律詩，有「烽火憐非命，干戈損盛年」之句。但是紺弩不太相信他死了，在一篇文章中說：「那位朋友（按，指秦似），據最近報載，已於去年桂林淪陷前後，在逃亡中死去了！這消息大概不確；他還不到三十歲，身體挺結實，平常也並不怎麼嬌生慣養，怎會只碰到一點小風浪，就一下子死掉呢？他還有在遺棄或者等於遺棄的生活中，獨立把他養大的老母，有比他更年青的夫人，有現在還不過兩、三歲的女兒，另一方面，有殷望著他的朋友，有喜愛他的作品評品的讀者，有亟需著辛勤的文化墾殖者的這個老大中國的荒原，沉重負荷壓在肩上，遙遠的前途展在面前，他怎能一下子就死掉呢？我常有一些羅曼蒂克的想法，每有較近的朋友死了，總以為他沒有死，不過像孩子們捉迷藏一樣，把自己『迷藏』在什麼地方了，說不定什麼時候，會出人意外地，一下子從斜刺裡跳出來嚇你一跳。對於他，我也願意這樣想。」

事實上，秦似真沒有死，而是躲藏在一個農戶家裡。國民黨當局懸賞六萬斤穀子買他的腦袋，到處張貼布告通緝也沒能抓住他。此消息傳至後方，聶紺弩立即在重慶《客觀》週刊上發表〈欣聞秦似未死〉，人們才知道真實情況。他在這篇文章的結尾呼籲：「秦似，快點跳出來呀！那麼，秦似的朋友和尊長，關心秦似的整個文化界的朋友們，想方法使秦似快點跳出來呵！」

一九四六年夏，當通緝秦似的布告還在廣西城鄉到處張貼時，秦似已從湛江經廣州輾轉到達香港了。「到香港後，便和紺弩恢復了通信。野草社五個人，那時，雲彬已先隨文化供應社到了香港，四六年秋冬之間，夏衍同志又由上海到了香港。我們便商議在香港恢復《野草》的事。我寫信告訴紺弩，他非常高興。並且不久就寄來了一篇文章，題目是〈毛澤東先生與魚肝油丸〉……發表之後，反映是很好的。不料到了五七年前後，卻有人拈出來指責了，說光看那題目就是對領袖不恭。但我覺得，正是紺弩，他是把毛主席當作一個人，一個革命領袖來尊敬的，他沒有把他當作神。這也是紺弩的可愛之處吧。」（〈友情難忘錄〉）

這年十月一日，《野草》（不定期刊）復刊號在香港出版。按當時港英當局的規定，出版期刊須先繳納二千港元保證金方發給執照。因籌集不到這筆款項，決定改用書本的形式，以「野草叢刊」的名義印行。

一九四八年三月，聶紺弩輾轉抵達香港，開始擔任《野草文叢》編委，並為《野草》撰文。秦似回憶：「在香港，紺弩是作為周穎的家屬，住在港九勞協的房子（九龍梭亞道十五號）的。他夫婦住在會議室旁邊的一間不到十平方米的狹長房間裡，僅容一臥榻、一小小的寫字桌和一張舊沙發椅。儘管如此，我每星期總有一、兩天要在這兒過夜，因為外面的會議室的長木椅，把兩張合起來，便是床了。他當年那件日本軍大衣，不大穿了，便拿來給我臨時當被蓋。他過香港來，有時也住到我桃李臺的寓所，當然只有一間老虎尾巴，我夫婦、女兒睡一個大床，還恰恰能給他打一個帆布床。這時，我們除了論世談文之外，又多了一個友誼——下圍棋。」（〈友情難忘錄〉）

在港期間，聶紺弩為秦似雜文集《在崗位上》（求實出版社一九五〇年三月版），寫過一篇「外序」（即不附在書上之序）。文章說：

本書作者秦似先生是讀者熟知的雜文好手，但與其說他是個文人，不如說他是一個戰士，他的每篇文章都是為戰鬥而寫，和舊中國的統治者戰鬥的。魯迅先生說：「還有想活下去的人麼？先就該敢說、敢笑、敢哭、敢罵、敢怒、敢打，在這可詛咒的地方，擊退這可詛咒的時代！」秦似先生就是用文章證明自己是對舊中國「敢怒敢打」的作者之一，是用他的戰鬥配合整個中國解放運動，共同在可詛咒的地方擊退了可詛咒的時代的作者之一。這本集子就是他的戰績。書名《在崗位上》，極符其實。至其文筆簡潔犀利，劍氣刀光，咄咄逼人，猶其餘事。

期盼來京，相與一笑

一九五一年之後，聶紺弩在北京，秦似在廣西，兩人較少相見。一九六三年九月下旬，秦似赴北京大學進修漢語音韻學，直至翌年七月結束。進修期間，多次探望夏衍、聶紺弩、宋雲彬等友人。十年浩劫期間，聶紺弩在山西獄中，秦似每次來京，都要找駱賓基探聽紺弩的消息。出獄不久，聶紺弩就向黎丁打聽秦似，後來寫了兩首詩相贈：

贈秦似

文藝君家最擅場，十年不見話連床。
我詩臆造原無法，笑煞邕漓父子王。

秦似夜話

友誼詩情卅載強，奇肥怪瘦話連床。
昔人無字無來歷，今子一言一慨慷。
仰望銀河星欲滴，回思野草意方長。
高談未已軒雷作，悄把天花掃入囊。

一九七七年八月五日，聶紺弩曾給廣西人民出版社《辭源》修訂組的秦似寫了出獄後的第一封信。鑒於該信《聶紺弩全集》未收，不妨抄錄如下：

秦似兄：

一部十七史，從何說起？

數月前蒙贈大著詩韻二冊，尚未拜讀，即被人搶去。可見此書定有銷路。但我因尚未看，無話可說，失去給你寫信的由頭。我久想寫信給你，聽說你有事要來，不如等你來後面談。有許多事寫信談不好，面談則三言兩語可決。但你至今未來。

我又不想、不願、不敢寫信。十餘年前，你到家找我下棋，一次我略及我的杞憂，你厲聲說：「這不用你擔心！」我才明白你我共同語言已少，就下棋吧。後來你連棋也不來下了，我也未覺遺憾。現在給你寫信，假如你的見解和心情還和十多年前一樣，又有什麼寫信的必要呢？

按照十多年以前又以前的關係，先談幾句廢話吧。我在裡面十年，所幸有許多時間看書，馬恩全集讀了一大半，其中最大的資本論，四卷六大冊二百五十萬字，一卷讀了十遍，其餘各卷至少三遍，反杜林和列寧的唯物主義經驗……各讀了二十五遍，其他不提。這些書一看下來腦子真是大大改變了，包括對以前你說我研究水滸是學究式，宋之的說我講古典小說不能引經據典的意見的理解。關於這些以後詳談。

去年九月被寬大釋放，月領生活費十八元，現依周穎為生。家中三妹周（同）海燕相繼死去，靠古稀老嫗燒飯及料理一切。她同我一樣有喘病，我不但喘而且大失走路能力（如果是單人房，恐已成啞子），一點不能幫忙理家。而我們又都越來越老，前途不堪設想。因此有求於你，這是信的本題。

有個女的名叫申娟，五十多歲了，在南寧化工廠工作。她是我的表侄女，也是義女養女之類。她的丈夫名「李劍（健建？）秋」是黨員，在廠內當科長。據申娟說，他們感情不合已分居十幾年，屢次提出離婚，不知何故，男的總不同意，告到法院，法院向廠裡瞭解，廠負責人總聽李劍秋的，因之一直批不准。這事，早由周穎函告翰新同志，翰新亦曾出力，但也無效。似乎還有別人幫忙，也都無效。據說其所以無效，是因為幫忙的人都不是有地位的黨員。就是說如果有一個有地位的黨員出來，情況就大不相同了。因此就想到你。又想這事於你太風馬牛了，所以遲遲未寫信。但她們如果離婚了，於我和老周大有好處。她自由了，退休之後，就可來京和我們一塊生活。我們有了這樣比較年輕的人在一塊兒，晚年就好過得多。這又是終於寫這封信的理由，不用說，動機是不純的。如果你念過去幾十年的關係，覺得此事不妨愛（礙），和有關方關（面）談談，不是完全無法，完全無人可找，那就請插插手看，這事翰新比我知道得更多，請與之商談商談。如果完全無法幫忙，當然只好作罷。

關於別的，只一句話，只要你無顧慮，肯和我通信，我們會有暢談一切的機會。

祝好！並問翰新好！

申娟愛人的名字，可和翰新對證一下，我記不清了。

紺弩上　八月五日

一向很少求人的聶紺弩，這次拉下老臉向老朋友秦似求助，秦似也應該是幫了忙。據信中的主人公申娟回憶：「文化大革命開始後，我又和表叔（按，指紺弩）家失去了聯繫。一九七六年表叔被特赦回京，不久即讓表嬸打聽我的消息。當知道我在廣西南寧化工廠工作時，即通過廣西大學秦似教授找到我。我得到消息後，即趕到北京探望他們。我退休後，就根據表嬸的意見搬到北京住了一段時間，並代為料理家務。」（〈表叔的情和義〉）

一九八四年四月四日，聶紺弩為孟超《水泊梁山英雄譜》作序，文章結尾寫道：「孟超往矣，秦似下次來京，見此相與一笑，不亦樂乎？」很可惜，秦似的「下次來京」，竟遲遲未果。據說紺弩在尚在人間的最後一些日子裡，每有友人來，便要問：「秦似在哪裡？」可見，他是多麼渴望和秦似再得「相與一笑」的機會啊！

斯人不再，友情長存

當秦似再見到聶紺弩時，他已經躺在八寶山的殯儀館了。

一九八六年四月七日，在聶紺弩遺體告別儀式上，夏衍一見秦似，就說：「《野草》社只剩下我們兩個了。」告別儀式之後，秦似作了兩首哀悼紺弩的七律：

一

一代風流未占春，癖王百事任天真。
九年坎壈囚中日，十載支離劫後身。
病榻晨昏揮彩筆，幽居寒暑對浮雲。
從今便是音容絕，三月花時哭故人。

二

早歲從軍黃埔港，壯年留學莫斯科。
未憑履歷要高爵，漫把文章降障魔。
野草操矛風雨晦，北荒吟詠慷慨多。
豔陽普照神州日，痛為先生譜輓歌。

秦似自桂來京參加老朋友喪禮的同時，也探視了病危的父親王力，不料四月十日自己即臥病入院。五月三日，王力撒手西去。

五月十日，秦似在中日友好醫院手術，確診為胰腺癌晚期，回天乏術了。

在手術後不到兩星期，傷口才稍稍癒合，秦似即扶病揮筆，撰寫悼念聶紺弩的文章〈友情難忘錄〉。他每天只

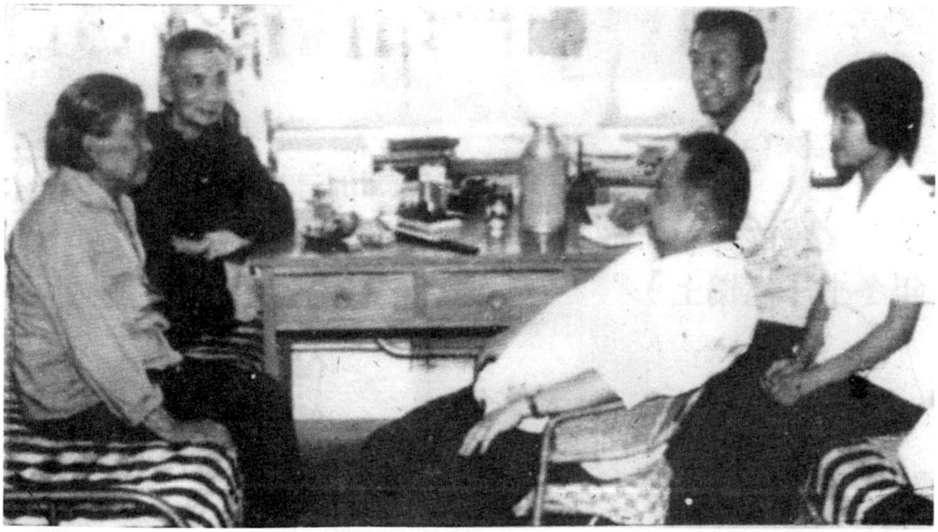

聶紺弩夫婦與秦似（中）、彭燕郊（1982年）

能寫一小時左右，斷斷續續寫了兩、三天，即由於護士的干涉而中止。七月十日，秦似去世，寫成的五千餘字竟成為獲麟之筆。

兀者畫家「申徒嘉」——聶紺弩與余所亞

畫家余所亞是一個「兀者」。

什麼是「兀者」呢？「就是說兩隻腳失掉了作用，不能站，更不能走，卻又沒有斷掉，永遠累贅著他。要穿鞋、襪、褲，享受跟別人的腿和腳一樣的權利，卻不肯盡走路的義務，而且當他用膀子和手走路的時候，它們還像一隻大力的手抓住他的衣領，不許他前進似地拖住他：他在前面走，腳用鞋尖在他後面的路上劃出兩道輕淺的軌跡，像兩個蝸牛走過了一樣。他的鞋子比別人的早五倍的時間就爛了，鞋、襪、褲，永遠被灰土或泥水裹著、浸著。」「他走路是用兩只特製的輕便的小凳子，約莫一尺多高。兩隻手抓住凳子，膀子筆直地撐著，讓他的身體騰空起來，不，他的腳還拖在地上的，這，在他就叫做『站』。用一隻膀子撐著身體，另一隻拿起向前移動這麼半步遠，隨即用這隻膀撐住身體，那隻拿起凳子向前移動，交替不停，就叫做『走』。」（聶紺弩〈德充符——演莊子義贈所亞〉）

余所亞就是這樣的一個兀者、殘廢人。陳鳳兮說，「他身體的上半截，膀大肩圓，眉目清秀，談笑熱情瀟灑，手裡經常一支煙斗，神氣得很，是個壯偉的男子漢。可是他下肢就不行了，他生下來兩腿就失去作用，不能站不能走，卻又沒有斷掉，永遠累贅著他，要穿鞋、襪、褲，卻不盡走路的義務。而且當著他用膀子撐著小凳子走路時，它還像一隻手在地下拖著他，不讓他輕快往前走。他走路像一個矮子，就靠兩只特製的輕便小凳子，約摸一尺高，他兩手抓緊兩個凳子，先用一個膀子筆直地撐著一只凳，讓他另一膀子的手移動身子往前進，這樣交替往前挪動，就是他的走路。他走時只到別人腰身那麼高。」（〈余所亞這個人〉）

余所亞是一個畫家、藝術工作者。他一生以驚人的意志和毅力，專心致志於文化藝術事業。黃永玉評價：「老所在漫畫界是個思想家。抗戰時期香港、重慶、成都、昆明；抗戰勝利後的上海，他的漫畫作品含義深刻，從不流俗。」（〈余所亞這次真的死了〉）姜德明說：「他的漫畫很尖銳，都是刺向日本帝國主義和國民黨反動派的，同時也看到了他創作的一些木刻作品。……當然，他也為雜誌和書籍畫了一些封面。風格豪放，又注重裝飾美。」（〈余所亞〉）

灕江風雨情

余所亞是聶紺弩的好朋友。在沒有認識紺弩之前，余所亞先讀過他的作品。余所亞說：「我第一次讀到他的作品，是在一九三六年香港。那時，我在蔡廷鍇將軍領導的中華民族解放大同盟機關報《大眾日報》主編美術欄，因為在報館工作，有機會看到各種報刊，就在一份雜誌上看到了紺弩的小說，記得篇名是〈一根棍子〉。現在事隔半個世紀，這份雜誌的名字早就忘了，小說中的大部分細節也記不清了，但作品的中心思想卻依然清晰地銘刻在我的腦海中。它給予我的強烈印象，不在於遣詞造句的動人，而是人物心理描寫的真實。」「我想小說中的『我』大概就是作者本人吧，他寫得那麼真實可信，因而感到作者是一個非常可愛的人，他有著批判自己的美德，把自己心裡想的東西，全部如實地擺在讀者面前……自此以後，每逢看到聶

余所亞（右）與胡風、詩人伍禾（1942年）

紺弩這個名字，我就會想起〈一根棍子〉這篇小說。於是，凡見到他的作品，我必看，心中對聶紺弩三字也有了越來越多的好感。」（〈灕江風雨情〉）

一九四〇年春，聶紺弩從金華來到桂林；接著，余所亞也從香港到了桂林。

余所亞初到桂林時，文藝界的朋友宋雲彬、黃新波等為他開了一個小小的歡迎會，他們介紹在桂林這個抗戰後方的生活經驗。「新波說他和一些木刻青年在一起搞了個木刻工作者協會，在那裡安身、吃飯、工作，還有兩位文化人跟他們搭伙，其中一個叫聶紺弩。我一聽到這個耳熟的名字，便問：『就是三個字很怪的那個傢伙吧，他住在哪裡啊？』原來紺弩在桂林主編《力報》的副刊《新墾地》，就住在報館裡。」（〈灕江風雨情〉）

那時，桂林在抗戰中的地位日顯重要，日機隔三岔五就來搔擾，人們就要跑警報。余所亞小時患小兒痲痹症，兩腿萎廢，不能行走。他看到岩洞附近有許多專為躲警報者開設的茅屋茶棚，就用高價買了一間改成「畫室」。這樣，他就靠近岩洞生活，有事進洞，無事可以作畫。這間「茶棚」也吸引了很多來客，無形中成了文化界朋友聚談的地方。

一九四〇年的一天，幾個朋友突然帶著聶紺弩來找余所亞。兩人可謂一見如故，一談就攏，紺弩開口便要求所亞畫一張魯迅像，說是要掛在紀念魯迅逝世四週年的會場裡。所亞一口答應了，可是手邊一點材料也沒有，只是過去從照片上看到魯迅有一小撮鬍子，於是憑印象畫了出來。後來，紺弩在紀念會上發表了演講，又在《新墾地》上刊載紀念文章。大概是在什麼文章裡說道：開紀念會那天，正值他牙疼，很苦惱，來到會場一看，又見掛著的魯迅像不像，這是剛從香港來到桂林，畫魯迅畫不像的余所亞畫的。余所亞說：「我聽到他的指責後，一點也不介意，倒以為他在給我做廣告。因為我在香港畫漫畫雖已小有名氣，但在桂林瞭解我的人還不多，紺弩的這番評論，不是在向桂林人介紹我是何許人嗎？況且，我畫的魯迅確實不像，然而，我畫郭沫若是很像的。紺弩對我的評論，非但無損於我，倒使我覺得他非常坦率，他不是認人的名氣，而是根據作品的實際水準作出如實的評價。」「有人認為紺弩很傲慢，但他對我們這幫比他小近十歲的青年人，卻是倍加愛護。他曾作散文〈飛機木刻號〉，就是以他目睹的事實，表彰新波、仲綱、曹若、莫莎等木刻青年，描述了他們清貧的生活，忘我的工作，節衣縮食捐獻飛機的愛國熱忱，至今讀來，依然感人至深。這是對同志的鼓勵，又是積極的抗日宣傳，收效甚大。在和他本人的接觸中，在讀了他更多的作品後，我對他也由好感進而產生了敬意，我們的往來，也就越來越密切了。」（〈灕江風雨情〉）

不久，余所亞在靠近桂林文化供應社的麗君路租到一個大院子，房間不少，房主要求他全部租下。他只得租下後把多餘的房間再轉租給別人，自己留下三、四間。這個地方離躲空襲的老君洞很近。老君洞很大，離桂西路不遠，住在那裡的文化人都到這裡來躲空襲。紺弩因為工作的力報館離防空洞遠，所以也搬到余所亞這裡來同住，有時就在防空洞口看稿子看書。紺弩寫完一篇稿子後常常先徵求余所亞的意見，問他能否看懂。當然，余所亞的漫畫，紺弩也總是充當第一個鑒賞者。

回首往事，余所亞說：「在這段朝夕相處的日子，平時有一位陪同我到桂林來的年輕人梁國韶幫我們買菜，我負責做飯，至於洗碗，則由紺弩包了。紺弩有時簡直忘了我是個殘廢人，每當他仰躺在床上想他文章的鬼點子時，口裡就喊著：『火！火！』我明白他要抽煙了，只得用手撐著凳子到處給他找火柴。有時朋友相聚，他吆喝著大家出去喝茶，朋友們一個個拔腿就走，紺弩一邊走一邊責怪我道：『你怎麼還不走啊？』可是，過一會兒，又是他折了回來，叫來一輛黃包車，把我接走。所以，我也氣惱他不得。」（〈灕江風雨情〉）

兀者申徒嘉

大概是抗戰末期，聶紺弩、余所亞都去了重慶。一九四四年周恩來還在重慶接見了所亞，對他很賞識和關注。一九四七年四月二十一日，聶紺弩寫了篇長文〈一個殘廢人和他的夢——演莊子《德充符》義贈所亞〉（又題作

〈德充符──演莊子義贈所亞〉），在香港《大公報・大公園》連載了半個多月，引起很多文化界朋友的關注，讓更多的讀者認識了余所亞。黃永玉甚至認為，這是一篇「研究老所最權威的文章」。

陳鳳兮在紀念余所亞的文章中說：「聶紺弩和他交好數十年，愛他愛極了。紺弩曾寫一篇文章把他比作莊子寫的〈德充符〉篇那些『兀者』來頌揚他。〈德充符〉是莊子一篇道德論，論道德完美的人。莊子用寓言形式寫了幾個殘廢人『兀者』，是道德最好的。聶紺弩曾說：余所亞這個人呀！你如果沒有褲子穿，他可以把身上的褲子脫給你穿，他自己可以鑽進被窩裡，並告訴你說：『我正想睡覺哩。』」紺弩在那篇〈一個殘廢人和他的夢〉，就借用寫「德充符」中的「兀者申徒嘉」的行動來形容余所亞：

> 「申徒嘉，我要在你屋裡作點事。」
>
> 「你作吧，我反正要休息了。」假如那時候他正在畫畫作什麼的。他是一個畫家。
>
> 「可是你在家，我作不成咧。」
>
> 「不要緊，我本來馬上就要出去的。」
>
> 「申徒嘉，我要在你這兒過夜。」
>
> 「你就睡在我床上好了。」
>
> 「可是你只有一床被蓋呀！」
>
> 「不要緊，我早就要趕一晚夜班的。」
>
> 如果落魄了，也盡可以搬到他家裡去住，一年兩年的住下去，他都會坐著車子到四處去張羅錢來開伙食，而且惟恐你知道他為難！有了辦法，你跑得無影無蹤好了，連信也不必寫一封給他，別以為他會有什麼芥蒂！

聶紺弩很少頌揚別人，他這麼形容余所亞，你會知道這個余所亞是個怎樣的人。聶紺弩又說：「無論是申徒嘉或所亞，都沒有什麼了不得，不過在舊世界裡，哪怕是一個畫家的一點點美德，有時也很難能可貴。表揚一下那種美德，也要算是對舊世界的戰鬥的。」

福建作家賴丹回憶：「在還沒有見到余所亞同志之前，我就曾在香港《大公報》羅承勳主編的《大公園》副刊上讀到著名雜文作家聶紺弩同志的一篇連載寓言小說〈一個殘廢人和他的夢〉，留下了雖未見其人但卻難以泯滅的藝術形象。作者引古喻今，把古代一個患有殘疾，但靈魂聖潔、思想高尚的人，給予近代現實生活豐滿的血肉和思想感情，把其寫活了起來，其中就有余所亞的形象和影子。直到與余所亞同志親自晤面之後，就感到藝術形象與真人之間的形神兼似，逼真無異；同時才恍然大悟，驚嘆聶紺弩同志運用傳神之筆的藝術技巧高超，寫古是為了繪今，他是借古人的形體軀殼，來寫余所亞的思想靈魂。副題『……贈所亞』云云，是作者用色彩斑斕的畫筆來速寫素描余所亞的戲稱而已。」（〈天門可登〉）

余所亞雖然失去雙腿，但是練出一雙好手，不僅能畫漫畫搞木刻，而且會寫劇本會作詩。中國第一部木偶童話影片《大樹王子》就是他撰寫的劇本。余所亞在香港主持的這部電影是向綜合藝術的突破，其中包括了編劇、繪畫、雕塑、音樂、攝影等藝術領域多方面的實踐，都取得了一定的成果。一九五〇年四月十日，聶紺弩於香港作〈大樹王子〉一文（載四月十二日《大公報・大公園》），進行客觀中肯地評價：

「《大樹王子》的出現，是中國影壇上的一個喜訊。它表示中國已經有了傀儡影片了。今天，中國恐怕還很難有專為兒童攝製，專映給兒童看的影片，如果有，《大樹王子》當是第一部。但這不是說成人就不必看，有童心的，富有藝術興趣的，看起來還是會津津有味。最近的將來，一定會有很多為兒童的影片出現，因為太急需了。《大樹王子》它自己指出了這一工作的明確的方向」，「《大樹王子》不但在電影上開了一個新元，也給傀儡戲一個非常大的刺激，可以使傀儡戲因此而大大地提高。」

「在編劇上，《大樹王子》有好些兒童的想法，最顯著的一個，孩子一生下來就會走路，說話，並且很大了。在成人的世界裡，當然是極不常識的笑話。但作為童話看，用兒童心理看，或者反而正應如此。但就全劇來說，劇情有些地方發展得不夠，尤其是王朝覆滅的情景太簡單容易，沒有把憎恨的情緒發揮得痛快淋漓。……它能使我們欣慰的，本不在它已有了高度的成功，而在它是一個成功的開始。」

相逢皆病老

一九七六年，聶紺弩從十年囹圄中獲釋歸來，余所亞贈詩一首：

憶君常下淚，君回淚乏垂。咫尺如千里，藍橋約會誰？
灕江風雨夜，嘉陵煙霧隨。相逢皆病老，幸嗟暮禽歸。

一九七八年五月二十九日，聶紺弩在致高旅信中談及余所亞的婚姻家庭，云：「所亞曾兩次得少女之愛，其一次是在重慶，其人白小羅，頗美好，所公偷哭十餘次，終峻拒之；另一次在京，其對象住周穎處，最後被所公拒，痛不欲生，終離京他去。人皆不解如此美人何以被殘廢人所拒」，「後所公與一年長保母（姆）小腳文盲且帶一成年女兒的人結婚，終日相對無言，所公自得其樂，毫無他意。故知此公內在深邃，非凡夫可測，拙作〈德充符〉幸非妄作矣。所公生一子已十餘歲。健步如飛，所公常笑其非已所出。」

進入八十年代，余所亞的住房因「文革」期間被侵占，長期不能解決，還有他參加革命工齡如何計算也發生了問題，所以苦悶在家，一籌莫展。聶紺弩因長期病臥在床，便安排小外孫方瞳經常去府學胡同余所亞的家裡看望他，並替家人傳遞消息。方瞳說：「余爺爺和我說起爹爹時，神色很激動地說：『你爹爹寫文章罵我。』我很詫異地問他：『怎麼會罵您呢。』他說：『他怕我名頭不夠，所以罵我說是畫魯迅不像的那個余所亞。』」

一九八五年，聶紺弩以同為政協委員的老伴周穎之名寫信給北京市委統戰部部長高戈，反應余所亞的現實困難問題。信上說：

文藝界的余所亞同志，擅長漫畫、油畫、美術設計及木偶戲編導等藝術，我們和他是四十多年的朋友了，不知您是否認識或知道他。他為了在文革期間住房被侵占，至今不能落實政策予以解決，以及他參加革命工齡如何計算也發生了問題，特寫一信向您求援，讓我轉陳。現將他的信奉上，閱後可知其詳。希望您能給予他以照顧和幫助。關於余所亞的情況，我向您做一簡單的介紹：……（引者略）至（一九四九年）十一月間才由香港來京，由組織上接待並安排他在京工作。一九五三年他在北京結婚，對方是一寡婦，又是無文化的家庭婦女。當時她在余的鄰居家做保姆，見余有殘疾，常予以照顧，隨後發展成為夫婦。過去對余表示好感的年輕女同志並不少，可是余總是表示拒絕。在北京，我就看到馬思聰的姨妹愛上了他，由於他的拒絕，幾乎要自殺。因為他自知自己是個身有殘疾的人，不能坑害別人的終身幸福。從這一件事看，其人的作風之正派，也是很可稱道的。

老余在文藝美術上的成就，國內外頗有名聲，但他因行動不便，除非別人找他，他很少和人接觸，更談不上拉關係找門路，而他又是需要照顧和幫助的人。茅盾在文化部長任期內，有一批示寫著「此人要照顧」，就指的是余。這批示還放在余的檔案裡。現在他已七十五歲到晚年了，他的住房和參加革命的工齡問題，都是當前急需解決的問題。因此他悶在家裡，苦思焦慮，一籌莫展。日前叫他的兒子來找我，可我對他無能為力，我因想到他在全國解放前後為革命做了大量的工作，是文藝界知名的知識分子，又是歸國多年的香港同胞，屬於統戰對象。他所在的單位中國木偶藝術劇團的頂頭上司北京市文化局又屬市委管轄範圍，故寫這信給您添麻煩。我想您如看到他的出身、成就、參加革命的經歷及目前艱難的處境，一定會給予他以照顧和幫助的。他的問題解決了，政治影響也不小，您不會怪我多事吧。

老余很想去拜望您，但他行動太不方便。您是否可以找位同志去看看他，和他談談，先給他以安慰，讓他冷靜下來，等待為他解決問題。這樣好嗎？（王存誠編《聶紺弩集》下）

我不知道余所亞的問題是否得到完美解決，但我知道寫這封陳訴信的第二年春天，聶紺弩就去世了。當余所亞驚聞噩耗，頓覺眼前白茫茫的一片。他帶著一雙已無視力的眼睛，坐著輪椅去到八寶山和老友作最後的告別。方瞳看見他淚流滿面，哭得聲嘶力竭。

夢裡相見幾多回——聶紺弩與杲向真

聶紺弩去世後，女作家杲向真寫了一首詩〈悼紺弩〉：

你大喊大叫來到人間
離去時卻悄然無聲
天空微微飄動著的浮雲
可是你戀戀不捨的魂靈

你蘊含著真善美的靈魂
在崎嶇的道路上奔走一生
從不哀嘆坎坷的命運
一世正直磊落光明

人間的美醜善惡
浪濤般在你腦海飛流奔騰

你揮筆灑下的血和淚
光如閃電浩如繁星

你活著我沒有把你探望
你去時我不能為你送行
是否你在揮手向我告別
為什麼青青垂柳搖曳不停

你帶走了我心底的寧靜
也帶去了我敬慕的深情
我多想隨你而去呵
海角天涯永遠伴行

一九八六年十月十六日於北京

《文藝報》（一九八七年二月七日）發表這首詩時，還附了一首聶紺弩七律〈贈高抗〉：

幾年才見兩三回，欲語還停但舉杯。
君果何心偷淚去，我如不死寄詩來。
一冬白雪無消息，此夜梅花孰主裁？

怕聽收音機裡唱，梁山伯與祝英台。

高抗先生教正。二十年前舊作。聶紺弩時年八十，詩於一九六一年冬寫。

編輯與作者

高抗是誰？是杲向真抗戰期間在重慶時所用筆名，一九四九年後停用。杲向真又是誰呢？

杲向真（一九二〇至二〇一一），原名杲淑清，筆名向真、胖實、高抗、二丫、杲嵐等。祖籍四川達縣，生於江蘇邳縣。一九三五年考入南京中央高級助產學校，一九三七年開始業餘寫作。歷任醫療隊員，中學教員，成都《西方日報》「西苑」主編，《川西日報》副刊編輯，《學習》雜誌編輯，中國作協創作研究室、北京市作協專業作家。有長篇小說《災星》、《啊！不是幻影》、《耗子精歪傳》，中篇小說《路》、《喜梅和她的老師》、《翠玉河傳奇》，短篇小說集《採擷集》、《祕密行動》，兒童故事集《帶臂章的人》、《杲向真和她的作品》、《杲向真童話選》，詩文集《泡沫的歌》等。

話說一九三七年盧溝橋事變後，杲向真剛好也從南京助產學校畢業，被分配到湖南長沙衛生實驗處的一支醫療隊工作。在去長沙途中，她看到許多動人的抗日救亡情景，深受

杲向真像

感動，忍不住提筆寫下第一篇作品〈小小募捐隊〉，發表在長沙出版的《觀察日報》文藝副刊上。此後，她陸續發表了一些詩歌、散文和短篇小說。

一九四〇年夏，杲向真轉移到桂林，朋友們替她在衛生署醫療防疫隊找到了工作。不久，她寫了一篇揭露一個醫療隊長借為人民謀福利之名，假公濟私，搜刮錢財的小說。這篇小說在聶紺弩主編的《力報‧新墾地》副刊上以「胖實」的筆名（聶紺弩為其所取）發表出來後，觸怒了醫療隊長而被開除。也因此，聶紺弩和杲向真相識了，只是普通朋友關係。

到了一九四六年中，聶紺弩和杲向真都在重慶工作的時候，兩人雖然彼此都有愛人，但是夫婦關係都不好，於是走在一起搞起了婚外戀。當時，杲向真在重慶市立醫院工作，業餘愛寫文章投稿，而聶紺弩在主編《商務日報》「茶座」副刊。於是他利用自己的一點小小權力，發表了若干篇署名「向真」的文章：

一、散文〈心裡明白〉，載《商務日報》一九四六年六月一日。

二、小說〈馬耳朵〉，載《商務日報》七月二十一日；

三、小說〈腳底下的牛肉〉，載《商務日報》九月九日；

四、小說〈打水仗〉，載《商務日報》九月十一日；

五、小說〈小牛兒〉，載《商務日報》九月十四日；

六、小說〈鄰居〉，《商務日報》九月二十一日、二十二日、二十三日、二十四日連載。

一九四七年秋冬之際，聶紺弩離開重慶回到武漢。聽說京山老家的祖屋並沒有全部被日機炸毀，原想搞一點錢到什麼地方去和杲向真一起過生活，就動念去賣房子。於是回老家賣掉房子，得到一筆錢。可以想見，當時聶紺弩是一種什麼樣的心情啊！

一九四七年底、一九四八年初，聶紺弩在武漢接到杲向真的信，說她同丈夫到成都《西方日報》去了（她原來在紅十字醫院當護士）。聶說：「我看見信後又痛苦又氣憤，她原說要堅決離婚的。這時我有了點錢，就乘飛機到重慶，趕到成都。到了成都，她就跟我轉到重慶。到了重慶臨上船東下時她又堅決要回成都。我以為這樣分手就完了，及至我到武漢，又接到她的信，還是要出來，不過有病進了醫院。」（〈歷史材料重寫〉）

聶紺弩寫信給杲向真，勸她出來，說等她病癒出院。等了差不多個把月，最終「杲來的事情已經絕望了」，便於一九四八年二月去了香港，因為那裡有老婆和女兒。

心願與遺憾

一九五一年六月，聶紺弩從香港回到北京，出任人民文學出版社副總編輯。杲向真二〇〇二年七月四日在北京寓所對侯井天說：「我與聶紺弩一九四〇年初識於桂林，五十年代初在北京還天天見面。一九五一年冬我去四川參加土改，一九六一年返回北京。有一次，聶紺弩在北京東安市場北門外東邊一家飯館請我吃飯。十年未見過面」，「吃飯時聶問我黨籍，我說開除了（按，杲的黨籍後已恢復），並流淚。」所以，聶紺弩〈贈高抗〉才有這樣的句子：「幾年才見兩三回，欲語還停但舉杯。君果何心偷淚去，我如不死寄詩來。」多麼的癡情與浪漫啊，怎能不令人傾倒？第四句其實是借用張問陶〈致袁枚〉：「先生八十我方知，不死年年望寄詩。」（《船山詩草》卷十一）至於詩中的「白雪、梅花」，杲向真說「都是指我本人的隱語」。

一九五五年七月，「肅反」運動開始，聶紺弩雖然沒有被定為「胡風分子」，但仍被認為「有嚴重的政治歷史問題」，支部一致通過開除其黨籍（後改為留黨察看）並撤職。支部大會對聶紺弩做出處理決定後，他於一九五六年五月二十四日寫了〈對支部大會決定的意見〉，其中對於定他「解放前一貫玩弄女性……在解放後仍未有所改變」一條，辯白說：「解放前，沒有離婚和另外女性發生了某種關係，甚至同居，無論具體情況如何，結果總是玩弄女性了。但解放後，我絕未和任何女性發生那種關係，甚至離婚幾年後也沒有。」一段婚外情竟然被提到政治的高度，定性為「一貫玩弄女性」，在今天看來實在是很荒謬可笑的，而在階級鬥爭觀點絕對化的那個年代，人們似乎皆以為然，連聶紺弩自己也只好承認「結果總是玩弄女性了」。

一九八一年八月初，杲向真去看望病癒出院的聶紺弩，獲贈〈和二十年前〈贈高抗〉舊詩〉：

夢裡相見幾多回，詩情畫意溢滿杯。
臨江坡陡來復去，漢宮消夏去又來。
風雲突變無寧息，水流花落何須裁。
但等喪歌一聲唱，攜手同登野塋臺。

杲向真曾致信侯井天說：「詩是寫在一九八一年八月三日檯曆一頁的後面的。我去勁松看他時撕下給了我。」清華大學王存誠教授曾與侯井天評說此詩：「看來是在等杲來訪的短時間裡急就的，感情直白而出，詞句不及修飾，格律方面也出入較大，是其他聶詩中少見的。」

詩中的「臨江陡坡」，可參閱杲向真晚年的一篇回憶散文：「離開重慶整整五十年了，留在我記憶裡的，是重慶的坡路；幾十年來時時縈繞在我心頭、使我難以忘懷的，是臨江門那約五百層階梯的陡坡……當時我在重慶市立醫院門診部工作，院址在臨江門陡坡的下邊，這是重慶沿江的大陡坡，坡上是馬路，坡下臨江，是嘉陵江畔的菜碼頭。陡坡的階梯是用長條的巨石鋪成，路面寬闊，約有五百層石級。」（〈難忘的臨江門〉）

至於詩中的「漢宮」，指當時重慶民權路上一家大咖啡廳。據考，一九四六年五月二十一日開業的漢宮，最早是由一個名叫周遊的廣東老闆開的咖啡廳，經營範圍為冷飲、咖啡、牛奶、西點。半年後就推出了「漢宮火鍋秋季貢獻：什錦火鍋，鮮潔毛肚」的廣告。在漢宮火鍋廣告中，最有名氣的莫過於一九四六年十二月推出的「日暮漢宮吃毛肚，家家扶得醉人歸」。

臨江邊漫步，漢宮品咖啡，重慶時期的一段戀情，使聶紺弩幾十年後依然魂牽夢繞。

一九八二年二月二十五日，聶紺弩在致高旅信中曾經提到過杲向真和她愛人情況：「前段所提及之與兒童文學有關地方，乃指羅高之愛人杲向真。她曾與我有較密切關係，現似已與羅離居，與另一較高地位者同居。因此之故（是否因此之故）她已出版了幾本兒童文學，名列作家字典。但我覺得文章並不如昔時有兒童氣味。在醫院時，她曾去看我兩次，均值人多，未獲多談，為憾。我現在仍在打探中，希於兄事有所臂助也。羅高前曾與兄談及，在中華作副總編。杲是右派，羅不是，想是兩人分開之由。而杲有文學氣質。羅則無有，結合本甚勉強也。」杲向真兩次去醫院看望都沒有機會多談，對聶紺弩來說真是一大憾事！

對杲向真來說，也有一件憾事呢。那就是聶紺弩去世後才看到他的一首「表白」詩〈贈梅〉：

孤山容我小棲遲，未贈梅花一句詩。
耐得歲寒此天與，報將春信世人知。
吾今喪我形全槁，卿可為妻念近癡。
不管幾生修到否，月昏水淺定相思。

據聶紺弩一九六二年春節致高旅信，「近作〈贈梅〉一首如次」云云，可知此詩寫作時間比一九六一年冬所作〈贈高抗〉略後。四十年後，二〇〇二年七月四日，杲向真在寓所對侯井天說：「〈贈梅〉這首詩是贈我的，踐『我如不死寄詩來』這諾，可惜聶逝後我才見到。」侯問：「『卿』字稱誰？」答：「指我。」又問：「『妻』字呢？」杲答：

青年杲向真（後）（1938年）

「聶想娶我為妻。」（之所以用「梅」代指「杲」，筆者推測，因「梅」的異體字「槑」與「杲」有點相似，又像是兩個人兒手牽手。）

時代的「風雲突變」，導致美好的願望成為幻影。好在杲向真在聶紺弩生前得到了一句「但等喪歌一聲唱，攜手同登野瑩臺」，而聶紺弩去逝後杲向真也坦露心聲：「我多想隨你而去呵，海角天涯永遠伴行。」算是回應吧。

尹畫聶詩題贈多——聶紺弩與尹瘦石

聶紺弩是詩人，尹瘦石是畫家。據不完全統計，尹瘦石贈聶紺弩的畫有七幅，而聶紺弩題贈尹瘦石的詩約有十首之多。聶紺弩題贈尹瘦石的詩先後都找出來了，可是尹瘦石贈聶紺弩的畫卻在十年浩劫中全部散失，至今下落不明。兩人的詩畫唱酬始於一九六一年，但兩人的相識卻可向前追溯二十年。

文化城點頭之交

一九三七年十一月，日軍侵占蘇州，長驅直入，由太湖登陸進犯宜興。十八歲的尹瘦石與家人先是避居鄉村，後與友人商議，結伴離家。途中歷盡艱辛，於十二月下旬抵達武漢，寄食於難民收容所。翌年三月，入武昌藝術專科學校學習。七月，武漢戰事吃緊，武昌藝專將西遷入川。藝專校長唐義精特邀瘦石隨校內遷，並表示可以免學費，以促其完成學業。可惜唐校長在日機轟炸武漢時江輪沉江，與數位教授一起遇難。於是，瘦石就未再隨校入川，而是經同鄉介紹，

尹瘦石（左）與高旅

到湖南安化一家兵工廠工作。一九三九年，工廠西遷重慶，任押運員。

一九四〇年，瘦石得知歐陽予倩在桂林創辦廣西省立藝術館，徐悲鴻將出任該館美術部主任的消息後，毅然於九月棄職到桂林。館長歐陽予倩從他一大卷畫稿中看到了這個流亡青年堅韌的毅力和非凡的才華，就收留他在藝術館美術部當技術員，兩年後升為研究員。一九四二年四月，徐悲鴻自南洋歸來，瘦石才與這位同鄉大師相識。

戰時的桂林是一個文化名流雲集之地，瘦石有機會結交許多良師益友，比如聶紺弩。在《力報》任副刊編輯的聶紺弩已屆中年，是文化界知名的雜文家了，他經常去尹瘦石的住地榕蔭路四九號找友人駱賓基。駱賓基與尹瘦石這兩個年齡差不多的青年人同住一院，所以一來二去，尹瘦石與聶紺弩也就相識了。當然這種相識只能算點頭朋友而已。

聶紺弩對尹瘦石有所瞭解是在四年後的重慶。一九四五年十月二十四日，尹瘦石與柳亞子一起舉辦的「柳詩尹畫聯展」在重慶中蘇文化協會「文化之家」預展，當天一大批文化人都前往觀展。聶紺弩在重慶編《真報》副刊，聽說預展的消息，欣然前往。在展廳中，他細細觀摩了尹瘦石的數十幅歷史人物畫，對這位比自己小十七歲的小老弟開始刮目相看，並拍著瘦石的肩膀當面贊道：「畫得都不錯，屈原畫得最好！」事隔二十年後，聶紺弩在一首〈贈瘦石〉的詩中追憶道：「廿年一幅屈靈均，惹我逢人便說君。」

重慶「詩畫聯展」的第二年，尹瘦石隨烏蘭夫率領的內蒙古文工團赴牧區宣傳演出，之後留在大草原工作，一去就是十多年，直至一九五七年七月調回北京任中國畫院副祕書長。而聶紺弩卻為逃避國民黨的抓捕，離開重慶，南下香港，直到中華人民共和國成立後的第三年，才回到北京任人民文學出版社副總編輯。

北大荒魚酒之會

歷史就是這麼吊詭。若不是反右，若不是兩人都戴上「右派」帽，若不是同時發配北大荒，又同在一個分場勞改，也許他倆還不會這麼「快」相見，更不會結下爾後二十多年患難與共的生死之交。

說來也巧，聶紺弩與尹瘦石的「右派」帽子，都不是在本單位戴的。先說尹瘦石的帽子是怎麼戴上的。一九五七年夏季，尹瘦石奉文化部之命，由內蒙古調北京畫院任職。調京不久，尹瘦石正在北京畫院研究如何「搞好」運動，誰知後院起火，他在內蒙所屬的黨委宣傳部三次來函，催他回去參加運動。結果剛回內蒙古，一頂預製的「右派」帽子就戴到了他的頭上。尹瘦石一生小心謹慎，做夢也沒有想到，在一次宣傳工作會議上，提了幾條有關克服官僚主義、教條主義、宗派主義的建議，竟然變成了反黨、反社會主義，以及宣揚修正主義文藝思想的右派分子。至於聶紺弩的右派帽子戴得就更奇了，當時他並沒有發表右派言論，連人也不在北京。聶紺弩被錯劃的遠因是他與胡風一案有牽連，屬於漏網之魚；近因是他幫夫人周穎在郵電部鳴放發言稿上做過修改。於是老帳新帳一起算，跳過人民文學出版社，直接揪到文化部定性戴帽。

據尹瘦石回憶，一九五八年七月下旬的一天，他按照通知的時間來到文化部的一間會議室中，只見裡面已坐有十多個人，這是文化部系統最後一批流放北大荒勞改的人員。文化部副部長陳克寒正站著向大家訓話，當這位副部長提到聶紺弩的名字時，尹瘦石心裡一動，下意識地回頭一看，果然是他！不由一驚，咦，你怎麼也來呢？但是在這種場合下，又不能寒暄交談，只得默默相視，彼此苦笑了一下。當時的聶紺弩已經五十六歲，是近千名中央單位「右派」中年齡最大者，尹瘦石才四十歲。

一九五八年七月二十七日，尹瘦石與聶紺弩同時離開北京，八月一日同車到黑龍江虎林縣，分到北大荒八五〇農場四分場第二隊隊裡，休息一天即割麥。尹瘦石曾經告訴包立民，他與老聶都從未幹過農活，農活中的割麥又是最累的活，一條麥壟有二里長，低頭彎腰割一壟，二里地就出去了。許多年輕小夥子都刷刷刷一股勁地向前竄，落在最後的就是老聶和他。最可憐的是老聶，一米八的個頭，鐮刀也使不好，大彎腰割麥，活像個大蝦米，割一把割不了多少，割著割著，他就索性一條腿跪在田裡，一跪一跳往前割……

一九六〇年夏，農墾局宣傳部將聶紺弩（時在《北大荒文藝》社）、尹瘦石（時在《北大荒畫報》社）、以及吳祖光（時在文工團）等人組成生產隊參加勞動。聶紺弩作〈拾穗同祖光（二首）〉，其二云：

> 亂風吹草草蕭蕭，卷起溝邊穗幾條。
> 如笑一雙天下士，都無十五女兒腰。
> 鞠躬金殿三呼起，仰首名山百拜朝。
> 寄語完山尹彌勒，爾來休當婦人描。

尾聯中的「尹彌勒」，就是指的尹瘦石。「彌勒」並非彌勒佛，而是十九世紀法國著名畫家米勒，其名作有〈拾穗者〉，所繪為婦女形象。而如今之拾穗者皆老頭，故言「爾來休當婦人描」。

同年深秋，《北大荒畫報》負責人張作良陪《人民日報》記者趙志方去烏蘇里江漁場、農場深入生活。回來帶了些大馬哈魚，借此便請了一些志同道合的朋友在一塊兒聚一聚。參加這個荒原酒會的人有尹瘦石、聶紺弩、丁聰、張路、呂向泉、孫承武、張欽若、李景波，還有王觀泉、吳守業、賀全安等十幾人。據當年參加赴宴的王觀泉回憶：

> 當然不是沒有樂事，也不是所有飲酒之時皆白菜土豆，我和老聶、小丁在密山校稿時，就曾在未被割掉的「資本主義尾巴」家裡買到過黑市燒雞，而北大荒畫報社還宴請我們吃過連北京也難品嘗到的烏蘇里江大馬哈魚。有聶詩為證「口中淡出鳥來無？寒夜壺漿馬哈魚。旨酒能嘗斯醉矣，佳魚信美況饞乎。早知畫報人慷慨，加以荒原境特殊。君且重幹一杯酒，我將全掃此盤餘。」（〈畫報社魚酒之會贈張作良〉）畫報社負責人版畫家張作良是一個被人暗算了大半輩子的好人，那次在畫報社大畫室裡「猛開」了一大頓。因為太精彩了，引起了在場好多人詩興大作。這次酒宴中有尹瘦石同志，我是第一次見到他，猛一看還真把我一怔：尹

公的臉盤長得太像徐悲鴻了。這次酒宴過去了整整二十年，一九八〇年我和尹瘦石和別的一、二位朋友在上海老拋球場一酒肆飲酒時，還提到老聶寫詩稱之為的「畫報社魚酒之會」。尹瘦石曾畫〈蘇武牧羊圖〉，老聶亦題詩一首「神遊忽到貝加湖……」。那次魚酒會加入者中已先後去世了李景波、張路、徐介城三位，十分遺憾，三位都是右派。電影演員李景波那次講了一則用黑龍江方言「GaHa」（幹啥的方言）串成一起的笑話，實在逗樂。老聶也特別高興，話也漸漸多起來了，但有不少同志卻不講話……待到老聶從笑話中醒來而想到魚時，裝魚的大臉盆已經見底了。因此末句「我將全掃此盤餘」倒是十足的現實主義大白話一句。

（〈我記憶中的老聶〉）

半壁街詩畫之交

一九六〇年冬，聶紺弩和丁聰一行從北大荒調回北京，而尹瘦石尚留待命，直到第二年五月才被聘到哈爾濱藝術學院教書。當年寒假，尹瘦石回京探親，到西城半壁街郵電部宿舍過訪老聶。此時的老聶已離開人民文學出版社，安排到全國政協文史資料委員會任「文史專員」，實際上屬於閒散人員，也不用坐班，整日在家讀讀古小說，練練毛筆字，寫寫舊體詩。據尹瘦石回憶，那時聶紺弩寫舊體詩寫得入迷，書齋的牆上經常掛著他用工工整整的小楷抄寫的舊詩新作。有一次，他請尹瘦石畫一幅蘇武牧羊。不幾天，一幅四尺三開的蘇武牧羊送到了聶家。作為交換條件，瘦石請老聶在畫上題一首詩。老聶看著畫沉吟了一會，笑著對瘦石說：「好，我題一首詩，不過不是在畫上，而是在另一張紙上。我的字寫得不好，一題到畫上，不是毀了這幅畫嗎？」老聶答應過幾天交詩，當天就請瘦石到附近的莫斯科餐廳吃西餐，作為贈畫的報答。

過了幾天，尹瘦石再一次來到老聶家中，老聶從桌上拿起一張字幅送給瘦石道：「題蘇武牧羊的詩寫好了，請指正。」瘦石一看，上面寫道：

神遊忽到貝加湖，湖上輕呼漢使蘇。
北海今朝飛雪矣，先生當日有裘乎？
一身胡漢資何力，萬古人羊僅此圖。
十九年長天下小，問誰曾寫五單于。

這首詩表面上寫的是出使西域的蘇武迫降不屈，被匈奴單于流放到北海放羊，十九年才歸漢的歷史故事。實際上是借蘇武寫自己包括瘦石流放北大荒烏蘇裡江畔的感受。詩寫得很隱晦，心中有牢騷要發，但又怕人聽到自己的牢騷，只得借題發揮。

大概是一九六一年秋冬，老聶又作〈題瘦石為繪小影〉，詩曰：

人皆欲殺非才子，老更能狂號放翁。
萬里投荒千頃雪，一冬在繫五更風。
白頭毛髮森如許，北國冠裳厚幾重。
影如牌名渾不似，予懷渺渺墨傷濃。

詩的頭兩句，口氣很大，自命不凡，自比為恃才傲物，「人皆欲殺」的李白，或「老更能狂」的陸遊。首聯典出杜甫懷李白詩〈不見〉：「世人皆欲殺，吾意獨憐才。」聶詩反用其意是想遮人耳目。當年聶紺弩的「右派」帽子怕尚未摘去，唯恐寫得太露，落人手中又是一大罪狀。頷頸兩聯，與題蘇武牧羊一律中的頷頸兩聯可以互讀。

也許瘦石感到老聶有點牢騷太盛，除了陪他上前門老正興、西單四川飯店等地飲酒消愁外，還畫了一幅〈老驥伏櫪圖〉相贈。在這幅畫中，尹瘦石畫了一匹被木樁栓住的老馬，老馬雖然被栓著，但不垂頭喪氣，而是昂首待發。畫的上方題了曹操的四句詩：「老驥伏櫪，志在千里。烈士暮年，壯心不已。」十分明顯，瘦石用曹孟德詩意，是對身處逆境，牢騷太盛的老友的勸慰和激勵。也許是老聶感到自己的暮年已無多壯志，所以他一面展視著這幅畫，一面搖搖頭，不以為然地苦笑了一下。

一九六二年除夕前一天，尹瘦石陳邇冬到看望紺弩，並在聶家小飲。之後紺弩作詩道：

破屋三間生意濃，亂山十里足音重。
立春除夕明朝至，畫伯詩豪此夜逢。
遼嶺雲深千尺雪，延河水滿一帆風。
主人醉倒寒林畔，笑指白楊喚赤松。

首聯「足音重」指兩位老朋友的腳步聲。人還未到，聽到腳步聲就知道是兩位老友來了。此聯與尾聯是紺弩在「造境」，用比喻手法形容自己的居所環境──就像亂山中的孤獨小屋，所描繪的不是實景而是心情。

一九六四年暮春，聶紺弩赴廣東訪友，同時又到廣州銀河公墓掃了一下蕭紅的新墓。回到北京，聶紺弩特請尹瘦石畫了一幀蕭紅肖像，並在畫的四周題滿了詩。這在他當年十二月五日致高旅的信中有介紹：

元旦將居，例當獻禮，有瘦石畫蕭紅像、邇冬書拙作吊詩條幅，已裱好，並另題拙作一首。本擬由潘龔倩人帶至羊城轉奉，因潘龔及省港同人勢必開看，不知於兄有無不便之處？請來函告知。無何不便，即照上述辦法帶奉，如有不便，則俟明春斯福（按，指羅孚）來京開會時托其帶奉。所謂另題一首，今錄奉，題目太長且有兄不圖之處，蓋不得不然，否則以此物奉贈，師出無名矣。至傳作否，隨兄意，兄當自有勝業，不必為此也。

據考，蕭紅像為尹瘦石據一九三四年蕭軍與蕭紅在哈爾濱合影所摹。聶紺弩在贈高旅的詩中盛讚瘦石畫邇冬書「畫與書詩惟兩絕」，至於他自己的詩就不算了。

在暴風雨來臨之前，紺弩贈瘦石的最後一首詩是在他新婚燕爾之後。在這首詩中，他寫到了與瘦石的相識相交，寫到了瘦石高超的畫藝和困苦的逆境：

廿年一幅屈靈均，惹我逢人便說君。
豈謂高如吳道子，誰知窮倒朱買臣。
天高難擬居蒙古，地坎錯填上哈濱。
母老況且兒又幼，關山風雪各三春。

前面提到過，尹瘦石早在四十年代就以歷史人物畫著稱重慶，尤以「柳詩尹畫聯展」風靡山城。屈原（靈均）畫像就是聯展中紺弩認為的佳作，這幅畫也成了紺弩向人介紹瘦石的口碑。吳道子是唐代著名畫家，畫史尊稱畫聖，其人物畫稱作「吳帶當風」。「豈為高如吳道子」，意思是說盡管有吳道子這樣高超的技藝，但又有什麼用呢？「誰知窮倒朱買臣？」這裡借用朱買臣最初因窮困潦倒而休妻的故事來暗喻尹瘦石與前妻的離異。當然尹瘦石的離異不光是因為窮困潦倒，但戴上「右派」的帽子發配北大荒，無疑也是一個重要原因。這首詩寫在一九六四年底、一九六五年初，不久暴風雨就來臨，他倆的詩畫往返只得告一段落。

最後的絕唱

如果說三年的北大荒流放生活，使聶紺弩與尹瘦石由四十年代的泛泛之交，發展成六十年代的詩畫知交；那麼歷經十年的磨難後，則使兩人的友情推向可以生死相托的崇高境界。

一九七六年十月，聶紺弩得到「特赦」，結束了鐵窗生活。雖然回到北京，但他頭上還戴著一頂無形的「反革命」帽子。他沒有了工作單位，每月到街道辦事處領取十八元的生活費。他不想告訴包括尹瘦石在內的朋友們自己回京的消息，不過他聽周穎說瘦石常騎車來家。果然，一個下午，瘦石騎車來了。當他一進門，周穎含著笑輕聲告訴他，老聶回來了！他一聽，高興地一個箭步竄到老聶的房中，只見一個皮包骨頭的老人倚靠在床上，微笑著伸手向他示意。他幾乎認不出來了，這個就是老聶嗎？從那雙智慧又狡黠的眼神中判定，那確是老聶。

尹瘦石當時已回北京畫院工作，一週只要到畫院上一天班，其餘的時間在家中作畫，因此常騎車到聶紺弩家中來聊天。過去經常是老聶作東請他下館子，而今老聶病在床上，他就帶一些老聶愛吃的酒菜來作陪。老聶告訴瘦石，他要把過去散失的詩篇重新回憶整理出來，還把幾首新作拿給瘦石看。瘦石看了很高興，只是遺憾地告訴老聶，六十年代題贈他的幾首詩已經找不到了。老聶說找不到沒有關係，他的頭腦中還儲存有不少詩稿，可以慢慢地回憶追記。果然，時隔不久，老聶就把題蘇武牧羊圖的那首詩稿抄出來給了他。

有一天，尹瘦石興沖沖地帶著一卷落實政策後清退物品——四十多年前他在桂林畫的〈灕江祝嘏圖〉來到老聶家中，請紺弩題詩。老聶打開長卷一看，原來都是抗戰時期避難在桂林的文壇老友。尹瘦石介紹，這幅長卷原名〈百壽圖〉，作於一九四三年六月柳亞子生日之際，畫中畫了四十八位蟄居在桂林文化人的頭像，只有百壽（翁）之半。後來就改名為〈灕江祝嘏圖〉。老聶看完長卷感慨萬千，他讓瘦石將長卷先拿回去，過幾天再來取詩。

幾天後，老聶果然在病榻上用毛筆題了兩首七絕，詩曰：

一

文化城中文化頭，一時裙屐競風流。
櫻都躍馬人何在？影倩宜興畫手留。

二

三十幾年興與亡，人間正道果滄桑。
別來無恙諸君子，憶否誰當共一堂。

落款署：「為瘦石兄繪桂林文影題二絕，七十七年，耳耶。」

一九七九年一月十二日，瘦石年屆六十。老友生日，豈可無詩。紺弩在病榻上歪歪扭扭地寫了一首〈瘦石六十〉相贈。詩曰：

萬馬奔騰六秩翁，酒酣潑墨紙生風。
驊騮騏驤昂其首，馳騁縱橫蕩我胸。
本住江南煙景好，一巡冀北馬群空。
何時得閑來描我，古道斜陽跛且聾。

十幾年前，紺弩六秩之際，瘦石曾以〈老驥伏櫪圖〉相贈，當年的紺弩對自己這匹老驥能否再行千里產生過懷疑，所以不以為然地搖了搖頭。而今瘦石的六十大壽，卻躬逢盛世，可以昂首蕩胸大展宏圖了。至於紺弩自己，已經夕陽西下、老態龍鍾。時乎？命乎？

與此同時，紺弩還寫有一首古風〈瘦石畫伯六十初度以嘲詩為壽兼以自嘲〉：「風貌悲鴻近瘦石，畫藝瘦石類悲鴻。兩人畫馬知多少，誰知誰馬更動容。瘦翁縱橫四十載，行年六十嘆技窮。……（引者略）雖有畫筆無畫本，坐視凡馬塞吾胸。我道先生休嘆息，凡馬凡夫尤愛鐘。乞揮老駘跛且聾，古道斜陽西北風。」詩中的「雖有」之句，既是對當前文藝狀況的評價，又是對文藝源於生活這一原理的再次肯定。這首詩應該是尹聶詩畫之交的最後絕唱。

七十年代末期，隨著文藝界撥亂反正，各項政策利好不斷傳來。於是瘦石與紺弩夫婦商量，如何向中央有關領導遞交申訴材料，儘快落實政策，解決老聶的遺留問題。據他們北大荒時期的共同朋友黨沛家回憶：「他（按，指尹瘦石）曾對我說：有一次他去看老聶（紺弩），得知平反問題還沒解決，於是他便把材料交給鄧小平同志的女兒（在北京畫院的同事），請她幫助轉交小平同志。她問父親：知道這個聶紺弩嗎？小平同志說：曉得，曉得，作家嘛（莫斯科中山大學同期同學）。立即批轉北京市委，問題很快就得到瞭解決。」（〈懷瘦石〉）

一九七九年三、四月間，聶紺弩久拖不決的歷史遺留問題，終於得到徹底的解決，並被聘為人民文學出版社顧問。幾乎在同一時間，尹瘦石自己也恢復中共黨籍和原有行政級別，並任北京畫院副院長。

是年冬，中國文學藝術工作者第四次代表大會在北京召開，兩人都參加了大會。在會上，聶紺弩被選為全國委員會委員、中國作家協會常務理事；尹瘦石當選為中國美術家協會理事，翌年又被選北京市文聯副主席、中國美術家協會北京分會主席，正應了紺弩詩句「驊騮騏驥昂其首，馳騁縱橫蕩我胸」。

錯從耶弟方猶大——聶紺弩與舒蕪

獨立王國的左丞

談聶紺弩的朋友，舒蕪是絕對繞不開的。兩人交往中的一些歷史問題，至今還有爭議。

在戰爭年代，聶紺弩和舒蕪不過泛泛之交而已。一九四四年秋冬之際，在重慶建川中學教書的聶紺弩，決定和友人朱希籌辦一份文學刊物《藝文志》。在開列約稿名單時，紺弩把一些經常同胡風接觸的朋友如舒蕪等都列進去了，然後找胡風要聯繫方式。胡風沒答應，也許因為《七月》停刊還在生氣。不過後來胡風對舒蕪這樣說的：「你給了他，他可以把你們現在的職業、地址都說出去！他那個人一向就是馬馬虎虎的。」抗戰勝利之後，舒蕪出川之前在重慶等船的一段時間，想替女子師範學院的幾個應屆畢業生謀職業，去找過一次紺弩。因為他的社會關係比較廣。第一次見面，紺弩請舒蕪吃了一頓飯。那時，紺弩在《商務日報》編副刊，也找舒蕪要過幾篇小雜文。

一九四九年之後，舒蕪在廣西南寧中學任教，但一直想到北京去工作，就向時任中宣部文藝局副局長的林默涵表達了這個願望。林默涵遂問人民文學出版社社長馮雪峰要不要人。馮雪峰答應了。並問舒蕪：「你過去是研究什麼的？」「我沒有研究什麼，我在學校教書，一直在教古典文學。」「那好，我們古典室正缺少人！」馮雪峰告訴舒蕪，古典文學編輯室主任，是由副總編輯聶紺弩兼任。舒蕪聽了十分高興。因為聶紺弩是他一向敬佩的雜文大家，以前在《野草》上常看他的文章，在重慶時就打過交道。

一九五三年四月，舒蕪調進人民文學出版社古典文學編輯室任編輯。人文社古典室是東找一個人西找一個人拼湊起來的，主要是原來在大學教古典文學的一些教授，如陳邇冬、顧學頡、王利器、周汝昌，以及舒蕪等。還有張友鸞，雖是新聞界老報人，但一向對中國古典文學有興趣。幾十年來，直到今天，回頭再看這個陣容都還站得住。這麼一個「五湖四海」的班子，加上一個有江湖習氣的聶紺弩來做領導，於是乎古典文學室就形成了一種非常特殊的氣氛。

聶紺弩的領導作風，簡而言之，就是寬鬆自由。他跟古典室的這些人相處，就像朋友似的，根本不講上下級那一套。他有什麼事要交代，就到大家的辦公室去。往往正事交代完了還坐在那裡，一聊就好長時間，什麼都聊，思想也交流了、工作問題也解決了。然而，好景不長。

一九五四年三月，王任叔（巴人）調任人民文學出版社黨委書記、第一副社長，開始對全社「大加整頓」，並選中古典室作試點。他認為古典室不正規，沒有紀律性。舒蕪說：

他（按，指聶紺弩）領導開闢了新中國國家文學出版社的古典文學編輯工作，完成了幾大古典小說的新注新校，能把編輯室內的力量團結發揮出來，可是不知為什麼，後來派來了王任叔，以常務副社長副總編輯的身分，分管古典文學，成了一個副總編輯管另一個副總編輯的不正常局面。聶紺弩本來是以副總編輯兼編輯室主任的身分，稿件一經他簽字，便是複審和終審一道完成，直接發稿；現在他簽了字的，只算複審，還要送王任叔終審，無形間好像把聶紺弩的副總編輯免去。加以王任叔下車伊始，就指責古典文學編輯室這也不對，那也不對。聶紺弩無法工作，把編輯室主任對稿件複審的工作交給我；我並無主任副主任之類的名義，莫名其妙地代聶紺弩複審，仍簽聶紺弩之名，再注「舒蕪代」，最後送王任叔終審。因為聶紺弩並非離職離任，我當然還是要尊重他，較大一點的問題還是要問他，要聽他的。在古典文學的業務上，聶紺弩比王任叔內行，這也是古典文學編輯室的人的共識。這樣，王任叔就認為古典文學編輯室不服他的領導。肅反運動一來，聶紺弩以與胡風的多年老關係被「隔離審查」，據說這是文化部黨組直接決定直接掌握的，內情我不詳知。但在王任叔直接領導的機關內的運動中，他對於鬥聶紺弩格外起勁，大會上動輒聲色俱厲地說：「反革命分子聶紺弩」如何如何，這是大家都看到的。運動後期，所謂「思想建設階段」，他又領導批評古典文學編輯室是「獨立王國」，據說我是「左丞」，張友鸞是「右相」，還有幾個「臣民」，我們雖非「反革命」，但是都要檢討「擁護反革命分子聶紺弩搞獨立王國」的錯誤。(〈《回歸「五四」》後序〉)

跳入黃河濯酒杯

一九五四年七月七日，這一個被很多學者忽略的日子。是日，聶紺弩與舒蕪、何劍熏酒足飯飽之後，順道去看望胡風。沒料到，舒蕪被胡風辱罵出門，一氣之下將胡風寫給他的幾封書信上交，使得後來對胡風的批判推向高潮。

在回答姚錫佩提出的怎麼會對舒蕪「這位批判胡風的得力幹將懷有好感」這一問題時，聶紺弩頗有感慨地說：

記得是在一九五四年的夏天，四川有一位老友何劍勳（熏）到東四頭條人民文學出版社來看我，在院子裡遇到了已調到社裡工作的舒蕪，於是一起去附近的馬凱食堂吃午飯。飯後，我說胡風就住在附近，何不乘便去看看他。舒蕪也就跟我們一起來到地安門內的胡風家。梅志開門一見是我們仨，不禁一愣，讓我們進了會客室後好一會兒，胡風才出來。他對何劍勳（熏）稍作寒暄後，便指著我說：「老聶，你也太不像話了，隨便把什麼樣的人都帶到我這裡來？」我聽了已覺不妙，不料，他又沖著舒蕪表示不歡迎。何劍勳（熏）和我急忙說：「我們走！我們走！」出來後便到北海喝茶。舒蕪說，胡風太自信了，以為自己全是正確的。我手頭還有幾封他給我的信，讓大家看看，很可以說明問題。我聽了能說什麼呢？只得勸他道：「你正在氣頭上，太衝動，這種事非同小可，還是冷靜下來再說。」可能就在這個時候，胡風上了他那個三十萬言，中央又開始組織對胡風的批判，舒蕪就拋出了胡風給他的信，舒蕪這樣做是泄私憤，是很不好的，不過，上到反革命這個綱上，他也沒想到，但事情已由不得他了⋯⋯（姚錫佩〈我所認識的聶紺弩〉）

聽完這段故事，姚錫佩不免責怪道：「胡風生舒蕪的氣，是可以理解的。您也真是太隨便了，看來肇事者還是您啦！」聶紺弩兩手一攤，睜大眼睛說：「誰想到會這樣！原想都是老朋友，說開就行了。其實，即使沒有舒蕪交出的信，胡風也是在劫難逃。」

一九八二年七月，舒蕪六十歲時，紺弩贈詩三首。其三云：

媚骨生成豈我儕，與時無忤又何哉？
錯從耶弟方猶大，何不紂庭咒惡來。
驢背尋驢尋到死，夢中說夢說成灰。
世人難與談今古，跳入黃河濯酒杯。

舒蕪不懂，去信討教，紺弩九月三日回信說：

信很意外，要解釋！

我看見過忘記了名字的人寫的文章，說舒蕪這猶大，以出賣耶穌為進身之階。我非常憤恨。為什麼舒蕪是猶大，為什麼是胡風的門徒呢？這比喻是不對的。一個卅來歲的青年，面前擺著一架天平，一邊是中共和毛公，一邊是胡風，會看（不）出誰輕誰重？我那時已五十多了，我是以為胡風這邊輕的。至於後果，胡風上了十字架。幾千幾萬，幾十萬，各以不同的程度上了十字架，你是否預見到，不得而知，我是一點未想到的。正和當了幾十年黨員，根本未想到十年浩劫一樣。我說兩小不忍亂大謀，也是胡說。然而人們恨猶大，不恨送人上十字架的總督之類，真是怪事。我以猶大故事是某種人捏造的，使人轉移目標，恨猶大而輕恕某種人。

舒蕪交出胡風的信，其初是洩憤，隨即是箭在弦上，其中大展鴻圖的是林某，我以為是此公。因此我說「錯從耶弟方猶大，何不紂廷咒惡來。」至於惡來是否幹過林某的事不得而知，大概未幹過好事。至於夢中說夢，不過就舊有兩句改得更絕望，與你的文章無關。文章看過，現在不談。……

這就是聶紺弩的觀點。何滿子認為「近於強詞奪理」，「事情當然如他所說，獻出的信件只是一種引爆物；但有這個引爆物和沒有這個引爆物情況就不同，提供引爆物者能對此事毫無干係麼？我當時舉了一個《三國演義》故事中的張松獻地圖，不管張松是否獻地圖，劉備總是要拿下西川的；但從劉璋這面看來，張松無疑是一次出賣。劉備強，劉璋弱，張松擇主而事，也是『天平』問題；但為了順應『天平』之勢，西川的人也未必都去當張松，『創造性』地出賣！胡風激惱人家，感情太衝動，有錯誤，也很不智；但如果用『天平』問題來解釋，則不激怒也就不見得就能平安無事，要做的事早已由來有漸，〈從頭學習〈在延安文藝座談會上的講話〉〉、〈致路翎的公開信〉，都是在老羞成怒之前就已發表的，一步一腳印踏了過來的。……紺弩雖然不無勉強，但說：『好，我收回我的意見。』」（〈聶紺弩「收回了的意見」〉）

回首往事，當事人舒蕪說：「這是一九五四年夏天的事，後來有人把它同以後發生的事聯繫起來，說我那時就有『交信』的意思了。其實不是這麼回事，那只是一個插曲，同後來的事並沒有聯繫。當時我只是那麼說了一下，並沒有實行。那時我也只是把胡風的信，作為〈論主觀〉是在他指導下寫成的一個證據，來駁他所謂『發表〈論主觀〉是為了批判』的說法，與後來引用作為〈關於胡風的宗派主義〉那篇文章的證明材料，完全是兩回事。」（《舒蕪口述自傳》）

一九五五年五月十三日，《人民日報》發表署名舒蕪的文章〈關於胡風反革命集團的一些材料〉。說是文章，實際上是公布胡風在解放前寫給舒蕪私人信件的摘抄。在發表舒蕪的這些材料之前，《人民日報》有一個編者按，這些熟悉的語言，是後來以階級鬥爭為綱的時代和「文化大革命」中再熟悉不過的了。

友「賣」了，舒蕪並未求得「榮耀」和「寬恕」，反倒多了一份罵名。在隨後的反右運動中，他和聶紺弩雙雙得到一頂「右派分子」的帽子。

一九六七年一月，聶紺弩被逮捕入獄。翌年十月，舒蕪南下湖北咸寧五七幹校勞動，直至一九七五年回京。

浴乎汾水詠而歸

一九七六年十一月，聶紺弩自山西回到北京。舒蕪聞訊，作〈紺弩翁歸自汾河，相見惘然。夜讀吳漢槎詩，有「一去塞垣空別淚，重來京洛是衰顏」之句，借取半聯，衍為一律以贈〉：

已成永訣竟生還，十載渾如夢寐間。
久歷波濤無雜感，重來京洛是衰顏。
金紅三水書何在，雪月風花句早刪。
陌路蕭郎莫回首，侯門更隔萬重山。

兩人開始密切的交往，頻繁的通信。在《聶紺弩全集》書信卷中，紺弩寫給舒蕪的信有六十四通之多（僅次於高旅一四一通），時間從一九七六年十二月至一九八五年十二月。書信內容可概括為三個方面的問題交流，一是舊體詩創作，二是莊子思想，三是《紅樓夢》。舒蕪曾作〈聶紺弩晚年想些什麼〉一文，對這三個問題進行了概略介紹，不作轉述。還是談幾首詩吧。山西歸來的次年，紺弩作了一首七律〈六鷁〉：

六鷁何因定退飛，秦人似比越人肥。
仰止龍門登未得，浴乎汾水詠而歸。
欲知苦我天何補，說不贏君見豈非？
止水偷窺吾信老，插它一朵小紅薇。

六鷁，典出《春秋・僖公十六年》：「六鷁退飛，過宋都。」杜預注：「鷁，水鳥。高飛遇風而退。宋人以為災，告於諸侯，故書。」後以指災異或局勢逆轉。首聯是說自己的處境一天不如一天，如六鷁退飛。頷聯據舒蕪讀詩筆記：「《論語》說的是一天之內的春日郊遊樂事，此仿其句調說的是十年之久的坐監獄之事，並且故意說成輕鬆愉快的樣子，正話反說，愈見其沉痛。」而末句「小紅薇」則象徵自己一寸丹心。老頭插花，亦自嫵媚。

舒蕪讀罷〈六鷁〉，有感而作〈飛微三首次紺弩翁韻〉：

一

一炬阿房萬瓦飛，誰論燕瘦與環肥。
豈無禍福從天降，暫有頭顱著脰歸。

水滸傳中尋蔡慶，說難篇外吊韓非。
東郊賃得三間屋，莫認西山采蕨薇。

二

京華一雁往來飛，秃筆奇詩點畫肥。
君憶寒窯燒炕好，我從大澤荷鋤歸。
金三紅水書何在，東四頭條事已非。
又是百花齊放日，泥中一笑野薔薇。

三

夢裡重遊逸興飛，湖田荒盡鱖魚肥。
妻亡女病未頭白，齒折牙凋剩舌歸。
暗室明燈吾喪我，丹書鐵券是耶非。
羨君七十心逾矩，猶動官迷念紫薇。

一九八二年九月，舒蕪《說夢錄》由上海古籍出版社出版。這是舒蕪關於雜談《紅樓夢》的文章結集。書中第一篇〈誰解其中味〉，問答體，兩萬字。紺弩讀後，作詩贈舒蕪曰：

紅學幾家紅，樓天一問中。顰晴追可妙，猿鶴憫沙蟲。
肉眼無情眼，舒公即寶公。女清男子濁，此意更誰通。

這首詩稱道舒蕪在《紅樓夢》研究中的獨到眼光，以及對《紅樓夢》精髓的透徹理解。舒蕪〈誰解其中味〉：「曹雪芹筆下的悲劇，又是通過賈寶玉的眼才看得出來的」，「如果不是從賈寶玉的角度來看，而是從賈母、賈赦、賈政、王夫人的角度來看，甚至從賈珍、賈璉、薛蟠的角度來看，黛玉、晴雯、鴛鴦、迎春、司棋、香菱……乃至所有女子的悲劇，肯定都不成其為悲劇。」，「肉眼無情眼」，即概括此意。

在聶紺弩寫給舒蕪的信中，有兩封涉及《說夢錄》。第一封，一九八二年十一月十七日：「《說夢》出版了沒有？白盾的書出版了沒有？我很想看，卻未見消息，渴盼之至。」第二封，一九八三年三月十六日：「今又看《說夢錄》，覺甲乙對話一篇真好，恰有馬二，說人的覺醒要通過婦女覺醒；恰有魯公說寶公身擔一切婦女覺醒重任，及昵而敬之等等。有伯樂而後有千里馬，你發揮了這些議論，竟成伯樂。這是紅學的最大空前突破，強於胡文。述而不作，信而好古，反成大就，可賀。」再次稱讚舒蕪的研究成果。這讓人想起吳丹丹的一段回憶。吳丹丹對舒蕪之事很不理解，她曾經問過父親聶紺弩，「父親說他有才，在不少學術問題上他們有共同的見解。父親還說，那是歷史，在特定的歷史條件下，有些人犯了錯誤，但是這麼多年，他們已經付出了太多的代價。」（〈一束小白花〉）

一九八五年十二月二十二日，紺弩給舒蕪的最後一封信，一開頭說：「我這回出院後，已根本不能下床了。學問文章，都沒有了。其實本來如此。」令人酸鼻。可是下面接著說：「聽說有人寫了《紅樓》後卅回出版，頗得好評。不知有無此事，請告知一、二。」仍然在關心文學藝術上的事，令人敬佩不已。接著說：「除夕賤降，今年不必提起，倘冬、悠、良諸公提及，請阻止之。大家都老了，相聚僅一、二小時，地狹人多，談飲都無豪興，不足樂也。頡、易諸公本來勉強，更可不談。」其實是為人文社古典室那些老朋友著想，一年前他就覺得「（賤降）年年如此，反為包袱」。

一九八六年三月十六日，進京參加馮雪峰文藝思想討論會的朱正，夜訪舒蕪，面贈紺弩《散宜生詩（增訂、注釋本）》（精裝本）。朱正說：「你可得謝謝我。書是我送的，寶貴的是我替你找了聶老親筆題贈。恐怕這是他最後的題贈了。」果然，內封上面題的「舒蕪兄紺弩」五個字，已經不成字形。舒蕪感到震動，打電話給周穎探問情況，周說：「老聶還是那樣。還是整天愛睡，手腳是萎縮了，飲食還是正常。」考慮彼此住處相距實在太遠，路上需換兩、三次車，舒蕪便沒有馬上去看望。

三月二十一日，舒蕪參加了一個關於雜文的座談會。他在會上說：「中國雜文在發展。聶紺弩同志原是魯迅以後第一流的雜文家，近十年來，他又以雜文入詩，創造了雜文的詩，或者詩體的雜文，開前人未有之境；同時如荒蕪、邵燕祥、黃苗子、吳祖光等，都能以雜文入詩，而聶紺弩的成就最為卓著。」（〈記聶紺弩談詩遺札〉）這些話得到了多數與會者的贊同。舒蕪打算去看望紺弩時把這個情況告訴他。

三月二十七日晚，舒蕪驚聞紺弩於二十六日逝世的噩耗，遂作輓聯一幅：

匕首投槍，百煉猶存鑒湖洌；
貞心勁節，卅年同仰雪峰高。

又過了幾天，舒蕪才得到紺弩自己贈送的《散宜生詩（增訂、注釋本）》（平裝本），並無他題贈的文字，是三聯書店編輯周健強根據紺弩指定的贈書名單代寄的。大概寄遞過程中時間有耽擱，周健強的附函還是紺弩逝世前寫的。看著寄書的日期，舒蕪更沉重地感到說什麼都來不及了。

活著就為了等你——聶紺弩與何滿子

同是新聞轉古典

聶紺弩的朋友中有兩個人的本名都叫承勳，一個是羅孚，本名羅承勳，還一個是何滿子，本名孫承勳。這兩位大作家，都是以筆名名世，很少人知道本名。特別是何滿子，很早就讀他的書，從沒想過他本名叫什麼。知道了，也記不住。就連相識四十多年的老朋友聶紺弩，一次給何滿子寫信說：「我至今不信你姓何名滿子，但真名為誰則不知道。」

何滿子一九一九年出生，比聶紺弩小一輩。他坦誠，「與紺弩的關係極為普通，遠沒有推心置腹的交情，由於某種說不清楚的原因，彼此間還很有齟齬」；「在我人生道路中，他對我並沒有什麼特別的影響。如果不是在他生命的後期和我有一場關乎歷史是非的爭論，我在敘述往事時就無需提到他」。在認識紺弩之前，何滿子先認識其夫人周穎。當時周穎在中國勞動協會下屬重慶工人福利社工作。熱情的周穎對何滿子很關愛，也對他相當信任。那原因大概因為紺弩在四十年代初期桂林那段「拈花惹草」到後來「浪子歸家」的故事中，何滿子不但是知情者，而且站在周穎一邊。似乎是作為回報，當何滿子和聶紺弩發生爭執時，周穎也總是他的支持者。

中華人民共和國成立之前，兩人來往很少。一九四九年之後，聶紺弩在北京，何滿子在上海，會面總共只有三兩次。主要原因還是兩人命運多舛，各有各的不幸。何滿子在震旦大學中文系教書，本來教的好好的，莫名其妙地被牽入胡風案中。一九五五年五月十七日，何滿子剛起床，就被戴上了手銬。可他根本不認識胡風，所以專案組跑遍全國，找不出一點問題。當年九月二十八日，何滿子重歸自由。但在反「右」運動中，何滿子全家被發配到寧夏賀蘭山下，直到一九六四年才調回上海。「文革」中，何滿子被遣送回浙江富陽老家種地，直到一九七八年才又回滬。因此，聶紺弩有一次跟何滿子開玩笑說：「天地有羅網，江湖無散人。」何滿子外號「江湖散人」。又稱自己為「二川人」，意即半個四川人（其夫人是成都人）。曾作〈三句半〉：「流浪遍全國，成都最有緣。名字取好了，二川。」聶紺弩也作三句半調侃他：「喜作三句半，自號二川人。蜀音又不準，難聽。」

「文革」結束後，一九七九年秋，何滿子想從紺弩處打聽胡風的消息，因不知其地址，為了保險起見，就發了兩封同樣的信，一封寄人民文學出版社轉紺弩，一封寄民革中央轉周穎。信均收到。紺弩立即回信，於是兩人開始了聯繫。

一九八〇年，睽隔幾十年後，何滿子去北京勁松區聶宅探訪，還來不及落座，紺弩便故作正經地發話道：「你怎麼還是這樣不懂道理！來探親訪友，居然一點禮物都不帶！」

逗得周穎、何滿子和同去的黎丁都哄然大笑，紺弩自己也忍俊不禁地撲哧一笑。

紺弩又代何滿子回答，說：「你這傻瓜，你不會回答『我是來看周穎大姐的，不是來看你的』麼？」

何滿子後來回憶說：「這下就輪到打量他的『苦』了。他全身拘攣，下肢蜷曲不能挺伸，整天虬曲著倚臥在床。那苦況不要說身受者，旁人看了也心疼，我真不能想像他是如何日日夜夜地忍受下來的。」（〈聶紺弩一百歲瑣憶〉）「我去總是在他家待一整天，和他天南海北地放談。如有生客來，我就在另一間裡同周婆談天，她照例煮碗麵條加上一個煎蛋招待我，向我敘談當年到北大荒探望紺弩的往事和女兒海燕之死，非常動情。」（〈我和聶紺弩夫婦〉）

大概是一九七九年，有人從北京到上海來，帶來一本紺弩油印的舊體詩。何滿子說：「我驚訝地發現他的舊詩竟寫得如此別開生面，請他寄一本給我，次年他給我寄來一本香港出版的《三草》。從那以後，我們之間的通信才密起來。」（〈聶紺弩誄詞〉）

香港版《三草》出版時間是一九八一年六月。從《聶紺弩全集》所收紺弩致何滿子書信看，他們通信始於一九八二年一月。收到紺弩寄贈的《三草》後，何滿子即以詩謝之：

先生越來越風流，千首詩輕萬戶侯。
不獨文章驚海內，更奇修煉出人頭。
如柴霍甫笑含淚，勝阮嗣宗酒避愁。
我亦新聞轉古典，自慚才短難為酬。

聶紺弩早年是報人，一九四九年後任人民文學出版社副總編輯兼古典室主任；而何滿子早年歷任衡陽《力報》、南京《大剛報》等報記者，一九四九年後任古典文學出版社（上海古籍出版社前身）編輯，所以有末句「我亦新聞轉古典」。

何滿子作詩時，適友人盧鴻基在場，也和詩一首，由何一併寄給紺弩。詩曰：

真是風流會淚流，三杯酒賜醉鄉侯。
詩無定律方無價，句有成規亦有頭。
泛海難知天地闊，對民空發古今愁。
憐君痛極悲兒女，我也多情任筆酬。

末句「憐君痛極悲兒女」，與聶紺弩愛女「海燕之變」有關。

一九八二年二月九日，紺弩回信何滿子說：「賜詩及盧公詩並拙稿均收到。詩奉和一首抄呈，盧公處不另，請傳閱。關於此道，我但知打油，不知其他。想久蒙察及，無須贅談。」其和詩曰：

不是風流是淚流，此身幸未辟陽侯。
誰知呂枕千場夢，尚剩秦坑幾顆頭。
易水寒風悲壯士，雙溪小艇怯春愁。
英雄兒女胸中事，化作盧何一唱酬。

一九八二年聶紺弩八十壽辰時，何滿子作了〈步原韻和聶紺弩八十自壽〉兩首，其一云：

從來民可使由之，樂得省心詐作癡。
老樹著花真有趣，雜文做骨漫吟詩。
恰逢梁灝登科歲，也是周婆祝壽時。
須謝天公降大任，酸甜苦辣已全知。

何滿子是非分明，從不抹稀泥，人云亦云。那是一九八三年的某一天，他和聶紺弩爭辯胡風冤案中「交出私信」的責任時，「紺弩說世人專門責怪猶大而不問總督是不對的。他說這話當然另有一番感慨。我複述了赫魯雪夫的故事，說那時，以及還是『格魯吉亞化』的當時，誰敢責怪總督呢？只有責怪猶大來泄忿，而且猶大難道不該被詛咒麼？」最終，紺弩理屈詞窮，不得不「收回」看法。

書來信往，無任雀躍

在《聶紺弩全集》所收致何滿子的十六封信中，內容大多數是關於出書的話題：

一九八二年一月十八日：「我現正從事作〈故鄉的語言〉一文，至少當有幾萬字，寫成時，想與前呈之〈語文問題與運動〉中之較可者匯為一書，當較有分量。故前稿雖已呈兄轉貴社，請萬勿發刊。最好能暫退回，收據我已遺失，忘記號碼，還請兄代向貴社查得寄還。年衰寫作，不能預定日程，故未敢告兄何時脫稿（現已搜得千餘條與他處語言不同者，現初稿不過寫了幾十條），日寫十條，需百餘日，懶且多病，全稿當需時半至一年。且寫的過程中間定會有新發現。今年能寫完已為萬幸，不能望其年內出版。故有上述不情之求。退稿時請附審查意見：分個優劣，供我成書時參考。忝屬相知，特此麻煩，罪甚罪甚！」

一九八二年二月九日：「拙作《古典小說論集》不知有再版機會否？如有，當在何時？擬有改動也。請向有關諸公詢之。」按，聶紺弩《中國古典小說論集》一九八一年由上海古籍出版社初版，二〇〇五年由復旦大學出版社再版。

同年三月十四日：「我想出一書曰雜集，除了給你看過的，還有多篇，有的實與古籍無關。所以也不想在你社出，且有些還未寫出。不知是你處出書快還是北京快，年逾八十，更想快出。」按，何滿子時任上海古籍出版社編審。

同年六月十九日：「前要回之語文問題小冊，尊處尚肯出否？我看無甚價值，要出，擬刪去幾萬字，作一序後寄回。如無意出，也就罷了，或再作別論。」

一九八四年一月二十七日：「我的語文問題集，改題為《語言、文字、經歷》，這有點不倫不類。稿已搜齊，古籍（出版社）還要否？如要，即日即可寄，請先和社商好後，通知我！兄曾云，我之此類文集，隨時加一序後可付排。不知近來情況如何，如無改變，等作序後擬即寄出。倘有改變，則請告知。」

同年三月二日：「現將拙著命名為《語文半世紀》，共三十四篇，寫了序，一併寄奉。可不可出版，請早示知。」

八月七日：「我想出一新詩集。參加左聯後，很少作新詩，胡材裁很少，且忘其為何處發表，而記得者，其報刊又不易得。現在最難者為一種《椰子集》，汪馥泉編的一種多人合集，廿年代上海（有人說是真美善）出版，大概以短篇小說為多，其中有我的新詩一首〈城下後〉，是一首值得一提的，可是到處無此書，真苦死人！」

九月十五日：「拙作《語文半世紀》如尚未付印，當可還加點稿，究可否，請速示知。」按，此書未能出版。

十月某日：「收到來信，無任雀躍。……今奉上〈談金瓶梅〉增加的一節，及〈小紅論〉剪稿一份。〈金〉的原次序不動。〈小紅論〉則放在兩篇談〈紅〉文之後。與〈小紅論〉同時寫了一篇〈三上紅樓〉，今呈原稿請先讀，發稿前當奉上較為清楚的別種稿子或剪稿。另有一篇題為〈禮與紅樓〉，《讀書》說將刊於明年第一期，想能趕上尊處發稿也。如此麻煩，不當之至！」

一九八五年一月三十日：「（高旅）《持故二集》已齊稿，約廿萬字，你社可出版麼？」「現在談我本人給你的一件不愉快的事，所謂《語文半世紀》（書號之類遺失了）還沒有發稿吧。我現想將原稿收回了，原因是湖×出版社有人要替我編一部文集，未出版的最好不出，給他去編，以免囉嗦。因此，請你將原稿從早退還給我，因無副稿也。你我認識一場，總是我在麻煩你，總是你在為我服務。真是抱歉。你說何時要來京的，想是沒來。文代會會來吧，務必到寒居一次。老兄，我滿八十二歲了！也許活著就是為等你。」

這是病重的聶紺弩給何滿子的最後一封信。末句「也許活著就是為等你」，讓何滿子感受到紺弩「重於友情，至老彌篤」。在這封信裡，紺弩推薦香港友人高旅的書稿《持故二集》給何滿子，看上海古籍出版社能否出版。紺弩「重於友情」的又一佐證！此前，一九八四年北京三聯書店出版過高旅《持故小集》。遺憾的是，中國一直未見

《持故二集》出版。

聶紺弩等了一年。一九八六年一月胡風追悼會時期，何滿子與聶紺弩見了最後一面。當時幾個朋友在北京相聚，深知紺弩病榻寂寞，更兼得知周穎心臟病剛出院不久，覺得應該抽時間去看看他們。曾卓、冀汸等幾位抽不出空，提議寫幾句祝願和慰問的話，大家簽名，由何滿子和耿庸、黎丁三人作代表去慰問。那時紺弩身體已極為衰弱，簽贈《散宜生詩》時手抖索得寫字也不能成形了，但思路還是十分清晰。那天在床前與紺弩約定，由何滿子夏秋間抽空到北京專住一陣子，筆錄他口述的回憶，記下二十年代以來他所親歷的文壇往事。

最後一面中，聶紺弩向何滿子說的一句印象深刻的話，他說：「詩集的胡序確實是他主動寫的，我並不希望（稀罕）他寫。」詩集是指人民文學出版社出版的《散宜生詩》，胡序指胡喬木的序言。這事又涉及他們一次不愉快的交談。一九八三年四月三日，何滿子去看望聶紺弩，紺弩贈以新出的《散宜生詩》。何滿子看見前面有胡喬木的序言，口沒遮攔地說：「何必請他作序呢？莫非要他來增光麼？」何滿子的意思很明顯，用不著找這樣的「大人物」來為自己捧場。聶紺弩當時極力否認，說自己並未請他寫。何滿子不信，說他怎麼知道你寫詩，而且會讀到你的詩呢？聶紺弩搖頭否認，不再作聲，話就說到這裡為止。

最後一次見面，聶紺弩特別重提此事，表示他重視此事，念念在心。何滿子領會了並感激於紺弩的聲明。

常憶諧語，常讀文集

這次見面，何滿子就有某種不祥的預感，果然，兩個月後，三月二十六日，紺弩就走了。

三月二十九日，何滿子悲痛難抑，遂依紺弩〈和何滿子盧鴻基〉原韻，作誄詞以寄哀思：

公方生世水橫流，操戟擬求萬戶侯。
忽疾韓康難賣藥，轉教定遠猛回頭。
手揮辛辣詼諧筆，身歷古今天地愁。
可嘆胸中一本帳，欹床欲吐未能酬。

六年之後，何滿子又作〈紺弩九旬冥壽並跋〉：

我有一言蒙贊許，君今過盡已無餘。
常逢斟酒憶諧語，何處只雞吊墓廬。
滬瀆招魂情倍悵，山陽聞笛筆難書。
周婆泉下共商略，卜宅應傍魯迅居。

首兩聯須稍加解釋方能理解。某次老聶問我，在前些年遭受折磨時心境何如？我答：我在苦難時仿阿Q主義，有一偈語，可以排遣憂苦：「要來的事情總管要來的，一切的痛苦終會過去的。」如此一想就坦然了。他大笑，連稱：「好，好！」首聯即述此意。

次聯為老聶一軼事。四十年代他在桂林一餐館與友人聚飲，點一份白斬雞，云係全雞。食時，其雞甚瘦，骨多於肉。老聶把堂倌叫來問道：「這裡是兩隻雞吧？」堂倌答云：「是一隻。」老聶正色道：「一定是兩隻，一隻雞哪有這麼多骨頭？」座中大笑。因想：倘要隻雞斗酒吊他，必須選一肥雞方好。

開年為紺弩九十冥壽，逝世六週年；又是周穎大姐逝世兩週年，京中友人擬於元月八日集會紀念，函邀前往參加。如不克赴會，囑作一詩寄去。末聯兼及周婆，蓋魯迅書簡中，曾戲稱周穎大姐為「我家姑奶奶」云。

二〇〇三年一月，何滿子作〈聶紺弩一百歲瑣憶〉。文章說：「聶紺弩今年一百歲。當然，一九八六年以後的歲月，他是在那個世界度過的。在人世的八十三年中，他是十分透明的。我拈出『透明』兩字來形容他，是指，文人的透明，在於做人與做文的一致，即，人格表現在文格裡而絕少虛飾和矯揉。雖然，布封所說的『風格即人』是鐵律，文格說到底反映人格；但不少人，幾乎是絕大多數的文人都想方設法地掩蔽真我，較多的情況是美化自己。這或許是文人的通病，乃至是人性的通病。」「他的詩所呈示的苦味的詼諧的確將他的人格和盤托出，毫無陰翳。詼諧在他好像是與生俱來的資質，苦味則是生涯中的閱歷，更是後半生艱辛的遭遇所凝成的，兩者交融而構成了紺弩的人格特徵。」

二〇〇九年五月八日，何滿子在上海安然睡去。其女婿王土然說：「五月一日，岳父像往常一樣，看完當日的〈參考消息〉，就從書架上取下一卷《聶紺弩全集》讀起來。讀得那樣專注，那樣投入，看不出是身患絕症的病人，更想不到這會是他讀的最後一本書。當晚，岳父病情突然惡化，短短七天後就告別了人世，出人意料。」（〈回憶岳父在農村十二年的精神困境〉）

晚年何滿子

我行我素我羅孚——聶紺弩與羅孚

十年前，中央編譯出版社出版了一套《羅孚文集八種》。去年，北京三聯書店出了高林編、羅孚著的兩本文集（《繁花時節懷故人》、《燕山詩話》新編本），裡面的文章主要是從「八種」中精選的。按說我可以不必再買三聯版，但還是買了，一是沖著雅致的裝幀設計，二是選本中保留了不少關於聶紺弩的文章。《繁花時節懷故人》的書名，就源自羅孚贈聶紺弩的詩句：「歷史老人應苦笑，繁花時節又憐君。」

忽開藥店二鴉筆

聶紺弩與羅孚（承勳）先後一同在桂林、重慶、香港三地工作過，但在桂林、重慶並不相識，直至到了香港才有來往。抗戰期間在桂林、重慶，兩人都在編報紙的副刊。紺弩先後編桂林《力報•新墾地》，重慶《真報•橋》、《商務日報•茶座》、《新民報•呼吸》等副刊，羅孚從桂林到重慶，都是編《大公晚報•小公園》副刊。那時紺弩已是著名作家，而羅孚只不過是剛出道的後生小子，還不習慣到外邊去結交文壇的前輩先生。當時紺弩寫作投稿有自己的園地，從不涉足羅孚的《小公園》，兩人也就沒有什麼機會相互認識。不過，羅孚一直在關注紺弩的文章，敬佩不已。羅孚說：「在抗戰時期『文化城』的桂林，在他主編的副刊上，更主要在他有份的《野草》雜誌上，讀到了他一篇又一篇總是很精彩的雜文，我總是很欽佩，也總是很羨慕。像〈韓康的藥店〉、〈兔先生的發言〉都是傳誦一時的名文。後來到了重慶，讀到那篇不足七百字的〈論申公豹〉，更是叫絕……寥寥數筆，寫意而又傳神，深刻而又生動！」（〈三十餘年的交情〉）

一九四七年，羅孚經同學介紹，成了重慶中共地下黨的周邊骨幹，參與了地下黨理論刊物《反攻》的創辦和編輯工作。在重慶期間，紺弩發表了無情地揭露國民黨的雜文，並被當局所注意。黨組織為了他的安全，讓他撤退到香港。

一九四八年，羅孚被胡政之抽調參與香港《大公報》的復刊工作，並正式加入了中國共產黨。聶紺弩初到香港時，沒有報紙可辦，他就以作者的身分替羅孚的《大公園》副刊寫稿子。再加上別的原因，兩人就由相識而逐漸熟識。

一九五〇年夏，聶紺弩出任香港《文匯報》總主筆。羅孚回憶說：「在香港和他相識後，知道他很愛下棋。當他在《文匯報》擔任總主筆時，就常到《大公報》向梁羽生他們挑戰。作為總主筆，他每天要寫一篇時事評論的文章在新聞版刊出，有時棋下得難解難分，從下午一直下到晚上，有那麼一、兩次，他乾脆就不回去上班寫文章，卻怕我們說他偷懶，和梁羽生約好，要他不告訴我們。事過境遷，他人已經到北京工作，梁羽生才說出來，引得大家哈哈大笑。」

中華人民共和國成立後，羅孚作為當時《大公報》唯一的中共黨員繼續留港從事宣傳和統戰工作，而聶紺弩回北京到人民文學出版社任職。從此很長一段時間裡，兩人地北天南，不在一起，只有羅孚有事情赴京，才和他見過十次八次而已。再後來，紺弩去了北大荒，又去山西，兩人更加無從相見了。只是在一九六三、一九六四年間通過幾封書信，在信中戲稱羅孚為「羅斯福」、「斯福我公」什麼的——

羅斯福：聽說你來了，別提多麼高興！上一個多月，陳凡、黃茅諸兄說你要來，從那時就盼起，誰知你來了許久，還是未見著。上次嚴慶澍兄來了，我也未見著，真是遺憾。你很忙麼？是否可約個時間見見？

我住的郵電部宿舍，電話「六二〇一四一」。是公用電話，在門房裡，而我的住處則在最後一層，打時，須等很久才能接到。如果先期約，寫信更省事，先日發，次日定可收到。當然，我還可到賓館去碰碰機會。十多年未見，總應爭取見見才好。現在只作見不著的打算。有兩件事問問：給港報寫點文章，寫什麼，怎樣寫，是否寄給你便成。我現在很閑，可以寫。由此而派生的問題，你能否在京預支一點稿費，那怕五十元也可以。匯給我或留到潘際坰兄處均可。有許多話，許多感情，許多精神上的東西似的，寫出來卻仍是這種鄙事，物質的！存在決定！（一九六三年十一月十六日）

斯福兄：抄詩百餘首（包括《北大荒吟》五十六首），大部分當是可發表的，由你仔細審定。有幾張是給別人的，你如覺得可以發表，也不妨發表。發表時，不要在一個地方（特別不要都在文匯），不要用一個名字。隨便用什麼名字都可以。發表東西太多，別人眼紅，說不定也會出問題的。另《紅樓》文半篇，約五萬餘字。不必全發表，能發多少，就發多少，能怎麼發就怎麼發，拆成一小段小段，另加題目也可以，也是隨用什麼名字，怎麼改，都可以。如有辦法，我就接下半篇。另外，我還想寫《聊齋》、《金瓶梅》等書的，也想寫各種舊小說的，也想寫舊詩話，不過那只好等一等了。一切由你決定，花點時間好好看一遍，動動手，感謝。（一九六三年十一月二十二日）

斯福兄：前曾（致）公一函，未見何書惠答，忙耶？懶耶？其他故耶？前托售郭君之畫，據邵公傳言，兄云畫雖未售，款可先墊，果爾，請通知黃克夫同志，令其交我，我將於二、三日內赴穗，最遲月底前當到貴報辦事處，一訪黃公也。匆匆，不盡所言。（一九六四年四月十五日）

斯福我公：已於潘公處取得藥片兩瓶，此款最好能於稿費中扣除。然欠預支費已多，此話殊難出口，奈何奈何！至今思之，所謂預支稿費者，實質亦敲索性質，真慚愧煞人也。今又有新事煩續：緣有某君為舊日同事，因我故失業，生活問題不待言，我囑其學撰小文，或可投尊處或邵公處發表一、二，倘能月得稿費二、三十元，生活便可解決。……一笑。（一九六四年十月十日）

崛起騷壇三草詩

十年浩劫後羅孚第一次進京，去東郊新源里探望躺臥在床上的紺弩（從此就只是見他躺著，躺著，而很少站起、走動），當時只想到他的病，他的窮（每月只有十八元生活費），只想到留下很少的一點錢以解燃眉。第二次相見是第四次文代會期間。而在文代會召開前夕，紺弩有信致羅孚說：

久未奉候，甚歉。半月前有一信寄文統兄，囑其將所著寄或帶幾本來讀讀，由《大公》編輯部轉不知能轉到否。這且不說，我已於三月十號由京高等法院徹底平反，四月七日由文學出版社完全改正，恢復黨籍、級別及名譽。這樣一來，補發了工資，也恢復了原薪，口袋麥克麥克，非復舊時窮措大矣。但有一恨事，錢不少了，卻買不到東西。比如說，我現急需一答錄機，對我暮年寫作極有幫助，卻不知怎樣才能買到。有人說，只要有人從港帶來，連原價帶稅款，均可以用人民幣付。我不知何人可帶，我想你、費公或者別人均可做此事。故此只要專托你由你在必要時轉托費公，定可帶到。只要帶到京，寫一信給我，我便可派人去取。問題是中國風習，愛講客氣，或以為我沒錢，或講面子不肯談錢，這就反而誤了大事。你想，當我窮時，你屢次送我錢，我不推辭。我現手裡有幾萬塊人民幣，一個答錄機聽說所需甚至不到你送我的一次那麼多，用得著什麼客氣？即使兩三個那麼多，也不嫌貴。

專於九月下半月以前盼你來信。九月下旬盼你帶東西來。

第四次文代會時間是一九七九年十月三十日至十一月十六日，羅孚大約在十月下旬進京。紺弩雖說是去開會，卻幾乎整天躺在賓館床上。就是這一次，羅孚接受他「托孤式」的委託，帶走了油印本《三草》回香港。這時紺弩已不是那麼窮，恢復了地位名譽，衣食既足，可以「興禮樂」，出詩書了。紺弩在談笑中說過，不知道為什麼，見了羅孚就一點詩意也沒有，寫不成「酬答」詩，但偏偏卻把出詩的任務交給了他，雖然拖了兩年，卻總算是不辱使命。羅孚之子羅海雷回憶：「四次文代會期間在西苑賓館裡……就是這次看到他油印了送人的舊詩小冊子，父親就說，『這種東西在港複製只需幾分鐘』，他就請父親拿去複製或印刷，沒想到卻費了兩、三年的功夫，才印成《三草》。」一九八一年六月，舊體詩集《三草》由香港野草出版社（托名，實為同人集資）初版。是聶紺弩的第一個變油印為鉛印的版本。分《北荒草》、《贈答草》、《南山草》三輯，故名。

羅海雷在《我的父親羅孚》中還說：「他（按，指紺弩）在談笑中說過，不知道為甚麼，見了父親就一點詩意也沒有，寫不成詩。實際上，他在一九八一年作了一首〈紺弩贈羅孚詩〉，開始只有前四句，在父親提醒以後，他才湊足八句，成為七律，他再請黃苗子，把他這首七律寫成條幅贈與父親。」〈紺弩贈羅孚詩〉即〈戲贈史復〉，詩曰：

> 浮雲天際任群烏，咄咄書空小豎儒。
> 半世新聞編日晚，忽焉文字愛之乎。
> 能三句話賅一切，不七尺軀輕萬夫。
> 惜墨如金金似水，我行我素我羅孚。

首聯中的「書空」，是一種啟蒙識字教學法；「豎儒」本是無見識的儒生，這裡是玩笑親近之意。頸聯是說羅孚寫三言兩語式雜文多年，評論事物言簡意賅。

從一九八二年五月到一九九三年一月，羅孚在北京住了十年。更精準點說是，被羈留在北京有十年零九個月。

後來羅孚寫了本書叫做《北京十年》，其中有一篇〈尋找聶紺弩〉：

我在可以和人們接觸時，自己訂下了一條原則：不主動去找舊相識，除非他們先表示了有和我來往的願望，只有三個例外。

一是自己的親戚，老伴的哥哥一家。二是北大的一位教授，那是一位年輕時最要好的同學的哥哥，一年多兩年前他還帶了女兒到友誼賓館找過我，有所求，北大和友誼賓館都在我此刻住處的附近，使人容易想起他。三是老朋友、老作家聶紺弩，四十年代末五十年代初他在香港工作過，我們曾經同在一個小組，我出事前一年替他出版過舊體詩集《三草》，他很歡喜。

我分別發出了三封信。

給親戚的信我告訴他們，已得到假釋，星期天去看他們。他們大感意外，以高度的熱情迎我。他家的大孩子在見到我以前就出差到香港，把我最新的資訊帶給我的家人。我老伴當時還沒有收到我寄回香港的信，半信半疑。

給北大那位教授的信如石沉大海……（引者略）我倒是在中關村的街上不期而遇，他有些緊張，也就沒有後會之約。再過不久，他不幸病死了。

給聶紺弩的信是輾轉傳去的。我記不得他的地址，通訊、電話等被沒收了，無處可查。只有寄信去三聯書店一位被認為是他乾女兒的編輯轉他。這回是收到回信了，從此開始了和他生命中最後幾年的往來。他和他的老伴周穎，被他在詩中稱為「周婆」的，決定要接濟我，叫那位女編輯帶了兩千元給我，那時兩千元還值錢，等於我兩年有多的生活費了。我很感激，但還是還了給他，並附上幾句半開玩笑的話：「人生窮達費沉吟，白首終難變此心，家有千金欣已足，何須更惠兩千金。」這裡的「家有千金」其實是我說有一個女兒，故意和他的兩千元夾纏在一起。直到記下這件往事的此時，我才想到，說不定我還傷了兩老的心。他們有一個親生的女兒海燕，是唯一的骨肉，在「文革」後紺弩從山西牢獄中釋放回北京前不久，自殺死了，女婿接著也自殺。我無意中碰了他們的傷疤。

一九八三年二月一日，聶紺弩八十生日，羅孚寫了一首祝壽詩：

流水行雲任所之，自由主義智如癡。
忽開藥店二鴉筆，崛起騷壇三耳詩。
壽當三萬六千日，人似炎黃虞夏時。
願學爛柯千載弈，是甘是苦自家知。

紺弩也回贈一首〈步和史復見贈〉：

落日燕山吊子之，魯公應賞此情癡。
千年絕塞千山雪，一樹梅花一首詩。
月滿庭除花睡處，日航天海酒醒時。
古今中外誰詩好？你不知兮我不知。

首聯中的「魯公」，羅孚說紺弩自已說指魯迅，羅孚乃問：「惟不知何以『魯公』應賞也。」

最後一次見紺弩是《散宜生詩》（增訂注釋本）出版以後，一九八六年二月新年除夕生日那天，羅孚拿了一冊精裝本請紺弩簽名，一支筆在顫巍巍的手裡已經不聽使喚，紺弩只是勉強寫了一個「作」字，就叫人不忍要他再寫

「者」字了，而那「作」字其實也不大成字。就在那最後一筆簽寫「作」字的前後，紺弩和往常一樣閉目不語，只是在羅孚臨走時說了一聲，「帶點吃的東西來」，經過周穎的傳譯，知道他想吃南安板鴨和香港的糟白鹹魚。

五日蹉跎失故人

一個多月後，紺弩去世了。羅孚雖說很想去八寶山再見一面，哪怕那只是一個已無知覺的人面，但是由於眾所周知的原因沒能去成。只是要了周穎的那張別致的謝貼：「紺弩是從容地走的。朋友，謝謝您來向他告別。」

羅孚還寫了幾首七律向紺弩告別：

> 尊前常逐繆思神，三草偏從海角伸。
> 論世最欣文字辣，讀詩更愛性情真。
> 百年咫尺成虛語，五日蹉跎失故人。
> 淺水垂楊風景異，同傷凍雨過清明。

尾聯中的「淺水」是指香港淺水灣，那裡曾有蕭紅墓。紺弩有憑弔詩句：「欲織繁花為錦繡，已傷凍雨過清明。」「垂楊」則指紺弩生前住在一個叫垂楊柳的地方，名字讓人嚮往春天，但卻是並無垂楊只有塵土的市區。

> 聞君此去甚從容，蝶夢徐徐逐午鐘。
> 劍拔弩張雖大勇，神閒氣定亦高風。

枕邊微語魚堪欲，棋裡深談我願空。
春水冰心徒悵望，羅浮山色有無中。

聶紺弩去世前五天，羅孚本來計劃要去探望，並送家人帶來的鹹魚給他，但卻因故改了期，從此就再也看不到、嘗不到了。而紺弩生前為羅孚書寫了「倘是高陽舊酒徒，春風池水底幹渠。江山人物隨評騭，一片冰心在玉壺」的詩句，卻又一直沒有送，甚至把這事忘了，還是周健強保留下來，在他去世後才到了羅孚手中。他就是這樣一個「散人」。

二〇一四年五月二日凌晨，羅孚病逝。五月二十四日晚，其家人在香港殯儀館舉行追思會，現場派發的紀念冊封面印著黃苗子書聶紺弩贈羅孚詩句「惜墨如金金似水，我行我素我羅孚」。

聶紺弩與羅孚

黃家不樂誰家樂——聶紺弩與黃永玉

香港聊登海景樓

一九四八年，香港。時年二十四歲的小夥子黃永玉，認識了大他二十多歲的「老聶」紺弩。

從年齡上看，聶紺弩算是長輩，但他卻不允許黃永玉稱呼「先生」或「老師」。

「叫我做老聶吧！為我自己，為大家來往都好過些。」他說。黃永玉不明白為甚麼免了一些尊稱就會使他好過的道理，且不去管他。

有的先生前輩，想像中的形象與名字跟真人相距很遠。但黃永玉見到紺弩，那卻是極為一致，「茂盛的頭髮，魁梧而微斂的身材，醬褐色的臉上滿是皺紋，行動算不上矯健，缺乏一點節奏，但有一對狡猾的小眼睛，天生嘲弄的嘴角。我相信他那對眼睛和嘴

聶紺弩（中）與黃永玉（左）陳海鷹（右）

巴，即使在正常狀態，也會在與人正常相處中給自己帶來負擔和麻煩。」

一九四九年前後的香港，有如蒙特卡洛和卡薩布蘭卡那種地方，既是銷金窟，又是政治的賭場。尤其是那時從大陸逃到香港過日子的人，都不是碌碌之輩，不安分的就還要發表反共文章。黃永玉說：「紺弩那時候的文藝生活可謂之濃稠之至，砍了這個又捅那個，真正是『揮斥方遒』的境界。文章之宏偉，辭鋒之犀利，大義凜然，所向披靡，我是親聞那時的反動派偃兵息鼓、鴉雀無聲的盛景的。後來我還為這些了不起的文章成集的時候作過封面。」紺弩雜文集《天亮了》在香港求實出版社一九五〇年八月再版時，重新設計的封面畫就是黃永玉的木刻作品——舉著火把的普羅米修斯。紺弩還拐彎抹角地央求給那位正面走來的、一絲不掛的「洋菩薩」，穿一條那怕是極窄的三角褲，黃永玉勉強同意了。

當時紺弩在香港《文匯報》工作，也常在《大公報》行走。黃永玉就在《大公報》和《新晚報》打雜做雇工，一時興起就給老聶畫了一張像，詩人胡希明在畫上題了一首打油詩：

> 二鴉詩人老聶郎，皺紋未改昔年裝。
> 此圖寄到北京去，嚇煞勞工周大娘。

末句是指紺弩夫人周穎在郵電部任勞工部長。

那會兒，黃永玉一個人住在香港跑馬地堅尼地道的一間高等華人的偏殿裡，高級但窄小如雀籠。經常有朋友去那兒閑坐，寂寞的紺弩就是一個。紺弩愛下圍棋，黃永玉卻不會；紺弩愛打撲克，黃永玉也不會，甚至有點討厭。紺弩會喝酒，黃永玉還是不會，但可以用茶奉陪，尤其是陪著吃下酒花生。花生是罐頭的，不大，打開不多會兒，紺弩還來不及抿幾口酒時，花生米就所剩無幾，並且全是細小乾癟的殘渣。這時，聶紺弩會急起來，趕緊從黃永玉手中攄一點到己方去，然後叫道：「他媽的，你把好的全挑了！」

在黃永玉那間小屋子裡，紺弩曾經提筆隨手寫過許多字。給黃永玉寫的一張字是他自己的打油詩：

不上山林道，聊登海景樓。無家朋友累，寡酒聖賢愁。
春夏秋冬改，東西南北遊。打油成八句，磅水搵三流。

山林道是個燈紅酒綠的地方。海景樓是一家北方飯館。磅水是粵語錢的意思，這裡指的是稿費。三流即詩人胡希明，當時是《週末報》編輯。

紺弩還寫過一張馬克思的語錄，因為沒有標點符號，黃永玉當時不太懂得，二十多年後才明白了：「批評的武器不能代替武器的批評，物質的力只有物質的力才能打倒。——馬克思」

黃永玉回憶：「說來見笑，甚麼叫做『黨』？甚麼叫做『組織』？《聯共（布）黨史》有甚麼意義？都是他告訴我的。為我講這些道理時他也不是作乎正經，一般總是輕描淡寫、言簡意賅地說了就算。因為他還有別的許多有趣的話要說。」（〈往事和散宜生詩集〉）

大約是一九五一年初的一天，紺弩說他要準備回北京了，黃永玉等一幫朋友們輪流請他吃飯。一個月過去，毫無動靜。又一天他說這下真的要走了，某月某日，朋友們又輪流請他吃飯。總共請了兩輪，到第三次說要回北京時，朋友們都不太相信他的鬼話，他卻悄悄地走了。大家原來還商議好，他要是再不走，就兩次追賠。真的走了，卻有點後悔說了過分的話。

兩年之後，黃永玉聽了表叔沈從文的召喚，攜妻挈子，離港歸京。

京城歡聚斗室居

同在京城，有時候黃永玉去看聶紺弩，有時候聶紺弩和朋友來黃永玉家打撲克。不過黃永玉自己不會打撲克，也討厭別人打撲克，他當時並不瞭解玩撲克居然還有高雅的意義，只是覺得紺弩把時間花在這上頭有點可惜！不打撲克，那就下館子吃飯喝酒。五十年代初期一起聚餐的人，除了聶紺弩、黃永玉，還有黃苗子郁風夫婦、吳祖光新鳳霞夫婦、王遜等人。等「反右」開始，紺弩去了東北。

六十年代初的某一天，紺弩回來了。那天黃永玉正在吃晚飯，門外進來一個熟悉的黑影，「相逢莫作啱嗟語，皆因淒淒在亂離」。黃永玉感嘆道，紺弩竟能完好的活著回來，也就很不錯了！

北大荒歸來，紺弩時常作詩，甚至讓黃永玉「窩藏」過他從東北帶回的一本原始詩稿。還給黃永玉的兩個孩子寫了不少詩。特別是三年困難時期，黃家孩子們很想吃糖餅，紺弩就時常帶一點來，「安得糕餅千萬斤，與我黃家兄妹分」。且看紺弩為黃永玉女兒黑妮所作〈題黃黑妮畫蓮花掌圖〉全詩：

爸爸畫畫筆一枝，黑妮曳作竹馬騎。
一朝打馬紙上過，馬跡變作黑貓咪。
忽而又畫蓮花掌，家中奇卉久真賞。
口吮筆尖墨滿唇，膝移椅上生鈍響。
錯錯落落紙上影，綽綽約約盆中景。
盆中自比紙上青，紙上何如盆中冷。

蓮花掌非尋常物，仙掌若仙蓮掌佛。
錯教佛物栩栩仙，風雨忽來鬼夜哭。
黑蠻黑妮兩兄妹，兄才八歲妹五歲。
不知胸中何所思，但覺畫裡有詩味。
安得糕糖千百斤，給我黃家兄妹分。
他日大成何疑問，此時作畫太苦辛。

紺弩有一首〈自壽六十〉：「人生六十有幾回？且將祝酒謝深杯……」引起了一段笑話。黃永玉兒子那時八歲，大概覺得這首詩讀起來有味，居然搖頭擺尾唱和起來：「人生八歲有幾回，且將祝酒謝深杯……」

黃永玉和夫人張梅溪組建了一個文藝之家，主人以及兒子黑蠻、女兒黑妮都愛作畫，張梅溪喜歡寫作。一九六一年十月，在倫敦舉行的第二屆國際兒童美展會上，五歲黃黑妮畫的〈黑貓〉獲一等獎，七歲黃黑蠻的畫獲二等獎。紺弩因此寫過一首〈永玉家〉，描述黃永玉一家人在物質貧乏時期的精神生活：

夫作插畫妻著書，父刻木刻子構圖。
四歲女兒閒不住，畫個黑貓妙矣呼。
此是鳳凰黃永玉，一家四口斗室居。
畫滿低牆書滿架，書畫氣壓人喘籲。
偶爾開門天一線，鵝雞狗兔亂庭除。
道是米家書畫舫，多他兩代女相如。
君家不樂誰家樂，一體渾然盤走珠。

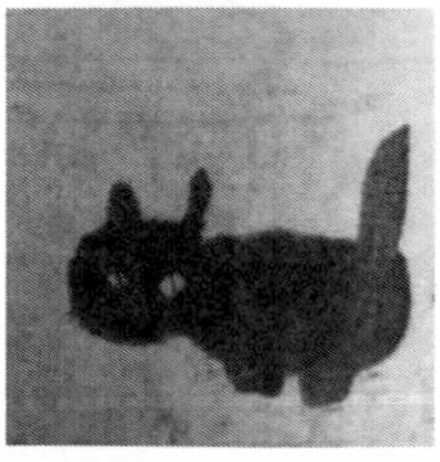
黃黑妮畫《黑貓》

在那段風雨飄搖的歲月裡，黃永玉一家人被趕進一間十幾平米的狹小房子裡，屋裡光線很差。黃永玉就在牆上畫了一個兩米多寬的大窗子，窗外是絢麗的花草，還有明亮的太陽，頓時滿屋生輝。吳祖光夫人新鳳霞回憶：「小動物是永玉的好朋友，他養著鳥、貓、狗、松鼠、猴」，甚至還有「刺蝟」和吳祖光大兒子送給他的「兩隻荷蘭豬」。

新鳳霞又說：「永玉的性格可不一般……還特別好客，一間小屋子也就十二、三米，可經常客人不斷，還總留客人吃飯，梅溪一人即使只管丈夫孩子吃飯已經夠她受的，何況每天都有客人……就知道客人來了不許人家走。他一留人就忙了梅溪，常常是為了客人吃好，梅溪自己吃些剩下的湯湯水水。」（《新鳳霞回憶錄》）所以在黃家吃過多次飯的紺弩，有詩紀其事曰：

欠伸撞屋非關屋，未飽刮鍋豈怪鍋。
手執鋼刀九十九，迫教朽木歌復歌。
獵歸一兔千年講，整到三風兩手搓。
不共鑾妮開畫展，展他不過好瞧麼？

關於首句，羅孚有言：「黃永玉所居屋小如罐，自名罐齋，欠伸即撞屋。」郭雋傑：「首句與魯迅『未敢翻身已碰頭』同一機杼，暗指反右事。次句切三年災害。『手執鋼刀九十九』，似暗指當時文藝界對創作題材的限制。」頸聯獵兔之事，據新鳳霞回憶：「永玉愛打獵……有一次打著一隻兔子，帶到我家烤兔肉。是梅溪帶來一個烤爐烤的，可好吃了，是我頭一次吃兔肉。」（《新鳳霞回憶錄》）所謂「整到三風」，表面上說的是一九五七年整頓三風（即整頓官僚主義、宗派主義和主觀主義），實指「反右」期間黃永玉被劃為「右派分子」。

六十年代中期，不惑之年的黃永玉感於浮浪光陰，情緒很是波動過一陣，聶紺弩知道了這個消息，疾風似地趕到黃家。那種從沒有過的可依靠信賴的嚴峻目光，讓黃永玉接受了他的批評重新振奮起來。這也是黃永玉永生難以忘懷的。

據《聶紺弩刑事檔案記載》：一九六五年一月十七日，幾個友人同在四川飯店晚飯，聶紺弩與吳祖光有如下交談。

聶：（談到約黃永玉，黃不出來）這傢伙膽子真小，照我看，今年一年也都是整黨內的領導，一般人頂多帶到一下……

吳：是呀，黃永玉真是屁事，他自己慌張，其實這次整得厲害的還是他的上級，版畫系主任李樺。美院的木工老郭，是永玉介紹給我，替我鋸樹做梯子的，他常來我家，最近來告訴我，李樺在運動當中，學生給他提意見，他一言不發，怎麼都不開腔，學生氣得要打他，工作隊阻止了才沒事。永玉上禮拜來找我，昨天晚上又來找我，現在他沒事了，說是王琦的問題嚴重，我說可不是嘛，你幹嗎這樣沉不住氣呢！

吳又說：永玉來找我兩趟，主要是問我怎麼應付這次運動，我給他說了老實話，我說，我教你一個好辦法，如果他們問你為什麼要同吳祖光、黃苗子這些人來往，你就說根據《人民日報》刊登過的黨的方針，資產階級右派分子真正改好的人，才摘去他的帽子，這就是說他們都摘了帽子就都是真正改好了的人，那麼對於這種人我不但應當同他們來往，並且應當向他們學習。因為我未有改造好嗎，這句話你不但可以在會上說，甚至於可以大聲在街上嚷嚷，這是黨公布的政策嘛，他們是沒法駁你的，難道敢說黨摘掉這些人的帽子是摘錯了。

長時間運動，下鄉，又運動，又下鄉，兩人見面的機會少了。再就是暴風雨來臨，聶紺弩被送進了牢房。黃永玉則進了「牛棚」。

在「牛棚」裡呆坐著時，黃永玉想得最多的是紺弩。紺弩詠林沖的兩句詩「男兒臉刻黃金印，一笑身輕白虎堂」，充實了黃永玉那段時期全部生活的悲歡，讓他感受到言喻不出的未來的信心。

黃永玉又想起狄更斯的《雙城記》，書中那個吊兒郎當從容赴死的卡爾登，那個被壓在暗無天日的死牢裡的、連意識都消磨盡了的老鞋匠，紺弩不就是這些人的總合嗎？「讓你默默地死在山西小縣城裡只有四堵石牆、荒無人煙的死牢裡吧！讓你連人類的語言都消失在記憶之外去吧！如果僥倖你能活著出來的話，紺弩就不是紺弩了。」

榮寶齋中紙爭飛

事實上，這回黃永玉並不奢望真還能再見到一個活著的紺弩。但是又見到他了。

不過，這一次，是黃永玉走進聶家的門，紺弩躺在床上。

黃永玉說：「老聶呀，你雖然動不了啦！可還有一對狡猾的眼睛！」

紺弩笑了笑：「你還想不到，我在監獄裡熟讀了所有的馬列主義的書。我相信很少有人這麼有系統，精神專注，時間充裕，毫無雜念地這樣讀馬列的書！」

瞧，這老傢伙不單活過來，那樣子還有點驕傲咧！

躺在床上的紺弩，也沒忘記已經長大成人的黃家兄妹，又給他們作了一首詩：

安得糕糖千百斤，給我黃家兄妹分。
他日大成何疑問，此時習畫太苦辛。
十六七年如反掌，我詩雖滅爾成長。

皂白青紅世豈無，搜來贈與畫人倆。
榮寶齋中紙爭飛，都願隨我妮南歸。
歸期倘誤人休怪，盛名壓喘船車機。

京城榮寶齋既經營文房四寶，又展售畫家作品，人以書畫能登榮寶齋為榮，紺弩以此句褒揚黑妮呢。

黃永玉全家合影（右起黃永玉、張梅溪、女兒黃黑妮、兒子黃黑蠻）

開膛毛肚會苗公——聶紺弩與黃苗子

牛肚開堂味最諧

聶紺弩與黃苗子相識，可能始於四十年代初的桂林，也許始於五十年代初的北京，但友情應該始於北大荒時期。黃苗子在〈半壁街憶語〉中說：「我有幸和紺翁都屬於『五七屆北大同學』，一九五七年送到北大荒去的。」黃苗子確實和聶紺弩是「北大同學」，但不是「五七屆」，而是「五八屆」。再具體點說，黃苗子是一九五八年三月到北大荒雲山畜牧場五一水庫進行勞動改造，而聶紺弩則是同年七月底到北大荒八五〇農場四分場第二隊參加勞動改造。

大概是一九五九年十月份，黃苗子忽然覺得腿腫，由小腿到大腿，逐漸嚴重，於是申請就醫。從密山到虎林醫院看完病，黃苗子回程時順便到《北大荒文藝》雜誌社看望了吳祖光、聶紺弩和丁聰，「他們見我骨瘦如柴，都大吃一驚」。十二月底，黃苗子得到通知，和十多個「老弱病殘」者被送回北京去了。聶紺弩則是一九六〇年底才返京。也就是說他們「北大同學」時間只有一年多點。但是，日後的情誼卻很長。

聶紺弩「文革」中在接受法院審理時，交代回京之後接觸的人，「就二、三人，都是右派，有吳祖光，黃苗子，感到這些人懂得我的心情，說得到一起」。

大概是一九六二年前後某日，聶紺弩和黃苗子一起在街頭飯店晚餐，忽然想起了周揚、邵荃麟、田漢、陽翰笙和夏衍五位當時中國文藝界的頭面人物，即成二絕贈苗了：

其一
丁玲未返雪峰窮，半壁街人亦老翁。
不老不窮京裡住，諸般優越只黃忠。

其二
週末京華袋自攜，大街隨意吃東西。
忽思揚邵田陽夏，能享一餐竹筍雞。

字面上通俗、詼諧，而意蘊很深。前一首是思念丁玲、馮雪峰，情真意切；後一首想起五位當權者，卻是另外一種心境。

詩中的「竹筍雞」可能是實指，也許是虛指。實際上他們幾個老朋友最愛吃的乃是牛肚火鍋。據黃苗子回憶，當年北京絨線胡同的四川飯店，「小吃部有牛肚火鍋，味辣香濃，吃之汗出如瀋，兩、三個人小酌，三元不到就可以大搖大擺出門」，黃永玉愛去，吳祖光愛去，黃苗子愛去，聶紺弩也愛去。聶紺弩一九六五年十二月十五日致信黃苗子云：「……又祖光兄請客事，何日實現，有所聞否？毛肚已開堂，在絨線胡同，如光兄處尚須稍候，我輩何不自往。我之電話偶一打之，未常不可也。」同年十二月某日又致信黃苗子云：「一、伊帖請帶賞拜見。二、祖光有意請吃毛肚，請與之約好後以信通知我，我便自去。三、歪詩兩首呈政。四、祝好！」聶紺弩還有幾首贈黃苗子詩中都涉及毛肚：

荒庭酬黃苗子寒齋即事

荒庭木落又紛紛，歲暮耽書遠婦醇。
偷作批莊評杜客，怕嗤厚古薄今人。
首尾冠裳曾戴脫，池塘風水偶平皺。
毛肚開膛寒更好，幾時破例一杯巡。

首句「婦醇」即「醇酒婦人」，泛指正常的生活享受和嗜好。黃苗子二〇〇五年七月一日見到此詩時寫道：「記得一九六三、一九六四年左右，四川飯店毛肚開膛火鍋價廉物美，和紺翁去過幾次；有一次是永玉請客；每人只收三元。」

毛肚開膛和苗公

毛肚開膛等發薪，管他烈酒與煙醇。
憶初同試川江味，似有參觀外國人。
沾口活牙能辣脫，偎爐凍臉可烘皺。
定然狂醉歸休晚，怕李金吾正夜巡。

仍然是記四川飯店之會。寫的十分輕鬆，完全是友人間的調笑之作。

黃苗子也有詩〈半壁街訪耶翁借書，因同至川館小酌〉為證：

西直門邊半壁街，幾還幾借幾回來。
殘書微憾紅樓續，古刻同誇水滸牌。
南郭幾邊莊子夢，西樓月下美人懷。
何當更賞川西辣，牛肚開堂味最諧。

不為借書死不來

六十年代初期，黃苗子為了抄錄一點美術史料，曾經旁搜各種筆記小說。第一次到西直門半壁街訪紺弩夫婦，就發現紺翁藏書頗富，於是先從《唐代叢書》借起，到《明清筆記小說叢刊》、《清稗類抄》之類，借抄殆遍，大約一個月去二、三次，布包裡總是挾幾函書回家。從黃苗子住的東城芳嘉園到半壁街有一段路程，一個月跑幾次「幾還幾借」，持續了幾年。

黃苗子每次到半壁街聶宅，紺弩總是那麼悠悠然夾著一支香煙，心不在焉地隨口問一句：「什麼風把你吹來？」黃苗子說——

> 我因為不是來參禪的，所以沒有按照禪宗的語錄，答他這句「師問」，於是「相對半天無鳥事」。記得有一次，他恍若有得地對我說：《莊子》裡面寫過許多殘廢人，這些人的知識見解又是那麼淵博可愛，像叔山無趾（被砍去足趾的叔山）、申徒嘉（中國的罪犯阿嘉）、王駘（王駝子）等，都是受過刖（砍掉一條腿）刑的「兀者」；闉跂支離無脤（羅鍋腿、沒有屁股的肢離人）、支離疏（四肢離折的疏大叔）、伯瞀人（瞎子

阿伯）等等，見諸《莊子》各篇的人物，都是被摧殘得四肢不完的「刑餘之人」，這說明春秋戰國時期、奴隸和戰爭俘虜所受的殘酷待遇，這些人的才智往往超群出眾，但卻受到專制者或主子的人身侵害，莊子是十分可憐他們的。然後他說：「身體被摧殘的奴隸固然可憐，但這已是過去愚昧時代的事了。精神上受摧殘，比軀殼的摧殘還可怕得多，然而卻是現代文明社會的產物！」（〈半壁街憶語〉）

黃苗子又說：「舊社會公共場所貼著的『莫談國事』，新社會早就沒有了，但是知識分子正如法門寺的賈桂，被鍛煉成慣性時是不容易變的，既然那時聶家的三姑會安排些魚肉和牡丹煙，老頭、周婆、浩子和我這『三公一母』，唯一的出路就是打橋牌，甭說我這個笨蛋，其他三位對叫牌也都外裡外行；怎麼算輸，怎麼算贏，誰也莫名其妙，說是『打橋牌』，真是天知道。只不過為了拋卻那可怕的『枯對半天』罷了。」且看聶紺弩詩曰：

雖鄰柳巷豈花街，不為借書死不來。
枯對半天無鳥事，湊齊四角且橋牌。
江山閒氣因詩見，今古才人帶酒懷。
便是斯情何易說，偶因尊句一詼諧！

聶紺弩生活毫無規律，有時晚上寫作到天亮，有時整天睡大覺，如果客人來訪，周穎就讓到客廳等候。所以又有〈苗公兩度見訪失迎留詩依韻奉和即呈哂政〉詩曰：

戲演一臺又一臺，難逢富貴逼人來。
詩成北大荒乾菜，心似廣東話溼柴。

荷葉飯無張角米，冬瓜盅少易牙才。
高軒偶有芳嘉客，親致長安市上埃。

首聯是經歷了一次次政治風波，希望自己的政治境遇有所改變。頷聯中的「溼柴」為廣東俗語（黃苗子是廣東中山人），指「點不透」的人。頸聯中的「荷葉飯」「冬瓜盅」均為南粵名菜。王存誠解釋此聯：「『張角米』隱喻『造反』『得自不義之途』，『易牙才』隱喻『諂媚邀寵』。所以這一聯隱含的意思是，我既沒有張角非分之想，也缺少易牙諂媚之才。」尾聯「芳嘉客」即嘉賓，時黃苗子住芳嘉園。

讀寓真《聶紺弩刑事檔案》發現，一九六四至一九六六年間，聶紺弩與黃苗子等友人的飯局較多。比如一九六四年十月二十日晚上，聶紺弩與黃苗子夫婦、黃永玉等人到江西餐廳吃飯，為黃苗子參加「四清」送行。飯後到和平餐廳喝咖啡，談文藝問題。一九六五年二月八日晚上，聶紺弩與黃苗子、張友鸞等一起在江西餐廳吃飯談詩。同年二月十五日，張友鸞請尹瘦石吃飯，並約聶紺弩及黃苗子、陳邇冬等人一起作陪。飯後同到黃苗子家打撲克。一九六六年二月四日，聶紺弩與黃苗子、張友鸞、周紹良等在「恩成居」晚飯，然後漫步到東安市場。

一九六五年七月，聶紺弩致信黃苗子說：「本星期五（廿三）午後六時半，在大同候光。你請，我請，或各請各，互相請，臨時再談。尊詩改後大佳，渾然一體，且道出一歷史奧祕，真合作也！惟原唱韻改，則變成我之所作都有撲空之處，奈何奈何！」三兩友人聚餐談詩，多麼風雅！難怪黃苗子曾經感嘆，暴風雨前夕的某些光景，回憶起來還是饒有興味的。

寓真在《聶紺弩刑事檔案》中還說過：「聶紺弩贈詩較多的是給黃苗子。黃與聶的交處，當然非同一般，包括吳祖光、丁聰等友人，都在北大荒結下了共同勞動的情誼。但聶送給黃的詩稿，不知為何也都進入了司法機關。……日月忽其不淹兮，春與秋其代序。當我以偶爾機會接觸到聶紺弩檔案的時候，聶公本人早已作古，就連戴浩、向思賡諸位可以作證的人，也都各自安息而去。黃苗子雖然健在，已是九十以上的耄耋之年，我曾有意登門拜訪，但又怕驚擾老人的晚節安寧，所以打消了此念。階級鬥爭緊繃緊繃的那些年代，凡是過來的人，對那些莫名其妙的事，大概都能想像得出來。轉念一想，有些事情其實不需要盤根究底。」不過，針對二〇〇九年社會上的各種傳言，黃苗子在朝陽醫院的病床上寫過一首詩作答：

唧唧復唧唧，老來醫院息。不聞機杼聲，唯聞刀劍戟。
問你何所思，問你何所憶。昨夜見黑帖，妖風卷臭腥。
黑書十二卷，卷卷有爺名。阿爺是臥底，阿爺害人精。
阿爺陷好人，投之入死檻。

這首由〈木蘭辭〉改寫的詩，在黃苗子生前並未公開發表，而是家人於二〇一一年一月十日整理遺物時翻出來的。據黃苗子之子黃大剛透露，乃父生前還曾對其弟黃大德親口述了另一首打油詩。二〇一〇年春節後，黃大剛的叔叔告訴他：「你爸爸真厲害，今天給我口述了一首詩：唧唧復唧唧，老頭在休息，偶聞風雨聲，何須去歎息。」

（李昶偉、邵聰〈黃苗子兩首遺詩書寫「告密」事件心境〉）

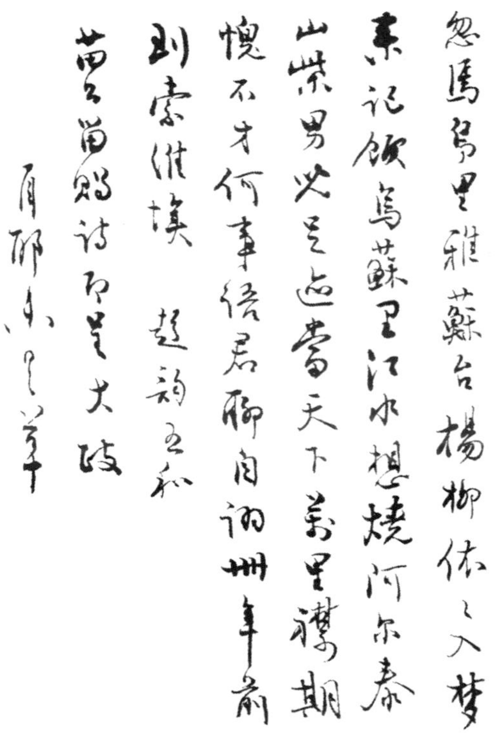

聶紺弩〈和黃苗子〉手跡

聊齋水滸又紅樓

話說寫詩聚餐對於那時的聶紺弩來講，只是閒情逸致而已。他的「正事」是研究中國古典小說，寫了大量《水滸》、《紅樓》等研究文章或人物評論，一寫就幾萬字，一寫就是一個通宵。他寫的詠水滸、紅樓人物詩，則已在朋友當中拍案傳誦。他描寫林沖的十四個字：「男兒臉刻黃金印，一笑身輕白虎堂」，有朋友讀了，悵觸前塵，感懷身世，寫信給黃苗子說：「慷慨悲涼，令人泣數行下！」

說到聶紺弩研究「聊齋水滸又紅樓」，不得不提黃苗子講過的一則故事：

是一九六四年左右，我一時好玩，給他的書房寫個齋額：「三（國）紅（樓）金（瓶）水（滸）之齋」。「史無前例」的頭一個月的某天，我和老伴正在家裡讀東坡詞：「相對無言唯有……」，忽然門縫裡閃進來一個高瘦個兒，面目模糊而一雙利眼卻炯炯射人，原來正是本文的主人公像神仙一樣駕雲來到，坐定後吸一口煙，還是那麼滿不在乎的神氣，先問我們家怎麼樣？然後安詳地說起「三紅金水」遭災的事。原來早一天上午，半壁街聶府上突然來了幾個帶袖箍的「好漢」，指著「三紅金水齋」問是什麼意思？老聶這回被突然襲擊，本來不好對付，可他情急智生，不慌不忙地答曰：「思想紅、路線紅、生活紅，這是『三紅』。『金』指小紅書封面上的字，『水』是「旗手」姓的邊旁，因為尊敬，所以不直接寫出來。」這幾句話說得好漢們啞口無言，可還是裝腔作勢地說：「你是什麼人？你也配！」順手就把我的「墨寶」哧嚓撕掉了。

「不要緊」，他連忙安慰我，「將來你另外給寫幅大的，我給你裱好再掛上。他們還沒有抄掉我的錢，

我有錢，幾時我請你吃飯。」（〈半壁街憶語〉）

很快就大難臨頭。一九六七年一月二十五日深夜，聶紺弩在半壁街家中以「現行反革命」被逮捕入獄，直至一九七六年十月獲釋。

一九六七年新年剛過，黃苗子便進了「牛棚」，罪名是「國民黨特務」。一九六八年九月，已被關押一年多的黃苗子被正式逮捕，「密封」了七年才出來。

黃苗子、聶紺弩先後出獄之後，又恢復了往來。黃苗子應該是補寫了齋匾。聶紺弩有〈雷父補題齋額〉詩為證：「當日剛筋秉綬誇，今朝狂草醉長沙。三紅金水殘齋小，豪氣一吞剩哪些。」想必聶紺弩也請了一頓飯吧？

熱腸欹枕作文章

不過晚年聶紺弩長期病臥在床，再也不能像以前那樣隔三差五就毛肚之會了，與黃苗子等友人更多是通過書信聯繫。

一九七七年十月十日，聶紺弩致信黃苗子，云：「你稱我為詩伯，伯者霸也。現在國際反霸甚烈，我若被認為霸，雖只是詩霸，也可能導向處境不利。此外也和實際不合。我詩一片適風喬繩愈言，未足云詩，況於霸乎？以後請不如此。……（引者略）」「代請韓公贈畫實獲我心。尹公來，說韓公畫戲文極佳，曾見其虹霓關云云。尹公亦云韓在保定，不知其為青少中老，我公其知之乎？忽然想到：韓畫固神，若問，何以不以之畫社會主義革建而畫封建落後之物，其將何以為經濟基礎服務乎？此事極關重要，甚至是文藝界的致命問題，未見人談及，自亦覺極難談，固廣大艱深，難以開口也。我嘗覺公，我，祖光，瘦，邇乃至永玉，固均屬落後分子，但實皆高知，並不反社，有時抑且歌社而並不違心，且今之我國孰為歌社標本，而歌社之作（不僅美術）似很少如韓畫之動人者。又，韓畫似不大眾化，而此欣賞之小眾，所見非錯。想來想去，不知如何是好。何時枉顧，願一傾之。以求大教。」按，「一片適風喬繩愈言」意指「一片胡言」；「韓公」，即畫家韓羽；「瘦，邇」，指尹瘦石、陳邇冬。

同年「大雪」之日（十二月七日），又致信黃苗子云：「尊索韓畫來何遲也？人為浩子索者已來兩幅矣。有詩為證：題韓羽畫紅鬚綠臉圖：『嚇得三魂少二魄，聊齋陸判夜臨門。秋風落葉紅鬚動，何處一燈辨夢痕。』浩子在此時詩作未好，渠去後，不寐始成。並寄邵慎之一首：『定因風雨故人懷，萬版秋娘入夢來。好夢千場猶恨少，相思一寸也該灰。老夫耄矣人誰信，微子去之跡近哀』（舊句：『比年元旦年例吟詩，首寄香江杜牧之』）合併錄求教正下括下遺二句：『君在天南我天北，拔天柯幹兩樗材』。」按，浩子為戴浩，邵慎之即高旅。

一九八五年春節，黃苗子、郁風夫婦和吳祖

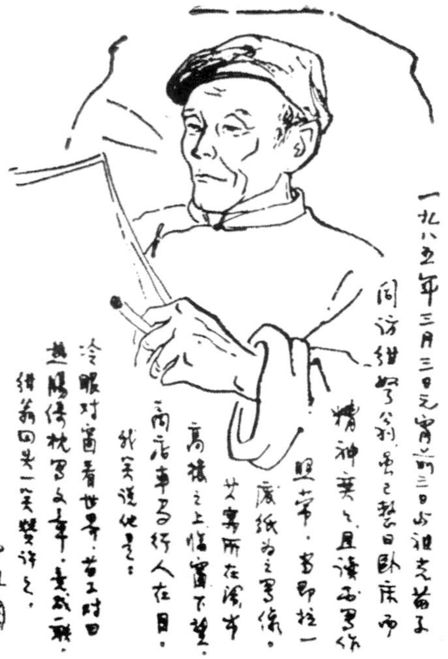

黃苗子夫人郁風為聶紺弩作畫像

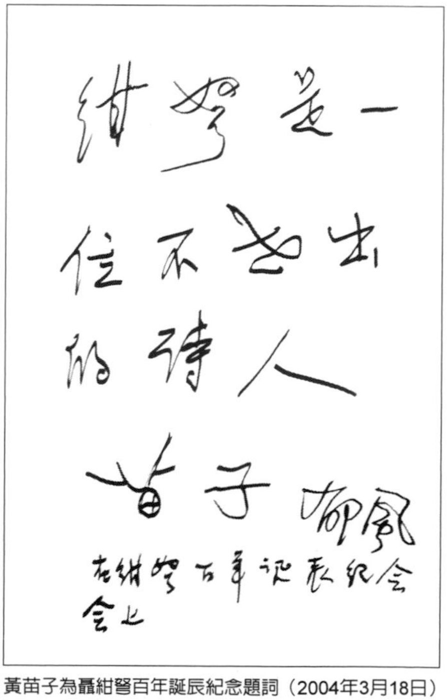

黃苗子為聶紺弩百年誕辰紀念題詞（2004年3月18日）

光相約同往聶家拜年。據郁風回憶：「我記得很清楚，他躺在床上，靠著高高的枕頭，抽煙看書，大概有時也寫點詩之類，我便弄張紙對著他畫速寫像。他的床橫在窗下，一抬眼就能看到樓下大街上熙攘的人流車馬。我一面畫一面隨口便仿毛詩說出：你倒是『冷眼對窗看世界』啊！苗子當時便對上下聯：『熱腸倚枕作文章。』」吳祖光道：「你們夫婦兩人，一唱一和，跑這兒對對子來了！」後來黃苗子收入《牛油集》中有一首〈訪散宜翁〉詩就用上了這一聯，全首為：

京塵幾輩耐炎涼，八二芳年一老槍。冷眼對窗看世界，熱腸欹枕作文章。
聲名灌耳麻雷子，品藻從頭屎克郎。莫說金瓶淨污染，千秋悲劇屬娘行。

一雙老小北大荒——聶紺弩與黨沛家

黨沛家像（1959年）

同是天涯淪落人

一九五八年，年輕的冶金部技術員黨沛家，隻身下放到北大荒密山農墾局八五〇農場四分場二隊勞動。只是勞動鍛煉而已，並非勞動改造，因為他不是「右派」。

初到的那天晚上，即與「右派分子」聶紺弩相識了，可能這就是緣分吧。回想初見的情景，黨沛家說「很奇特」：「就在我扛著行李，為能找到一席之地，雙目四尋的時候，不知何以本能地教我選中了他的臥榻之側。於是，走上前去，向他友善的，也是苦澀的一笑，他也朝我點了一點腦殼。就這樣，沒有說一句話，也沒有一點聲響，在眾目睽睽的注視下，我們各自爬進了自己的被窩。」（〈在北大荒〉）

從第二天起，一雙老小（聶紺弩五十五歲，黨沛家二十一歲）就一塊兒勞動了。那個時候，大家多是沉默寡言的，緊緊地關閉起自己的心扉，沉悶得令人憎惡。回到宿舍，由於兩人的身分與眾不同，就乾脆不說話。同室的人，除他們倆之外，都是解甲歸田的官兵。本來大家「同是天涯淪落人」，可官兵們卻把這老小視為洪水猛獸，睡覺時留出一段長長的空位，以示劃清界線。更有不相容者，則是側目含霜，指桑罵槐，乃至專揭傷疤。小黨的憤怒與日激增，只想一拼罷了，而老聶神情卻如古柏臨風，不斷勸阻。

那時，紺弩在這夥人中年紀最大，身體雖然沒什麼大毛病，但很瘦弱。他是個手無縛雞之力的文人，既不習慣於勞動，又不會做什麼活。如果他心計靈活一些也還罷了，偏偏他又是個一條道跑到黑的人。那倔強、不肯服輸的勁頭，使他多吃了不少的苦。不論做什麼事，他總是一絲不苟，甚至認真到令人發笑的地步。誰要說他的活計不該這樣幹，他就會同你爭個面紅耳赤。他幹起活來，從不耍滑，總是竭盡全力。即使他這樣幹，有時仍不免遭到批評，乃至挖苦諷刺。因此，小黨曾偷偷地教他，幹活時別太死心眼了。領導上要的是數量，而不是品質。有些活是可以投機取巧的，比如，點豆時，不能按著規定的株距去播種，必須適當地放寬些。至於放寬多少，那要隨形勢而定。如果按規定，任何人也休想完成上級所下達的任務。再如，鋤草時，除了地頭地尾外，中間是可以做手腳的。他聽了之後，先是驚訝，然後恍然大悟地說：「原來如此！怪不得你們幹得那樣快。」然而紺弩終不屑為之。有時，大夥兒看到他太累了，就幫他一把，他那感激的樣子，真叫人過意不去。其實，老聶的勞動態度一向是很好的。比如對待掏糞、清廁之類的活，小黨等年輕人就不肯做，老聶卻從無怨言。使老聶不服氣的是，在安排這些活時，常常冠以照顧之名。

地鏟完以後，田裡的活就不忙了，大家也輕鬆了許多。還放了一天假，小黨出去買回一個西瓜。當時，大家早已口淡出鳥，紺弩原是個喜歡美食的人，所以更是快活非常。他邊吃邊誇，連連稱好，說是甜極了。看到他那憨態可掬的樣子，小黨高興極了。幾年之後他們聊到吃西瓜，紺弩說自吃西瓜以來，從未有甘甜如此者！意猶未盡，又作詩句「涼宵獨抱大西瓜」，可見印象之深，非同一般。

九月中旬，這一對老小調去廠部脫穀，工作十分緊張繁重。侍奉脫穀機決不是件好差事，得一刻不停地隨它運行。後來還連軸轉了起來，初二十四小時，後三十六小時，再後四十八小時。大家畢竟都是血肉之軀，而不是什麼「鋼鐵戰士」，不但可以站著睡，就是一邊幹活，也能一邊睡著。生理本能驅使小黨拉著老聶，鑽進了那蓬鬆的麥秸堆中。不知是夥伴們可憐，還是領頭沒注意到，總之這對老小美美地睡了一覺。後來紺弩有七律〈草宿同黨沛家〉記其事。詩曰：

成百英雄方夜戰，一雙老小稍清閒。
眠於軟軟茅堆裡，暖過熊熊篝火邊。
高士何需劉秀榻，東風不揭少陵椽。
清晨哨響猶貪睡，伸出頭來雪滿山。

第二天，青壯年男子漢們就上完達山伐木了。伐木歸來，已是一九五九年三月，小黨在七隊又見到了久違的老聶。在山上就聽說老聶因燒炕失火而判刑一年，後改緩刑。因為一直惦念，所以見面就問候他在獄中一定吃了不少苦吧？誰知老聶竟得意地說：「比這裡好多了！一冬天，我都閑在屋裡（囚室），偶爾搓搓苞米而已。」

是年秋，機車晝夜開荒。隊長說老聶幹不了重活，就派他去送飯，小黨擔心他遇狼，就叫他帶上糞叉。怕老聶回來時迷失方向，就在伙房外掛上燈。誰知三、四天後，老聶說真的看見狼了，小黨很擔心，就請求隊長，讓自己替換老聶。可能隊長也怕老聶真的喂狼，那時也不好交代吧，便很痛快地同意了。事後小黨才知道，這個差事不但苦（常常走冤枉路，或掉進水塘），而且還很嚇人，不由得佩服老聶的勇敢。

時時散發光和熱

兩人關係好了，就無所不談。有一天，小黨忍不住問老聶，為什麼要自討苦吃來北大荒勞動呢？老聶說：「生活是創作的源泉，我想寫寫諸位，看看這裡的生活，要是不來可怎麼寫？再說我既然當了『右派』，要是不體驗一下『右派生活』豈不徒有其名！」真是叫人肅然起敬。這話，單是口頭說說都是很了不起的，何況做起來呢？要知道，要體驗這種「哮天似是來楊戩」（〈遇狼〉），「行見揮鞭上九霄」（〈馬號〉）的生活，對誰來說都是艱難的。後來老聶同小黨說過，他也沒想到，這兒的生活會是這樣的苦。若干年後，黨沛家感嘆道：「我們都是被那場強颱風捲進漩渦中心的人。在這塊祖國最冷的土地上，不管你是否願意，都得經受這場人生的考驗。每當我消沉、迷茫的時候，我就能從紺弩身上看到光明，從他那裡吸取力量。我常常想，像紺弩這樣一個老而且弱的人，都能挺得住，年輕力壯的我，為什麼不能？我就是這樣的以他來激勵自己，也激勵我的好朋友們。」

在北大荒除了勞動，還搞過寫詩運動。這樣，小黨與老聶之間又多了一個閒聊話題——詩。黨沛家回憶：「一天晚上，我們懶散地靠在行李卷上閒聊。我不知何以順嘴問出一句：你是作家嗎？（這話問得實在可笑）他說：我是作家協會理事！我感到有些不好意思了。忽然靈機一動說：我喜歡詩，也寫了一些，能否給看看指教指教。他說：你的詩，一定好。這真使我大吃一驚，面紅耳赤了。所以也就不客氣地責問他，你連看都沒看，怎麼就說好？（意是豈有此理）他說：你的氣質近詩、詩當好！這叫我怎樣去理解？凡是瞭解紺弩的人，大都知道，他是從來不輕率地恭維人的，尤其是不當面恭維。我以為挖苦，生他的氣。後於六三年春，見他寫舊詩，也就心癢起來。在旅途中也寫了幾首寄去。很快就收到了回函，批改詳盡，立論頗精，並教以學詩之法，還寄來《北荒草》十餘首，且楷書清秀，我得益匪淺，深服之。」（〈在北大荒〉）

紺弩的心就像一團火，時時向周圍散發著光和熱。對事業如此，對朋友也如此。一九五九年夏天，黨沛家所在單位十餘人，已有四個月沒收到北京寄來的工資了。大家知道紺弩不久前收到三百元匯款，就叫小黨去借。小黨雖然為難，但想到大夥確是再也無法維持下去了，也就只好硬著頭皮去借。小黨說明來意，老聶把手伸進了口袋，掏出一把錢來，數也不數地交給小黨說：「就這麼多了。」小黨數了一下，一百三十餘元。一直過了兩個月，大家才收到補寄的半年工資。當小黨把錢還給老聶時，老聶連連向小黨致謝：「謝謝，謝謝！」小黨就笑著問他：「這話本應由我來說，如今反之，卻是何意？」老聶道：「你給我錢，焉能不謝？」明明是還他錢，說成給他錢。所以小黨予以糾正，老聶說：「都一樣，左右是給我錢。」這話包含兩層意思，一是他確實急著等錢用，二是他借錢給人時，從未指望人家還。

一九五九年十月，聶紺弩調至農墾局《北大荒文藝》編輯部，這並不亞於在乾旱的沙漠中遇到了水。他高興極了，大家都祝賀他。當晚，有人還請了他一頓小小的家宴，小黨陪同。這使他很感動。紺弩喝得滿面通紅，高興得當場脫下嶄新的羊皮大衣，奉送給那人。

同年十一月，黨沛家接到回京的通知。在四分場場部，小黨高興地給虎林縣的紺弩打了個電話，在他連聲「恭喜、恭喜」之後，記下了他北京的家庭地址。

一年之後，聶紺弩離開北大荒，返回北京。

八千里路話桑麻

一九六二秋，黨沛家出差北京，一住下來便風塵僕僕造訪紺弩。小黨的從天而降使他驚喜若狂。紺弩一邊拉著小黨的手，一邊拍著他的肩膀說：「春風滿面，看來很不錯嘛。」「你怎樣？」「很好很好，前年冬回來，帽子摘了，每天舒舒服服自由自在。」他邊說邊拿出尚未開封的普洱沱茶，說是女兒海燕不久前去昆明演出時給他買的。又端水果又拿點心，兩人邊吃邊聊，老朋友劫後相逢都有不盡的感慨和說不完的話。

紺弩對朋友很是關心，他對小黨的離鄉背井，丟下白髮蒼蒼的老祖母和尚未成人的弟弟妹妹們而遠放雲南邊陲，既表同情又很憤慨，他不明白這有什麼必要。小黨便安慰他說：雲南很不錯的，第一、沒餓著，這比北京好。第二、政治環境較為寬鬆，很少開會也沒有人管。第三、雲南不僅山清水秀四季如春，最可貴的是那裡的人好。小黨請紺弩也去昆明玩玩，說吃住全包了。紺弩聽了很高興地說：「聽海燕講昆明很美，也很想去，等發了大財時一定去看看，現在只發了一筆小財，是給光明日報寫稿。」

兩人自然聊到了北大荒。紺弩對小黨說：「你走後那裡更慘了，主要是吃不飽，很多人浮腫，彭年死了，能活著回來真是萬幸。」他的話讓小黨吃驚、難過。因為彭年和小黨同歲，兩人關係很好。當年派他上山伐木，不幸骨折腿斷。小黨的悲痛感染了紺弩，他張口便罵道：「媽的，好人不長壽，多少英才志士年紀輕輕便成雄鬼，這真是人類的一大悲劇！好了好了，不談這些，我們去莫斯科餐廳，為你洗塵。」（〈三紅金水齋訪談雜憶〉）

一九六三年春節的大年初三早晨，黨沛家由瀋陽來到了聶家拜年。小黨與紺弩點起「牡丹牌」香煙，丹丹笑眯眯地端來兩杯香氣四溢的熱茶來，紺弩看起來心情格外的好，周穎更是一臉歡快的笑。那海燕幾句寒暄之後便一語不發，把她頭靠在沙發背上，面帶微笑地看著她的父母。紺弩一家，顯得無比的歡快與喜悅，客廳裡充滿了慈愛與溫馨。小黨也被這種氣氛所感染，第一次與周穎談笑風生起來。不知何時紺弩走進他的書房，後來周穎說了一聲：「你們青年人談吧，我可要休息去了。」於是，小黨和海燕聊起天來。這是他們惟一的一次相見，也是惟一的一次聊天。

這次見面後，紺弩作了一首〈贈小黨〉：

> 涼宵獨抱大西瓜，掩草酣眠夢到家。
> 十幾歲人關黨國，八千里路話桑麻。
> 當今之事無兒戲，以若所為一二娃。
> 上樹爬山俱矯健，老夫事事不如他。

一九六五年五一國際勞動節前一天，黨沛家去看望紺弩，也是向他們告別，因為幾天後將動身回雲南。周穎拿出兩張全國政協發的遊園票給小黨，要他約紺弩同去，紺弩說沒興趣。周穎又說有中央首長參加呢，紺弩說那就更不去了。小黨說風和日麗，正是春遊的大好時光，何必在屋子裡發悶呢？紺弩這才勉強同意了。第二天他們選擇了頤和園，誰知公車到動物園便停下來，說到此就是終點，前邊的路封了。他們只好跟著眾人步行，沒走幾步便有人迎了上來說：「今日頤和園有任務暫停開放，請大家回去。」小黨出示了遊園票證才得以通過。那路上靜靜的，除了有些小轎車飛馳而過外，就只有他們兩個人在行走。於是小黨便感慨地哼起了「紅帽哼兮黑帽哈，風流太守賞梅花……」。紺弩說：「封建時代的太守相當於現在的省長，他只不過坐著轎子前呼後擁去賞花遊園，並沒戒嚴，還有人打他的油諷刺他，他也沒把那人怎麼樣，詩還傳了下來。這人還真有點民主意識。」又有工作人員向他們迎來了，又要出示遊園證，這真是太煞風景了，此時已遊興全無。前面還有很遠的路，不知還會有多少盤問，於是小黨就說我們回去吧。紺弩聽了便笑道：「我說的如何？吃虧在眼前了不是？」小黨也笑了：「這叫增長見識，你要不行千米路怎會知道那太守還有點民主意識？」

「文革」前的幾年，黨沛家幾乎每年都要去紺弩家幾次，陪他聊天，陪他上書店，陪他下館子。還有次陪他去了新街口澡堂洗澡呢。他們一進門就有服務員高呼：「裡面請兩位」，裡面的服務員便迎上前來說聲：「來了您那。」這時紺弩便拿出他的大中華香煙，向那服務員敬煙。在洗浴中，當小黨為紺弩搓背時，他那嘴便不停的說：「好好，真是搓的舒服喲……」。聽了誇讚不由得讓小黨想起紺弩的一篇雜文來，說他在為父親捶背時，父親如何的誇讚，還說他的小拳頭都捶到骨頭縫裡了，於是他更加賣力的捶。想到這些小黨便笑了起來，心想好你個老聶，便拍他的肩膀說：「好了好了，還是收回去吧，你如果再捧我可要當心你的皮，搓下來我可不管！」當他們回到床鋪時，服務員又笑眯眯的送來熱毛巾，又斟了茶，紺弩又是致謝又是敬煙，那場面令人感動。可惜這樣的場景，隨著一場風暴到來中斷了十多年。

就是想賴在床上

一九七九年五月下旬，黨沛家舉家北還，在京停留之際便去新源里看望紺弩。一別十四年，相見之下自然是令人高興的，然而經過十年浩劫之後，兩人都變得沉靜了，再也沒有當年的那種熱烈而歡快的喜相逢了。陰暗的屋子裡冷冷清清，滿眼是衰敗的景象，書沒了，櫃也沒了，牆上的裝飾更沒了。紺弩他骨瘦如柴的身子，像一段木頭般的懶懶地斜靠在床上。

在牆角的地上，堆放著油印的紺弩詩集。老聶讓小黨從中撿出三冊，然後又夾進四拾元錢說：「家裡地方小，也做不出好吃的來，你帶著妻子、孩子們上飯店去吃上一頓，算是我請他們。」小黨剛想客氣一下，哪知他一邊搖手一邊說：「我現在有的是錢，補發了三萬多元的工資。」這時他忽然問：「海燕的事你知道了嗎？」話說得是那樣的平平淡淡，好像談論他人一般，小黨的心一下子便揪了起來，生怕再引起他的悲痛，只點點頭說知道，就把話岔開了。紺弩又問小黨，業餘時間都做些什麼？小黨答：「做家務、帶孩子、看小說、下圍棋。」紺弩一聽，幾乎是一躍而起，於是兩人便下起棋來。這時周穎端來兩杯牛奶來說：「小黨，你可不能贏老聶，否則你可就別想走了！」

第二天，小黨又應邀而來，一則下棋，二則送來四十包雲南「三七」牌煙。這天紺弩可是過足了棋癮，也過足了煙癮。因為周穎說他煙吸多了，紺弩便說這煙專治氣管炎的。

一九八〇年冬，黨沛家因事去京，聽說老聶住進郵電醫院，於是便買些水果去看他。這次紺弩很健談，說有位周健強姑娘正給他寫傳，《三草》也正在香港出版。小黨看他的精神狀態滿好的，身體也看不出有什麼毛病，就說你每天都這麼躺著可不行，即便是健康的青年人也會躺垮的，應該起來活動活動。老聶說一動便氣喘，只有躺著才好受。小黨急了，順口便道：「你難道就得有人用鞭子趕你才肯下床嗎？我看你就是想賴在床上！」周穎一聽，便說：「小黨你這個『賴』字用得最恰當不過了。」好傢伙，話音未落，這個紺弩掀開被子幾乎是一躍而起下床便走，事出意外好氣又好笑。大約走了有四、五分鐘，小黨覺得他有些氣喘便說：「好了好了，鍛煉要循序漸進，今天就到此為止吧。」紺弩之所以這樣戀床，他說躺在床上構思寫文章效果極佳，古人如王勃每作文章便蒙被大睡，起床後揮筆立就而成，外國的伏爾泰、歌德、馬克吐溫也是躺在床上進行構思創作的。小黨不想與老聶爭論，但也明確地告訴他：「我敢肯定這些人在不構思不寫文章時，一定會下床的！」

以後黨沛家每年看望紺弩，他還是躺在床上，不，賴在床上。整整十年，晚年紺弩就是如此這般的賴在床上，寫出了那麼多驚世駭俗的詩詞文章。「他是一名真正的以靜為動的養生家，他躺在床上在斗室中任思維穿過屋頂，在廣闊的天空中奔馳飛翔」，「但也不得不承認，他是一個真正懂得利用床鋪的人，真正寓勤奮於舒懶中的詩人」。（〈三紅金水齋訪談雜憶〉）

一九八六年聶紺弩逝世時，黨沛家協同其家人把他的後事進行了料理。又作〈輓紺弩〉三首：

一

說鬼惹來眾鬼啾，金箍飛上美猴頭。
一身風雪完山樹，兩鬢秋霜苦水洲。
鬥地九亡八卦陣，戰天三陷聳宵樓。
狂文出世千夫恥，詩有錐心不自由。

二

天生紺弩為迎春，笑去花擁老稗身。

三載流荒收北草，十年煉獄學馬恩。
文章報國死方盡，思想憂民老更殷。
詩砌心碑高萬丈，光芒四射滿乾坤。

三

同行風雨路崎嶇，劫後相逢閑對棋。
雪暴風疾老松勁，天寒地冷故人稀。
身微未必不懷國，人老依然奮舉蹄。
灑淚送君君未去，歸來千里倍依依。

人生七十號間逢——聶紺弩與李世強

吾得其所哉

一九七〇年四月二十日。天剛濛濛亮，山西臨汾監獄就響起了一片吆喝聲，犯人們驚恐地集合了隊伍，一共十二個人，被押上了一輛解放牌卡車。

汽車從臨汾監獄開出後，就一直在坎坷不平的黃土路上顛簸，往哪裡開，去幹什麼，誰也不知道。人到了這個時候，一切只有聽天由命。不知多久，刷刷刷下起雨來了。警衛們忙著穿雨衣，犯人李四（世強）借這個機會，側目環顧一下左右。「轉過頭來，一雙灰而亮的小眼睛也正在注視著我，我們微微頷首，以示幸會。細細的泥水正順著他那灰瘦的面頰淌著，一瞥他那灰白的短髮、幾根長眉和飽經風霜的面孔，就可知這是一位倔強剛直的老者。從他的粗重的喘息聲中，可想像他此時正忍受的痛苦。我微微示意側背向他，這樣我們就彼此依靠在一起，以減輕一下腰部和臀部的痛苦。誰知道，這一靠，竟結下了下解之緣。」（李世強〈途窮罪室，童叟無欺〉）

一直到天黑伸手不見五指時，汽車才哼哼嘰嘰地開進一座陰森森的大鐵門。原來這裡是山西省稷山縣看守所。

犯人點名時，李四聽到那個老者名叫做聶紺弩。十二個人之中，最年長的是聶紺弩，六十九歲；最年輕的是李四，二十三歲。從來稷山的第一天起，他們便被編排在一個班組，從此聶紺弩就愛說：「我倆是童叟無欺了。」還有一位老者，比老聶小幾歲，名叫鮑玉軌。此人博學多識，有問必答，言必有據，老聶稱他是活字典。並贈詩給鮑玉軌說，「鬼話三千天下笑，人生七十號間逢。」聶紺弩和鮑玉軌交談時，李四偶爾也插上幾句，每有點滴見解，老聶就驚嘆道：「你小小年紀，哪來這麼多學問？」

第二年鮑玉軌老人去世，李四就成了聶紺弩的主要交談對象。這一談投了機，內心的閘門就互相敞開了。從此，每日裡天南海北，天上地下，國家大事，個人遭遇，無所不談，正如聶紺弩在〈推水同李四〉詩中說「遊周斗室三千里，南極翁攜白鶴來」。每逢談到暢快處，紺弩就說：「吾身陷囹圄，有李四伴我，吾得其所哉。」

聶紺弩素有抽煙習慣，自從投入監獄後，煙不戒也得戒了。可是，有一天傍晚，正當大家學習得眼辣膝酸，渾身漲疼，一個個合上雙眼，回味這一天學習所得時，突然，老聶開口說：「嘿，現在要是再能抽上一口煙，我簡直就樂不思蜀了。」正是言者無意，聞者有心，李四那時常有外出給犯人買糧買菜的機會，也看到過別人撿煙頭。後來他果真偷偷地撿回來幾十個煙頭，然後一個個撕開，把煙絲倒在一起，再用紙卷成了幾支「大炮」。

難題繼之又來，沒有火怎能抽煙？很快李四就從其他犯人那裡學來取火法，即：將一把破棉絮卷在一根條帚苗上，搓成像食指那麼粗和長的一個圓筒，卷得越緊越好，然後放在用水泥磨過的炕沿上，用布鞋底子按住，使勁地來回搓，一定要快，最好是兩個人換著搓。如果搓的得力，只要兩、三分鐘就能聞到一股燒破布味，這時趕緊把棉筒從中扯斷，放到口邊緊吹幾下，火就會著起來。當李四頭上冒著汗，口裡喘著氣，看著老聶搖頭合目地吞吐著「馬路牌」煙雲，不勝欣慰，真有一種說不出的樂趣。童叟二人各得其所。為此付出的代價是：李四的一件棉袄變成了夾襖；紺弩的一雙千層底新布鞋，則變成了涼鞋。

有一天，犯人們意外地吃了一頓米飯，這是入獄以來難得的一次。有人說，米飯搗碎了，可以揉成團作棋子。聶紺弩本是圍棋迷，一聽此言，頓生興致，不顧嘴巴和肚皮的強烈抗議，毅然全部捐出，又有數人割愛。於是用了半天工夫，揉出了幾百個小圓蛋，把其中的一半用墨水一浸，一副深淺二色分明的圍棋子就做成了。至於棋盤，就拿李四的一塊大白手絹畫上格子做成，下完棋，棋盤便將棋子包起來，收藏便利。這玩意兒確供紺弩消遣了十幾天，直到被搜出，吃了一個耳光為止。出獄後回憶此事，老聶還笑道：「數番挨打，唯此次不冤也！」（李世強〈途窮罪室，童叟無欺〉）

學習的聖地

聶紺弩寫過一篇〈懷監獄〉的文章，說「監獄是學習的聖地」。其實，他說這句話時省略了一些前提，範圍也大了些，容易叫人誤解。若說稷山看守所是看書學習的好地方，是比較恰當的。起初，學習教材只有《毛澤東選集》四卷。一九七一年，看守所換了一位政策修養較高的新所長，名叫蘇步雲，他滿足了大家提出買書的要求。雖然只能買馬列主義的書，老聶還是高興得像過生日那樣，請看守把市上現有的馬列書全買了來，大大小小共幾十本。後來那位蘇所長又為大家借閱過一些市上買不到的書，如《聯共（布）黨史》、《德意志意識形態》等，大大豐富了學習內容。教授當然是老聶。開課典禮時，老聶送李四一首詩曰：

十幾歲焉不好強，摩拳擦掌候天光。
釵弓隱現十三妹，人虎醉醒武二郎。
修過人民天下鐵，打成自己四周牆。
贈君毛澤東思想，要從靈魂深處降。

因為李四入獄前曾在鐵路中等專科學校學習，所以詩中戲以「修過人民天下鐵」。

李四自詡不會作詩，但也謅了幾句回贈：

皓首弓軀骨嶙峋，驅倭倒蔣曾此身。
廝殺場上書生弱，文章筆下驚鬼神。
自己監獄無老少，且看從古到如今。
此番重修馬列骨，縱是嚴冬也勝春。

正在他們唱和歡娛之際，被人打了小報告，誣說互通情報什麼的，於是詩被看守沒收。

監牢生活雖然艱苦，管理嚴酷，但自從一起學習馬列著作以來，大家都樂在其中。聶紺弩看書非常仔細認真，每一句話，每一段落，非看懂不可。一遍不行就看幾遍，甚至十幾遍，並隨時做筆記，或在書上標注。李四回憶說：「我現在手裡還保存著幾本他讀過十幾遍，並寫有許多眉批的書。而我看書是十分馬虎的，雖然看得快，卻是一知半解，所得甚少。老聶發現後，他並不指責，卻以獨特的方法引導我，常常寫出一、兩個問題，很謙虛認真地『請教』我，題後署名『七十歲小學生』，或『愚叟老聶』不等。我呢，因為走馬觀花，常不知所問，看到老人這種誠懇自謙的態度，深感慚愧，以後再看書時就仔細多了。過了一段時間，收益明顯，無論看問題或談話，都有了很大的不同。每當我說出一點點新的見解，老聶就稱讚不已，甚至作詩褒獎。記得在學《資本論》第三卷關於『級差地租的幾種形式』時，老聶感到很費解，尤其是對其中的一些計算公式看得很吃力。我就用自己學過的一點數學知識給他講解。弄懂以後，老聶高興極了，很快就寫了一首詞送給我，詠嘆：『曹公大句矜烏鵲，輸了甲兵，贏了歌行，子詠星稀我月明。周郎神火江船畫，何處後生，竟遺東風嫁戰爭。』我讀了，樂不可支，更增強了學習的信心。」

從一九七〇至一九七四年的時間裡，聶紺弩不僅把幾十本馬列著作讀了幾遍，而且把《資本論》一至四卷精讀了四遍，並做了幾十萬字的學習筆記。更為難能可貴的是，老聶以他在學習獲得的新知識新理論和新方法，把他過去所從事的古典文學研究作了全新的、更為深刻的審視，寫下了二、三百萬字的評論文章。這些寶貴資料，後來找回來一部分送給了劉再復。

聶紺弩曾不無感慨地說：「過去在外面也學過馬列著述，但從來沒像現在這樣認真地看過，要是早二十年能像今天這樣真正懂得了一些馬列主義，能夠運用唯物辯證法，那將會有很大的不同。」一九七三年冬天，聶紺弩寫過一首詞〈沁園春〉給李四，精彩地描述了他們這一段學習的情景，以及他所達到的境界，詞曰：

馬恩列斯，毛主席書，左擁右攤。覺唯心主義，抱頭鼠竄；形而上學，啞口無言。滴水成冰，紙窗如鐵，風雪迎春入沁園。披吾被，背《加皮塔爾》，魚躍於淵。坐穿幾個蒲團，遇人物風流李四官。藐雞鳴狗盜，孟嘗賓客；蛇神牛鬼，小賀章篇。久想攜書，尋師海角，借證平生世界觀。今老矣，卻窮途罪室，邂逅君焉。

詞中所說的《加皮塔爾》，即《資本論》的英文音譯。原題是〈贈李四〉，後收入《散宜生詩》中，卻在「李四」前加上「木工」二字，乃是因為他出獄後一度在木材公司工作。

鄭重的囑託

大約在一九七二年的冬天，聶紺弩交給李四幾張寫得密密麻麻、字跡小得難以辨認的紙，同時深沉地對他說：「我老了，能不能回去很難說，這是我過去和現在寫的一些詩，想起來的都抄在這裡了，將來能帶出去就好了，可以留給朋友們看看，你先看看吧。」李四讀了老聶作的詩，心情很沉重，感到一陣陣的痛楚，久久不能平靜。前輩的遭遇和現實的生活，使他看出這些詩句是血淚凝成的呵！李四噙著淚捧著詩稿對老聶說：「這是千古絕唱，我一定想辦法帶出去！」老聶的淚再也忍不住了，緊緊地握著李四的手，一股勁地點頭。

怎麼帶呢？李四雖然確信自己一定能獲釋，但出獄時檢查很嚴，還要搜身，尤其是對文字。一旦查出來，勢必惹起很大的麻煩。苦苦思索了好幾天，他終於想出了一個好辦法。於是對老聶說：「我來個一藏二背三抄。第一，最好帶出你的原稿，把它縫在我的棉襖裡；第二，為了防備萬一檢查出來，帶不出去原稿，我就先背下來，我的記憶力還可以，保證背得很熟；第三，防止萬一忘了或背錯，可以先抄下來。我這裡有支很硬的鉛筆，用它在書的空頁裡抄寫，用力大一點，寫完後再擦掉，留的印跡會很清楚，卻不容易發現。最後就只有拜託幸運之神了！」老聶聽得不斷點頭，撫掌稱妙，把李四大大地恭維了一番。

說定了就幹。李四先把詩一首首雜亂地穿插著抄在書的空頁裡，再擦掉鉛色一看，字跡依稀可辨，效果很好。抄完後，再把原稿縫在棉襖裡，也很穩妥，只要不把衣服拆開，扯亂棉絮，是很難發現的，真可以說百無破綻了。剩下的事，便是背詩。他故意在老聶面前賣弄了一下記憶力，兩天以後就一首首地背給老聶聽，居然一句未錯。老聶讚嘆之餘，也不無憂慮地說：「你可別背得快也忘得快呵！」「放心吧，交給我就好了！」（〈途窮罪室，童叟無欺〉）

一九七四年五月八日，北京市中級人民法院下達（中刑反字第一七八號）刑事判決書，「依法判處現行反革命犯聶紺弩無期徒刑，剝奪政治權利終身」。看守所隨即叫老聶從一號監房搬到三號監房。李四預感到發生了什麼事，一夜坐臥不安。

找了個機會，李四去三號監房看聶紺弩。一見到李四，聶紺弩眼圈微微紅了一下，又很快忍住了。紺弩勉強笑笑，從懷裡掏出判決書給李四看，天哪，無期徒刑！李四眼前發黑，腦袋裡嗡嗡直響，呆呆地看著紺弩，一時說不出話。老聶卻異常平靜地對說：「這沒什麼，不要管它了。我正有事要找你。《資本論》第四卷我又看了一遍，昨夜我又想到幾個問題，寫在一張紙條上，夾在書裡了，你先拿去看看，把你的理寫給我，把根據在書上劃下來：不過，要快一點才好，我可能很快就要被送走了。」因為按看守所規定，犯人判了刑便要送去勞改。

分手的時候，聶紺弩拉著李四的手，意味深長地說：「我走後，你要照顧好自己，好好看書學習，把心得、問題都記下來，我也這樣做，將來如果能再見面，我們再交流，你有什麼收穫可不許獨吞，我也不。」老聶把李四送了幾步，又停住風趣地說：「不要忘了，我們約定的『童叟無欺』！記住，再見！」

十月底，聶紺弩轉送至臨汾山西省第三監獄正式服刑。臨行前，看守所長破例允許李四去和老聶告別。在李四看來，這也許是生死訣別，最後一面了，看著老聶蒼老的面孔，說不出一句話。紺弩也含著老淚望著李四點頭，最後拉拉他的手，轉身離去。很久，很久，李四才發現手裡有一張小紙條，寫著一首七絕：

難事逢輕當為重，黴時鬥短不如長。
勘破浮雲未了事，何須夜趕嫁衣裳。

一九七五年夏天，李四獲釋出獄。他不辱使命，把聶紺弩的詩稿帶出來了，回京後馬上交給了老聶的夫人周穎。

友情的延續

一九七六年十月，隨著「四人幫」垮臺，聶紺弩也回到了北京。

劫後重逢，兩人依然交往。一九八一年七月，李四看望紺弩時談到監獄，於是很有感慨地說：「坐了七年牢，前五年白坐了。什麼也沒學。後兩年碰到你，才有書看，知道怎麼看。才一心一意，專心專意地看，接著一直看下去。腦子也靈活起來了，有強烈的讀書願望，或者說『癮』，不看就不舒服。那是我看書最多的兩年，但似乎只有

在監獄裡才能如此，一出獄就不行。」（聶紺弩〈懷監獄〉）

一九八四年底，聶紺弩致信何滿子，介紹北京都樂書店經理——難友李四。一九八五年一月二十七日，又致信高旅，云：「……《金剃刀》、《持故》及其他書手頭已無存者。前幾天有個都樂書店與我有點小關係（難友），想把書送到那裡賣，才知都沒有了。適其主持人李四來，我跟他講，他說《持故》已販賣了，銷路不錯，賣了幾十本。他書因不知未要，我叫他向人文要《金剃刀》（某兒童文學家處已送書去，並告以兒意），《花城》要《杜秋》，湖南要《玉葉》，他記下了，會辦的。」一月三十日，紺弩再次致信何滿子：「我曾介紹李四給你，不知他已有信給你否?忘記了請你將拙作《古典小說論集》給幾本給他的書店去賣。」

聶紺弩去世之後，夫人周穎延續友情，幫助李四自己開了一家「三味書屋」。書店開業之日，周穎還邀請紺弩生前好友梅志、樓適夷等人前來捧場。樓適夷有〈祝三味書屋創業〉詩：

> 滿屋清香書卷味，往來談笑故人多。
> 魯翁手刻今猶在，壽老先生金叵羅。

附注云：「三味書屋是魯迅先生幼年讀書私塾，在紹興故居鄰近。自聶紺弩逝世後，其夫人周穎同志助友人在京創一集體制書店。即以『三味』為號。地處復內大街民族宮對街，滿壁琳琅，豁然開架，入門如坐春風。書店接待殷勤，有當年內山書店之風，為朋輩所嚮往，亦令人想念三十年代之公道書店。詩以祝之。」

寫傳記的四姑娘——聶紺弩與周健強

聶紺弩晚年失去了親生女兒海燕，卻多了一個乾女兒周健強、第一個為他寫傳的人。

筆者珍藏著一本四川人民出版社一九八七年出的《聶紺弩傳》，扉頁上有著者周健強簽名，落款時間是「一九九八・十一・三十」。頗讓人感動的是，作者附信告知這是其最後一本樣書。

幾年後，我又買到一本團結出版社一九九八年出版的《聶紺弩自敘》，署「周健強編」。

這兩本書讓我初步瞭解了聶紺弩的生平，也讓我開始探尋周健強與聶紺弩交往的一些情況。

最幸福的人

周健強第一次見到「三耳伯聶紺弩」，「我的恩師，我心靈的慈父」，是一九七九年六月一個夏雨初霽的午後，在首都人民醫院

聶紺弩夫婦與周健強（右）

一間簡陋的「高幹」病房裡：

他隱身在一條薄薄的單被下，花白的頭枕在一方發灰的白枕頭上，面容清臒，一副「阿彌陀佛」的樣子。沒牙的嘴癟癟著，兩腮塌陷，黃灰的面皮倒沒有多少皺紋。他很虛弱，表情淡漠而滯凝，除了目光的緩緩流動，看不到更多的生氣。對於環立在他病榻邊的幾個冒昧的探訪者，他只微微頷首，投過恍若隔世的一瞥，就疲倦地合上了眼睛。但是，當我噙著瑩瑩的淚花，俯身向他輕輕道別時，順口提到：「我讀到了您發表在《詩刊》上的詩……」那眼睛忽然奇跡般迅疾地睜開來，閃出了亮光，臉上浮起一個動人的微笑，掃盡了滿室的愁雲。這是一個多麼敏感、美麗的微笑啊！那在他面前發威晃蕩的死神算得了什麼？即使它能阻斷生命的進程，也無法阻斷那種對事業和生活至死不渝的執著和熱愛……（〈從傳主和「庸人自傳」說起〉）

六月三十日這天，周健強第二次到醫院看望伯伯，不過是陪同紺弩的一個「同號監友」老楊到訪。這次紺弩沒有臥在床上，而是坐在沙發上。「我們怕他過累，勸他上床去躺著交談，他同意了。我們準備攙扶他，而他竟像受了羞辱那樣地堅執『不必，不必』。但我們終於將他從沙發上攙起。他步履遲緩拖遝，背已微駝，筋暴暴的脖子向前掙掙著。他靠坐在床上，轉臉向著老楊開始侃侃而談。我則目不轉睛地盯著這個瘦骨伶仃的老頭兒。這是一張頗清秀的臉，如果不是歲月和艱辛削去了他應有的皮下組織，使他眼眶深陷，兩頰塌癟，那整齊的五官配著修長的身材，一定是很可觀的。那擺在床沿上的手，又瘦又長，五指更是出奇的修長，但是指尖烏灰，指甲發白像牆頭的石灰，這是供血不足的表示。當他閉口靜默時，那絳紫的嘴唇向右歪得厲害，而一旦展顏歡笑，不但位置適中而且形狀優美，這是托爾斯泰標準的『美人』。（托氏說，只有笑容能使其變得美麗的人才是真正的美人。）」（〈有關晚年紺弩的日記〉）周健強愣著眼神端詳著老人，沉入莫名其妙的遐想。

握手告別之後，走到大街上，老楊感嘆著對周健強說：「這是個真正有學問的人，你要是學到他的一半就不錯了。」「學十分之一我就知足。」「他的腦子好使得很，你看他記憶力多好！說話多有條理！他是一九三八年冒著生命危險投的新四軍……這十年他變得多厲害啊！真正是個可憐的老頭兒了。」

聶紺弩確實有一股吸引人的內在力量。周健強在九月七日的日記中寫到：「一個年近八旬的老人，長得瘦骨嶙峋，拱背伸頸，而且齒落髮頹又衣履不整，精力衰弱，是絕不可能以外在的丰采或精神的矍鑠來吸引人了。而他卻使人一見難忘。自那次與老楊去醫院見到他以後，他的形象就總在我的腦際閃現。他的言談舉止、聲音笑貌以及種種經歷，時時在我的眼前縈回。去他家的幾次交談，雖然話不投機，幾乎可以說他對我又幹又撅，有意使我難堪。而自尊心很強的我，卻毫不介意，因為我從中感到一種特殊性格的魅力。他就像那個人面獅身的斯芬克斯的謎一樣，有一種誘惑人吸引人的力量……」周健強總想接近紺弩，瞭解紺弩，幫他做點什麼，而紺弩確實也需要有人幫他做點什麼。

事情說來就來了。九月十二日，紺弩致信舒蕪，說：「茲托周四姑娘送上拙著抄稿〈論《水滸》繁簡本〉，不知可以找人複印一份否（墨水藍色恐不容易）？如可，請兄收下去辦。……因作輓荃麟一聯費腦，病似轉劇。」信中的「周四姑娘」，是聶紺弩對周健強的昵稱。

九月十七日黃昏時分，周健強如約訪紺弩，老頭兒正在翹首企盼，滿臉欣喜的表情。此前，「他（三耳）托我替他校正三份〈《水滸》的繁本和簡本〉的底稿，要我挑出一篇最好最完整的來，並且要在日內完成。正好第二天是我休息，我就接了下來。他又千叮嚀，萬囑咐：千萬不能遺失，還必須限時限點送回來，還一定要我留下家庭住址，好像怕我『卷稿潛逃』似的。換了別人，我會生氣的，甚至會甩手不管。這是費力不討好的義務勞動，又枯燥又乏味又費時費腦費眼睛，還條件苛刻！可是我喜歡這老頭兒，我想為他做點什麼，贏得他的歡心。並且奇怪的是，我覺得這些古怪的條件我都十分理解——這是十分認真而又信託的表示——我整個星期六連樓都沒下，一共花了十一個小時，看了近十一萬字的草稿，並認可了其中的一份，還發現了增補的線索和辦法。」「他告訴我做的這些工作就是編輯工作，是編輯的基本功。我們談到了創作，他很抱歉他沒有為我看稿子，並說要找一個『好日子』給我看看……他最近因琢磨給邵荃麟的輓聯，都累病了。他說：『我一用腦子，就不能睡覺。各種回憶思潮都湧來了，再也睡不著了。』」

到了這年年底，他們這一老一小已經無話不談，情同父女了。毛大風曾經給周健強寫信說：「你是世界上很幸福的人，因為你非常有幸地看見和聽見聶公的一言一行，說話和行事……我和別的讀者有同樣的心情，希望你認真和努力，寫出你對聶紺弩先生的回憶錄，越具體越好，不怕瑣碎……」（〈有關晚年紺弩的日記〉）

一九八〇年九月十二日，紺弩和周健強說起胡風問題，又談到吳奚如，她寫出〈散記羅孚與京中友人〉一文。一九八一年二月春節某天，周健強到郵電醫院探望紺弩，詢問當年創辦《動向》副刊的往事。她根據此次訪談整理成〈聶紺弩談《動向》和《海燕》〉，載一九八一年第四期《新文學史料》。十二月九日，紺弩給周健強講贈羅孚詩，她當晚寫出〈三耳伯《三草》與羅孚〉一文。一九八二年《藝叢》第三期發表〈聶紺弩童年二三事〉，署名季強。一九八二年十一月，紺弩談其筆名「聶畸」等的來歷，周健強寫出〈與聶伯伯談筆名〉一文。一九八三年《語文園地》第四期發表〈老作家聶紺弩自學成才散記〉，署名季強。同年七月二十四日，《北京日報》刊載專訪〈關心婦女問題的老作家——訪聶紺弩〉，由周健強和該報記者韓天雨採寫。

趕鴨子上架

大概是八十年代初期的某一天，聶紺弩送周健強一本《中國現代作家傳略》，當她翻到〈聶紺弩（自傳）〉時，說：「這算什麼自傳？您不是填履歷表嗎？」「本來就是填表嘛！寫那麼多做什麼用？」「做什麼用？您的歷史就是一部中國革命史呀！這樣豐富的經歷，可以寫一部百萬字的大部頭。」「你想寫嗎？」「當然想寫，就是怕……」「怕力不從心！」「就是！您不是知道我那點可憐的學歷嗎？」「知道！你是個中學生，沒有上過正規大學。」「那又怎麼樣呢？當初我出來闖江湖，還是個小學生哪！」頓了一頓，聶紺弩語重心長地說：「學歷，學歷，只能說明過去的學習歷史。重要的是隨時隨地堅持不懈地學習，爭取做自己力所難及的工作，強迫自己學習提高，強掙硬巴向上攀登。只有這樣，才能有所成就，有所出息。在到伯伯家裡來的年輕人中，我對你抱有信心，你認真，能幹，又刻苦……」「可是，我已是人到中年萬事休！」「是哪個把這樣陳腐的觀念灌到你腦殼裡去的？！伯伯的年齡比你大一倍，都從沒想到過什麼萬事休！當著一個七老八十的老人的面，說出這種話，不怕人笑掉牙麼？當然，伯伯已無牙可掉了。」

聶紺弩發火了。過了會兒，語氣和緩了些，接著往下談：「你要曉得，每個年齡階段都有黃金。中年是成熟的年齡，豐收的階段……」「那是指那些青年時期已經打開局面的人！像我，到現剛起步，起點還是零……」「從零開始有什麼不好？只要決計做一件事，就馬上動手，什麼時候也不算晚！你不曉得大器晚成的話麼？」「可惜我不是『大器』。」「是『小器』也無妨，只要成器！中國智識層本就薄弱，各方面都比較落後，一個人只要肯努力，突破一點並不很困難。就說文學吧！薄弱點和空白就不少。你不是對人的遭際命運特別感興趣麼？你就可以向紀實文學和傳記文學方面努力嘛！如果你真想寫我，我可以把自己的一生提供給你。無論你虛構也罷，誇張也罷，你有絕對自由。可以用我的真名姓，也可以用某個假名字。」「哦，那太好了！可惜我不是羅曼•羅蘭……」「我也不是貝多芬呀！」「您看我能行嗎？」「為什麼不行？」「您要趕鴨子上架嗎？」「伯伯就是要趕你這鴨子上架！」

此後，周健強開始細讀凡是能看到的紺弩作品，重學《中國通史》、《中國革命史》、《中國文學史》，以及閱讀各種回憶文字、傳記等等。與此同時，聶紺弩也開始向周健強講述他的一生經歷，無論是居家、住院、開會，在讀與寫及生病的空隙裡，他總是不厭其煩地回答她那無休無止的詢問。紺弩也不時教她一些寫作技巧：

「我告訴你一點寫作的訣竅，你先把想到的一口氣都寫下來，想到什麼寫什麼，想寫多少寫多少。然後再回過頭來，儘量地刪改，凡是可要可不要的，一律刪掉，能刪多少就刪多少，千萬不要捨不得……」

「構思一篇文章的時候，千萬不要把你想到的說出來，要憋住！因為一說出來，肚裡就空了，寫作欲望就不強烈了。用文懷沙的話說是：一說話就泄了元氣了……」

聶紺弩要周健強多寫，多練習，每天要有意識地寫幾頁稿紙。並且要她多投稿，不要因為怕退稿就不敢投，或者因為幾次退稿就不再投。要爭取編輯的關注，爭取社會的承認。

屢投屢退，屢退屢投。周健強終於闖過了「退稿關」，大小「豆腐乾」開始登上報紙雜誌。繼《聶紺弩傳略》在《晉陽學刊》一九八二年第四期發表之後，加緊「大傳」的準備工作，但是書名還沒有想好。那天，她一走進紺弩房間，他就迫不及待地說：「我給那本書取了個名字，就叫——《庸人自傳》！」

「庸人自傳？」周健強正琢磨著，周婆在一旁大聲抗議道：「聶紺弩傳就是聶紺弩傳！什麼庸人自傳！取這些莫名其妙的怪名字！好好的『聶紺弩詩』不叫，偏要叫什麼《散宜生詩》！別人還以為是哪個姓散的寫的什麼歪詩哪！四姑娘，別聽聶伯伯的。」

紺弩笑道：「咱們不理她。我說，你寫，抓緊時間完成，總算是一件工作。」

一開始進行得很順利，紺弩似乎很願意回憶他那並不幸福的童年，對兒時那些十分遙遠的往事，他的記憶似乎最為清晰。他深沉內向，平時是聽的時候多，講的時候少。但是當他自願打開話匣子，那流利的口才，有條不紊的敘述，真是出口成誦。周健強筆錄下來就是現成的文章，他只作了些小修改，就可以寄出去了。

以後就沒有這樣順利了。因為回憶，紺弩常常失眠，有時竟累得發起燒來。老人的記憶，似乎愈遠愈清晰，愈近愈模糊，他很少再像講他的童年那樣一氣呵成了。他記憶的觸角涉及越來越廣泛複雜的人和事，其中還牽扯不少仍健在的名流和大人物。既要為賢者諱，又要避攀附之嫌，難啊！他很少講自己與他們的交往和關係，往往比輕描淡寫還要輕淡。周健強開始集思廣益，走訪紺弩的同人朋友，從別人的回憶文字裡找線索，湊材料，然後去同他印證。

有一天，周健強問紺弩做過的工作和貢獻。

「除了辦報寫文章。我能做什麼工作？貢獻？什麼貢獻？做自己分內的工作也能叫貢獻嗎？那貢獻就太容易了！」

「您就這樣提供您的一生呀？看來您對庸人自傳已經失去興趣，不想趕我這鴨子上架了。」

「我原想讓你拿我練練筆，真正寫起傳記來，我看不大得體。」

「可我已經費了九牛二虎之力了。」

「那就儘量寫少一點、短一點吧！」

一九八二年底，周健強完成二十萬的《聶紺弩傳》初稿給紺弩過目。他看到厚厚的一疊稿紙，眉心打結，不滿地說：「怎麼寫了這麼多？我又不是什麼大人物！」見她滿臉失望，又緩和了：「先放這兒，慢慢看。」

這一慢就是近一年！原來紺弩請朋友們過目去了。最後宣判，不行！

他歉意地對周健強說：「伯伯對不起你，沒有親自為你好好看稿子。看過的人基本持肯定意見，但以我自述的口吻不合適。你改用第三人稱寫，發表當不成問題，因為材料是好的，文筆也可以。至於旁人想寫也不要緊，他寫他的，你寫你的嘛！」

周健強滿腹委曲，衝動之下，寫了一封抱屈銜冤的信，並賭氣不作約定的拜訪。

她還是忍不住想見到紺弩，聽他連珠妙語。他說：「我們談文章就談文章，不應該談關係，文章和關係是兩件完全不同的事，就像公與私不容混淆一樣。你寫的那封信，使我難過了好些日子，因為你把文章和關係混為一談了。我對你寫的《庸人自傳》有意見，希望壓縮重寫；而對四姑娘，我一如既往。你是我的私人女生，好學生，好讀者，小朋友，你看，我這樣說像不像在拍你的馬屁？」

周健強感動得熱淚盈眶，萬千話語哽在心頭，恨不能砍掉自己那只寫信的手！並暗暗下定決心：哪怕還要重寫一百次，也要盡心盡力刻畫好這個——大寫的人！

在決心推倒重來以後，周健強得到紺弩許多同事、朋友的支持與幫助。比如陳鳳兮、朱正、牛漢、胡建文、徐放、秦似、舒蕪、彭燕郊、姚錫佩等等，舉不勝舉。

一九八四年二月十日，聶紺弩致信高旅說：「湘累（按，指周健強）給我寫傳寫得不好，卻要發表出版，是否要你替她看稿，她曾給斯公（按，指羅孚）看過，斯公未表示，此事很麻煩，還須做些不愉快的談話。」

一九八五年五月、十二月，《聶紺弩傳》先後完成兩次修訂。

不幸中的萬幸是，周健強總算部分實現了自己的願望，讓紺弩在生前看到了《現代人》雜誌（一九八五年十一月）第三期選載的《聶紺弩傳》，聽到了全書即將出版的消息。

人去新書出

一九八六年三月二十四日，紺弩再次入住北京協和醫院。以往他每次住院，周健強都心急火燎地趕去探望，唯獨這次晚了一步，他竟於二十六日不辭而別。「他從容遠去了，帶著他的滿腹錦繡，帶著朋友和讀者們的熱愛和眷戀，留下他未竟的事業，留下一筆不算巨大卻很珍貴的文學遺產，留下一顆狷介率真不死不滅的靈魂，化作沖天大火，走向了永恆。」（〈從傳主和「庸人自傳」說起〉）

三月二十七日，陳耀球在致彭燕郊的信中說：「……去看周健強同志。聽周說才知聶老於昨日去世。周為理後事忙了一天。周給您的信已經寫好，明天將以航空寄出……周健強同志十分熱情。看來她正處在精力旺盛、著述豐盛的時期。」（《彭燕郊陳耀球往來書信集》）

一九八七年八月，《聶紺弩傳》由四川人民出版社出版。

一九八八年四月十一日，梅志致信彭燕郊說：「周健強的『聶傳』已出，說是奇人奇書，但可只印了二千冊云。沒見到書。」五月三十日，梅志又致信彭燕郊：「這次三味書屋開幕我去了，見到了四姑娘，很是春風滿面，在那裡做招待人員，並為人簽名。我向她要，幾天後送了我一本。後記上提到你（提了許多贊助她的人），我想她會送你一本的。如沒有送，我可以設法為你要一本。」所謂「三味書屋」，是紺弩生前獄友李四在周穎幫助下所開一家私營書店。書店開業之日，周健強為《聶紺弩傳》簽售。

一部太陽土地人——聶紺弩與劉再復

「聶紺弩是個偉大作家。他的人格，他的品質，他的精神，他的著述，都具有偉大性。可惜很少人能瞭解這一點。」這是劉再復在給筆者的一封郵件中對聶紺弩所作中肯評價。

聶紺弩與劉再復的交往時間不過五、六年，但是，一方面聶紺弩對劉再復的影響非常大，乃至劉再復尊其為「永遠的心靈導師」，另一方面劉再復對聶紺弩人格和著述理解之深，在國內恐怕無出其右。

結緣垂楊柳

一九八〇年夏天，聶紺弩搬家了，從北京東直門外新源里搬到垂楊柳勁松一區。當時，在中國社會科學院文學研究所從事魯迅研究的劉再復也住在這裡。兩人算是有緣吧。但兩人此前並無交往，又是如何認識的呢？

聶紺弩有一個好朋友彭柏山，是中共上海市委宣傳部第一任部長。彭柏山因和胡風也是好朋友，

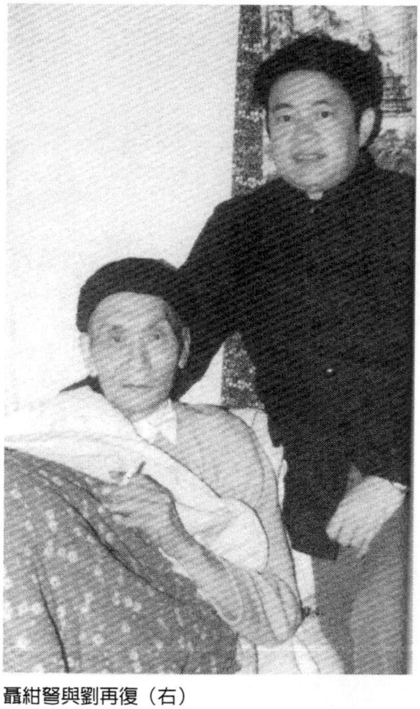

聶紺弩與劉再復（右）

一九五五年七月被逮捕，在郊區勞改後發配到青海。由於葉飛是新四軍的領導人，彭柏山又和皮定鈞是戰友，所以他們兩人就把彭柏山調到廈門大學中文系任教，成了劉再復的寫作實習課老師。在廈門大學，對劉再復影響最大的老師除了鄭朝宗，就是彭柏山。「文革」期間，葉飛被批鬥，彭柏山也被驅逐出廈大，流放到河南農學院去管圖書，後來被紅衛兵整死。聶紺弩和彭柏山是新四軍時期的親密戰友，彭柏山的夫人朱微明知道劉再復也住勁松後，就帶他去見聶紺弩。聶紺弩瞭解到劉再復是彭柏山的學生，所以對他非常信任。

就這樣，兩人不僅成了近鄰，更是成了忘年交。劉再復說：「我數不清到過他家多少回，不過，每一次見到的幾乎都是同一種情景：他靠在小床背上，手裡拿著夾紙板和筆，想著寫著。我一到那裡，就悄悄地坐在他的小床對面的另一張小床上，呆呆地看著他想著寫著，等著他放下筆轉過頭來和我說話。聽他說話的時刻，是我最快樂的時刻。」「一日復一日，一年復一年，都是如此。只是慢慢覺得他的露出被單的雙腳愈來愈細，最後細得和他的手臂一樣，只剩下皮和骨，絕對沒有肉。」「屋裡是絕對的安靜，他的心跳也是絕對的平靜。人世間的一切苦楚都品嘗過了，和死神也打了幾回交道，此時，死神對他已無可奈何，他對死神也滿不在乎了，至於別的：貧窮、榮譽、名號、財富、反自由化，那就更不在乎了。然而，他還在乎一點，就是寫作。天天寫，絕不浪費一分一秒倖存的生命。他的身體已被摧殘得沒有多少氣力了，但他還是用殘存的氣力去提起那一支圓珠筆。」（〈最後一縷〉）

一九八二年七月四日下午，劉再復和往常一樣來到聶家，在樓梯口見到一個人走出來。劉再復認出那人，但那人不認得劉再復。他不敢打招呼，只是驚訝地站著，目送那人上了小車——

定神後我立即跑到小樓的第四層看聶老，一見聶老就問：剛才胡喬木同志是不是來看您？聶老斜臥在小床上，指指抽屜：裡面有他剛剛送給我看的三首詩，是影本，你看看。我打開抽屜，立即當著聶老的面讀了起來。第一首寫道：「少年投筆依長劍，書劍無成眾志成。帳裡檄傳雲外信，心頭光映案前燈。紅牆有幸親風雨，青史何遲辯愛憎。往事如煙更如火，一川星影聽潮生。」第二首：「幾番霜雪幾番霖，一寸春光一寸心。得意晴空羨飛燕，鍾情幽木覓鳴禽。長風直掃十年醉，大道遙通五彩雲。烘日菜花香萬里，人間何事媚黃金。」第三首：「先烈旌旗光宇宙，征人歲月快驅馳。朝朝桑壟蔥蔥葉，代代蠶山粲粲絲。鋪路許輸頭作石，攀天甘獻骨為梯。風波莫問蓬萊遠，不盡愚公到有期。」詩的下邊還寫著「紺弩、周穎同志留念。胡喬木一九八二年七月四日」。聶老聽我讀完就問：「喜歡嗎？」我立即回答：「喜歡！」聶老說：「那你就拿走吧！」我說：「那就不客氣了。書劍無成眾志成，這句寫得真好。」聶老說：「喬木是共產黨高級幹部中最有才華的。」我知道聶老也是欽佩胡喬木的，所以他的「散宜生詩」集才有「胡序」。（劉再復〈胡喬木紀事〉）

聶紺弩《散宜生詩》不只是有「胡序」，增訂本裡還有兩首贈劉再復的詩：

題劉再復《深海的追尋》
春愁隱隱走龍蛇，每一沉思一朵花。
天地古今失綿邈，雷霆風雨悔喧嘩。
我詩常恨無佳句，君卷何言不作家。
深海定知深莫測，惟逢野草卻新芽。

魯迅有散文詩集《野草》，這裡是說劉再復的散文詩集《深海的追尋》（湖南人民出版社一九八三年五月版）繼承了魯迅的傳統，猶如那個「野草」長出的新芽。其實是鼓勵劉再復發揚魯迅的野草精神，在思想的海洋裡深入探索。

讀劉再復《太陽・土地・人》漫為三絕句

一

一部太陽土地人，三頭六臂風火輪。
不知前輩周君子，知否蓮花有化身。

二

日月山川何代無，風流人物古今殊。
因人俯仰終奴僕，家數自成始丈夫。

三

月落烏啼霜滿天，一詩張繼已千年。
彩雲易散琉璃脆，只有文章最久堅。

聶紺弩相信一切都會消失，唯有藝術是永存的。對於被迫害，對於坐牢，他唯一感到遺憾的是，失去了許多時間，少寫了很多文字。劉再復後來把這三首詩作為序言，收入百花文藝出版社一九八四年八月版《太陽・土地・人》。

捉刀寫序言

一九八四年間，上海文藝出版社將推出《中國新文藝大系・雜文卷》，請聶紺弩作序。因為他在夏衍的建議下出任了該卷的主編。按規定，每卷的序文由主編來寫。紺弩最初死活不肯寫，後來在夫人周穎及劉再復的勸說下勉強寫了。據當年的責任編輯郝銘鑒回憶：

> 謝天謝地謝周婆，過了兩天，我終於拿到了序文。但讓我哭笑不得的是，一九二七至一九三七整整十年時間，序文只寫了一千多字。短還在其次，全文只談了魯迅。我問老先生：「難道這十年時間，只有魯迅在戰鬥？」老先生反問我：「你以為還有誰？」我知道再談下去又會談崩，轉身告辭去了劉再復家。劉再復是老先生的忘年交，和他住在同一個社區。劉再復告訴我說，序文他會幫忙再來潤色一下。但我心裡有數，基礎已定，即使劉再復這樣的高手，也無法徹底改觀。這篇短序在整個「大系」序文中堪稱別具一格。（〈我和聶紺弩「拍桌子」〉）

關於寫序之事，聶紺弩在兩封致舒蕪信中都有涉及。其一：「雜文序事本已向出版社推掉。不意有劉再復者認為此事乃我的光榮，又給我攔回，慨允替我寫。這倒把兄解放出來也好。他認為他人絕不可寫此文，與周揚（理論）、巴金（小說）、艾青（詩）、夏衍（影劇）……同起座為光榮，且為永久之事，皆非我腦中事，想一定弄得一塌糊塗！我已輕舟……何堪重載！（一九八四年三月六日）」其二：「送上劉再復替我寫的『雜文集序』，我覺得虛浮一點，你把它改一下就成了，別的不管，比較省事。（一九八四年四月七日）」

聶紺弩為何如此反感作序呢？他的朋友黎丁回憶：「他（按，指紺弩）說，他早與雜文絕緣，他無能為力，不要掛這種虛名和空名。他告訴我，那個什麼《新文學大系雜文卷》的序文是別人捉刀的。此調不彈久矣，還談什麼雜文。」（〈祭紺弩〉）後來，上海《書林》雜誌一九八五年第一期發表〈雜文：侵入高尚的文學樓臺〉——〈《中國新文學大系（一九二七至一九三七）•雜文卷》序〉，署聶紺弩。

說句玩笑話，劉再復儼然成了聶紺弩晚年的「私人祕書」。不妨舉兩個小例子。一九八三年秋，聶紺弩應邀為《中國青年》雜誌寫了〈讀書篇〉，因為文章是給青年看的，他特地請劉再復提意見，可見他的認真。一九八四年十二月十八日，聶紺弩給朱正寫信，在信末補了一句：「又煩你通知劉再復：找一本《醜小鴨》來看看。」當時《醜小鴨》上有人冒「聶紺弩」之名發表文章。

有一天，劉再復請聶紺弩書寫兩句詩以作為人生座右銘，他想了想，便鋪開紙張，提起毛筆，寫下「文章信口雌黃易，思想錐心坦白難」。因為從心裡敬愛聶紺弩，所以劉再復真的一直把它作為座右銘。漂流海外後，時刻把它帶在身邊。後來又把它掛在書房的牆壁上，像一盞燈火，時時在身邊發著光明。

一九八五年夏天，聶紺弩處於病危之中，發燒，昏迷，發脾氣，劉再復一見到這情景就非常著急：「為什麼還不送醫院？」其夫人周穎說：「他就是不肯走，早晨好幾位朋友要他上擔架，他卻用手死死地抓住小床，就是不肯走。他就是這麼強。」大家只好乾著急，不知道怎麼辦。其他人都走出屋了，劉再復還站著呆看著。突然，聶紺弩張開眼睛對劉再復說：「只要讓我把〈賈寶玉論〉這篇文章寫出來，你們要把我送到哪裡都可以，怎麼處置都行，送到閻王殿也可以。」劉再復一下子全明白了，知道這對於他確實是最重要的事。「他最後的生命脈搏全部連著對《紅樓夢》主人公的思考，這些思考凝聚著他對宇宙人生和文學藝術的全部見解。這是他最後的牽掛，最真實的心願。就像一隻蠶，他必須吐出最後的也是最美麗的一縷絲，才心甘情願死去。只要最後一縷絲能吐出來，確實可以死而瞑目。這個九死一生的學人與詩人，其人生的最後希望已變得非常具體，具體到吐出一條可以稱作『賈寶玉論』的絲。」（〈最後一縷〉）

臨陣作悼詞

一九八六年三月二十六日，聶紺弩病逝。人民文學出版社總編輯韋君宜讓新任社長孟偉哉草擬悼詞。孟偉哉草成後交韋君宜審閱，韋君宜等老同志看後覺得不行，於是當機立斷，請劉再復另起爐灶。據人文社古典室編輯劉文忠說：「大約在聶老去世後七天左右，我看到了聶老悼詞的鉛印稿。大約有兩千多字，當時我還不知道聶紺弩悼詞出自誰的手筆，我看了之後十分欣賞這個悼詞，心想文學出版社誰能寫出這樣好的悼詞。悼詞對聶紺弩的詩歌、雜文、小說及古典文學研究著作等方面的成就，都做了很高的而且是很中肯的評價，如果對聶紺弩不是素有研究，即使是有很高的文字水準，在短時間內也寫不出這樣的悼詞來。我是個愛『每事問』的『包打聽』，經我多方打聽，才知道悼詞出自劉再復之手和韋君宜『臨陣換將』的故事。」（〈聶紺弩逸事〉）

這篇悼詞，想必劉再復自己也十分滿意，把它當成文學作品，先後收入《論中國文學》、《師友紀事》等集子。這裡，不妨摘錄首尾幾段：

> 我國無產階級文藝運動的老戰士，傑出的文學家、詩人，著名的中國文學研究家，革命的社會批判家，中國共產黨的優秀黨員聶紺弩同志，因病久醫治無效，不幸於一九八六年三月二十六日四時二十五分逝世，終年八十四歲。
>
> 聶紺弩同志歷盡艱辛，光榮地走過了漫長的荊棘之路，終於離開我們而走了。他走的時候，沒有留下遺言，但他卻為我們留下光輝的戰鬥足跡，留下崇高的人格與熱血凝成的文字。「自古風流誰無死，痛徹乾坤此一悲」，今天，我們懷著深深的悲痛和無限的哀思，來和他告別。……（引者略）

無論是他的小說、散文、雜文、論文還是新詩及舊體詩詞，都包含著從他心底湧流出來的熱血和眼淚，都有一種雄奇的非凡的境界。他的古典文學研究文章，處處可見卓越的見識和精闢的分析，並化入自己崇高的精神追求，獨樹一格，常令人嘆為觀止。聶紺弩的詩詞，形式上雖屬舊體，而其精神內涵卻是全新的。這裡洋溢著新時代知識分子的至情至性，展示著全新的超越世俗的崇高人生境界。在這些詩詞中我們看到一個不被苦難所壓倒反而壓倒了苦難的高潔的靈魂，看到了一個洞察了社會人生之後反而自由地駕馭著社會人生的大寫的哲人與詩人的形象。他把文學事業作為自己人生的第一要義，全神貫注，以至不顧死亡的威脅。去年秋天，有一次他病得很重，但是拒絕住院，他預感到醫治已經無法奏效，應當用最後一點生命力，在家裡寫完〈賈寶玉論〉，因此，在昏迷中他對家人和朋友說，只要讓我寫完賈寶玉論，你們讓我到哪裡去都可以，對我怎麼處置都行。去年十一月間，他自己已經病得精疲力盡，但仍顫抖著手，寫了兩首感情至深的、懷念馮雪峰同志的詩，交給雪峰逝世十週年紀念會，留下他的珍貴的絕筆。他真是至死都忠誠於自己所酷愛的文學事業。……（引者略）

聶紺弩同志離開我們而默默地走了，他為我們留下了一顆不死的心靈，一份極有價值的文學遺產，還為我們留下一個中國優秀知識分子的高貴的品格和英傑之氣。這些著作和精神，將澤溉後人，教育新的一代。「奇詩何止三千首，定不隨君到九泉」。聶紺弩同志是不朽的，他的名字和他的創造將永久地留在我國文學史上和我國人民的心中。

出於對劉再復的厚愛與信任，聶紺弩在臨終前幾個月，把監牢裡寫的字和細讀四遍的《資本論》交給他，連床頭的一些手稿也「抓」了一疊讓劉存念。之後，周穎又把紺弩一生積累的七箱線裝書送給劉再復。後來劉再復不管走到哪一個天涯海角，都背著聶紺弩的書和他的一些珍貴手跡。劉再復在〈背著曹雪芹與聶紺弩浪跡天涯〉一文中說：「這些書與手跡，支撐著我的脊樑，幫助我度過艱難與心事浩茫的歲月」，「我沒有一天忘記他的名字。因為他的名字，我一天也不敢偷懶，更不敢說一句背叛人類良知的話。」

二〇二〇年十月二十九日，劉再復先生在美國給筆者發來郵件說：「我已七十九歲，事事力不從心。但腦子還清楚，看到有人關注研究聶紺弩老先生，就興奮不已。」

後記

聶紺弩去世五週年之際，他的一幫朋友和家鄉人張羅著編了一本厚重的紀念文集，書名叫做《聶紺弩還活著》。通過這本書，我第一次比較完整地瞭解了聶紺弩的傳奇人生。

從那時候起，我展開了一場整整三十年的跨世紀追星之旅。在我看來，聶紺弩是京山的一座文筆峰，是楚天的一顆文曲星。我為家鄉能有這麼一位了不起文學前輩而自豪。

二〇二一年初，我在編完聶紺弩年譜之後，很想寫一部聶紺弩新傳，或評傳，但感覺難度很大，一時無從下筆。恰好長春《關東學刊》主編謝小萌兄抬愛，向我約稿。寫什麼呢？我覺得既然是東北的刊物，寫點與東北相關的話題才好，於是寫了篇〈聶紺弩和東北作家〉，裡面包括蕭紅、蕭軍、端木蕻良、駱賓基和辛勞等六、七人。寫完之後，意猶未盡，索性把聶紺弩的朋友一個個寫下去，寫一本小書好了。

聶紺弩一生有多少朋友？我不知道。但我知道，聶紺弩很喜歡交朋友，他交遊之多之雜，現代作家中幾乎無人可比。倘若你讀過《聶紺弩舊體詩全編》，或者《聶紺弩還活著》，就可知我說的話絕非虛語。

夏衍為聶紺弩寫過一篇紀念文章〈紺弩還活著〉，其中有幾段是這樣寫的：

> 他是一個落拓不羈，不修邊幅，不注意衣著，也不注意理髮的人。講真，不怕得罪人，有所為有所不為，屬於古人所謂的「狂狷之士」。他不拘小節，小事馬馬虎虎，大事決不糊塗。他重友誼，重信義，關心旁人遠遠勝於關心自己。他從不計較自己的待遇和地位。

……（引者略）

他很珍視友情。他和胡風關係好，但不少文藝上的觀點兩人並不一致，有過爭論，這無礙於他們的私人情誼。胡風被批，他不跟著反胡。在「兩個口號」的問題上，他是支持胡風的，在口頭上和我爭論過，也無礙於我們之間的友誼。

他和康澤之間的關係不少人感到興趣。他把友誼和政治觀點分開。他不諱言和康澤的友誼，也不諱言和國民黨「十三太保」如酆悌等人的熟悉。這在當年進步人士當中，簡直需要有些勇氣才能做得。他留蘇時和蔣經國也是同學，卻從不提他。

另一方面，他和陳賡也很熟，也從不用來標榜。他還和黨和國家一些主要領導人也是留蘇同學，他就更不向人前談論了。（《聶紺弩還活著》）

何滿子在〈聶紺弩誄詞〉中說：

紺弩比我年長十七、八歲，應該是大我一輩，但和我年紀不相上下的許多朋友，不論背後或當面都「紺弩，紺弩」直呼其名，外國對此可能無所謂，但照中國習慣，不能不說是失禮，但他卻從不介意。即此一點，就可見其為人的通脫可親了。

看來他似乎交不擇友，上中下三等，三教九流，他都有朋友，而且見面就熟，毫不講繁文縟節，生活上隨遇而安，身邊不帶煙時，會向剛認識的人要煙吸；自己也會盡其所有掏錢給並不熟稔的人。這樣脫略世俗，物與民胞，而且坦蕩率真到如此程度的人，在知名之士中實在少見。他又不是遊戲人間，隨分結緣，多交而薄情的人，他是重於友情，至老彌篤的。（《聶紺弩還活著》）

通過夏衍、何滿子，還有彭燕郊等友人的講述，可窺紺弩的交友之道。要寫聶紺弩的朋友，起碼一個連一個團的人都有，而我只能根據自己掌握的材料選擇性地寫，寫了三十來人——大約一個排。這些人大體按結識時間的先後順序排列，所以一九二四年結識的周恩來排在第一位，一九八〇年結識的劉再復排在最後面。基本上各個時期的朋友都有，可以貫穿聶紺弩的整個生命歷程；各種類型的朋友都有，除了國家總理、文人墨客，還有紅顏知己、監牢獄友。這些朋友絕大多數都已作古，少數幾位健在者也是耄耋老人。

又是一年芳草綠。聶紺弩逝世已經三十五週年了。我們不知不覺進入到一個曠古未有的互聯網時代，完全是聶紺弩所處時代無法想像的。網路化的交往超越了時空限制，消除了「這裡」和「那裡」的界限，拓展了人際交往領域，讓人際關係更具開放性和多元化。特別是微信朋友圈的誕生，使得居住在不同國界的人，都可以「在一起」交往。同時，我們也應該意識到，網路的全球性也使現實社會中人際交往的情感更加疏遠和冷漠，甚至產生信任危機。我忽發奇想，聶紺弩與朋友們的那種誠摯感情，今後還會存在麼？

二〇二一年暮春初稿，二〇二二年仲夏二稿

血歷史235　PC1094

新銳文創
INDEPENDENT & UNIQUE

聶紺弩和他的朋友們

作　　者　張在軍
責任編輯　紀冠宇、尹懷君
圖文排版　黃莉珊
封面設計　吳咏潔

出版策劃　新銳文創
發 行 人　宋政坤
法律顧問　毛國樑　律師
製作發行　秀威資訊科技股份有限公司
114 台北市內湖區瑞光路76巷65號1樓
電話：+886-2-2796-3638　傳真：+886-2-2796-1377
服務信箱：service@showwe.com.tw
http://www.showwe.com.tw
郵政劃撥　19563868　戶名：秀威資訊科技股份有限公司
展售門市　國家書店【松江門市】
104 台北市中山區松江路209號1樓
電話：+886-2-2518-0207　傳真：+886-2-2518-0778
網路訂購　秀威網路書店：https://store.showwe.tw
國家網路書店：https://www.govbooks.com.tw

出版日期　2023年4月　BOD一版
定　　價　600元

讀者回函卡

Printed in Taiwan

國家圖書館出版品預行編目

聶紺弩和他的朋友們 / 張在軍著. -- 一版. -- 臺北市 : 新銳文創出版 : 秀威資訊科技股份有限公司發行, 2023.04
面 ;　公分. -- (血歷史 ; 235)
BOD版
ISBN 978-626-7128-91-6(平裝)

1.CST: 聶紺弩 2.CST: 傳記

782.887

112002336